女性犯罪人
被害化调查研究

NVXINGFANZUIRENBEIHAIHUADIAOCHAYANJIU

包雯 张亚军 等 ◎ 著

中国检察出版社

图书在版编目（CIP）数据

女性犯罪人被害化调查研究／包雯等著. —北京：中国检察出版社，2015.9
ISBN 978－7－5102－1494－3

Ⅰ.①女… Ⅱ.①包… Ⅲ.①女性－犯罪－调查研究－中国
Ⅳ.①D924.114

中国版本图书馆 CIP 数据核字（2015）第 208908 号

女性犯罪人被害化调查研究

包 雯 张亚军 等著

出版发行：中国检察出版社

社 址：北京市石景山区香山南路 111 号 （100144）

网 址：中国检察出版社（www.zgjccbs.com）

编辑电话：(010)88960622

发行电话：(010)68650015 68650016 68650029

经 销：新华书店

印 刷：保定市中画美凯印刷有限公司

开 本：A5

印 张：7.75 印张

字 数：200 千字

版 次：2015 年 9 月第一版 2015 年 9 月第一次印刷

书 号：ISBN 978－7－5102－1494－3

定 价：26.00 元

总　序

　　燕赵大地，人杰地灵。河北经贸大学就坐落在太行山脚下风景秀丽的滹沱河畔。它以经济、管理和法学学科为支柱，是省属综合性重点大学之一。生生不息的滹沱河水，孕育着一代代经贸学人，也孕育着法学院的法律学人和学子们。

　　正是这种无息的孕育，使法学院的学人们在这块田园里春夏秋冬不辞辛劳、辛勤耕作和无私奉献，也正是这种耕作与奉献，使得法学学科这棵幼苗得以快速成长，从1993年其前身经济法系成立到今天初具规模的法学院，经过12年的努力，已拥有民商法、经济法、国际法、刑法和法理学五个硕士点和法律硕士一个在职硕士点。年轻的法学院充满朝气与活力，集聚和培养了一群风华正茂、立志为学的年轻学者，他们分别毕业于不同的学校，汇集了全国各大重点院校的不同学术风格，吮吸着京畿大地丰厚的历史文化滋养。他们以无私无畏的精神白手起家，充分发挥着自身的后发优势，他们还利用环绕北京、贴近祖国心脏的地缘优势，关注和感受着法学前沿问题和法治社会的重大事件。他们与这个伟大的时代同呼吸、共命运。尽管他们所在的还算不上名门名校，但他们正在凭借自身的力量与智慧，努力争得一席之地。

　　法学院的发展关键在于学科建设，学科建设的基础关键在于学术成果的支撑，而学术成果的取得在于法律学人不断地发现问题、思考问题和解决问题，在于对学术价值的正确判断和刻苦追求。正是在这种理念下，法学院的学人们刻苦追求，努力奋斗，不断进取，在教学和科研上取得了可喜的成绩。为了展示和反映河北经贸大学法学院的科研实力和最新研究成果，发现和支持新人新作，鼓励和培养科研精神，加强学科建设，就要开拓一个固定的园地或搭建一个平台，给法学院学人们提供一个展示和创新的机会，这就是出版本论丛的目的所在。

河北经贸大学法学院与中国检察出版社共同组织出版这套《经贸法学论丛》。之所以命名为《经贸法学论丛》主要从两个方面考虑：其一，"经贸"是河北经贸大学之意，因为河北经贸大学是这套丛书的发起者；其二，"经贸"是经济贸易的简称，从选题范围来说，这套丛书主要包括民商法、经济法和国际经济法，同时也兼顾其他法律部门，不受部门法划分的局限。今后，我们计划每年陆续安排若干种课题的读物出版，使这套论丛更加完善和丰满。

在这套《经贸法学论丛》出版之际，我们衷心感谢中国检察出版社领导与编辑朋友们的信任与支持，是他们给我们创造了这个平台，提供了机会。我们也殷切期望这套丛书能得到社会各界的支持与关注，同时，真诚欢迎来自各方面的批评与指教，所有这些都将成为激励和鞭策我们继续前行的力量。

柴振国

2009 年 8 月

序 言

近些年来，国内外法学界对犯罪嫌疑人、被告人权利保护的研究逐渐升温，但对其中的女性犯罪人这类特殊的群体却缺乏针对性的细化分析。对于女性犯罪人来说，学者的目光更多的还是聚集在女性犯罪的特点、社会成因等方面，忽略了女性犯罪人处于刑事被追诉地位时应如何保障其合法权利的实现，忽略了如何采取特殊司法救济措施的理论论证和制度探索，以致关于女性犯罪人的研究不能充分满足司法实践的需要。所以女性犯罪人被害化已经成为一项未经深入探讨的新课题。包雯教授和她的同事们知难而上，以这个课题申报河北省社科规划研究项目，并获得成功，真是可喜可贺！看到他们的成果更是让人欣喜！

将女性犯罪人被害化的调查研究作为讨论的重点，选取女性犯罪人这一特定的弱势群体为研究对象，结合女性犯罪人独有的人格特点和犯罪特征，试图以女性犯罪人在社会生活中及刑事司法实践中所遭受的不平等待遇为切入点，针对女性犯罪人在犯罪不同阶段的被害化表现，相应地提出在刑事诉讼中及我国社会背景下应建立何种更完善的制度以更好地解决女性犯罪人这一弱势群体的人权，保障女性犯罪人权利的平等，进而促进实现司法文明、公正司法和平等司法，我期待着这个目标在不远的将来能够实现。

此书在研究了女性犯罪人被害化的概念之后，指出了女性犯罪人被害化的特点，分析了女性犯罪人被害化的过程，并指出了我们应当在这个过程中如何去完善法律制度，如何在司法适用上努力减少被害化的影响及全社会在女性犯罪人犯罪后应该如何去帮助其重返社会大家庭。此研究贴近实际，为立法者提供建议，为司法者提供案例与指导，是一部理论与实践相结合的力作。

包雯教授作为我的学生，在教学科研方面有自己的独到之处，在科研方面总是面对社会现实，理论联系实践，解决实践问题，学以致用，取得丰硕成果。我深感欣慰。

是为序。

何秉松

于北京静斋

2015 年 6 月 1 日

目　录

引　言

一、本课题的研究现状及选题意义

《中共中央关于全面推进依法治国若干重大问题的决定》指出，加强人权的司法保障。给予刑事被告人的基本人权是现代刑法的基本理念，是人道主义的基本要求。我们对于刑事案件的关注点和思考点往往在犯罪造成的危害上，所以就会造成将注意力集中在犯罪人的惩罚上。在刑事政策方面，也往往是关注如何集中打击犯罪人，而很少有人去想犯罪人如何成为了犯罪人。而这些原因恰恰是一个问题的另一个方面，这个方面却和犯罪人的人权有着密切的联系。这就是我们要深入研究的课题——犯罪人被害化的问题。犯罪人从某种意义上讲也是被害人，有时可能也很无辜，有时可能也很无奈，有时可能也是迫不得已，其中的原因纷乱复杂，而这些原因恰恰为我们制定法律另辟蹊径。我们以研究女性犯罪人为例子，解剖麻雀，说明犯罪人同样也是被害人这个道理，旨在促进以后制定法律的时候对犯罪人赖以生存的环境进行研究，因地制宜地制定出对犯罪人更为人道的公平的法律。

没有人反对一个犯罪行为的实施过程是一个犯罪化的过程，但是说一个犯罪行为的实施过程也是一个犯罪人的被害化的过程，有很多人也许会难以理解。犯罪化过程是指犯罪人受到各种内外因素的影响形成了犯罪意识，而实施犯罪行为的过程，即犯罪人的犯罪化；被害人的被害化过程是指被害人在受到各种犯罪行为侵犯后其合法权益受损的过程。那如何理解犯罪人的被害化过程呢？其实犯罪人走上犯罪道路从来都不是偶然的，即使是偶然事件，偶然里也包含着必然的因素，不少犯罪人在成为犯罪人之前已经是被害的对象了。笔者可以举出一个典型的例子，河北省女子监狱里暴力犯罪的女犯人，犯罪原因中60%多都是家庭的暴力，女犯在求助无门，忍无可忍的情况下采取以暴制暴的犯罪方式成为了犯罪人，可见犯罪人原本就是被害人。也由此可见犯罪人被害化的时间跨度很长，从犯罪行为实施之前的很长阶段开始，一直到犯罪人从监狱服刑完毕，所以对犯罪人产生毕生的影响。所以一旦被犯罪的"恶魔"缠身，可以说一生难以解脱。犯罪人被害化是一个于犯罪行为发生之前就已经存在，延续到犯罪人刑罚执行完毕回归社会以后，包括事前、事中、事后被害化的一个动态过程。[①] 它不是一个点，是多个运动的点。所以我们可以把它分为四个阶段：犯罪行为实施前阶段及犯罪行为实施后的审判阶段、执行阶段、执行后阶段。

而且每个阶段都有各自的形成原因，比如犯罪行为实施前，对于犯罪人来说，他的被害有可能是社会的原因，也有可能是自己的原因，还有可能是家庭的原因等，我们研究这个问题就是要从研究形成的原因入手，分析为什么犯罪人会成为被害的对象，我们能不能拿出措施来，针对这些原因来预防或者改善他们的处境，目的是制定合理的法律制度，减少社会的矛盾冲突，平衡犯罪人与被害人之间的利益冲突，使我们的社会更加稳定与和谐。我们从研究这个问题中也认识到，犯罪人群体是一个特殊的群体，而且是一个不小的群体。我们不能总是拿着过去的眼光来看待他们，一味地将其作为打击和惩罚的对象，我们必须认识到他们在某种程度上也是受害的对象，也经常受到不公正的评价与待遇。而这种不公正就会不自觉地影响着这个群体，就会积蓄着不安定的力量，影响着社会的安定团结。我们必须从立法、司法、社会环境治理等方面提出建设性意见，彻底解决这个问题。

---

① 参见李卫红：《刑事政策学》，北京大学出版社2008年版，第175页。

二、本课题研究的主要内容

（一）犯罪人被害化的概念

犯罪人的被害化是指一个于犯罪行为发生之前就已经存在，延续到犯罪人刑罚执行完毕回归社会以后，包括事前、事中、事后被害化的一个动态过程。这一过程是一个包括犯罪人在犯罪行为实施之前受各种因素的影响，在犯罪行为实施后受到立法、司法的不公正对待，在定罪量刑后受到不公正处遇和回归社会后受到不公正社会待遇的动态被害化过程。

事前犯罪人被害化的表现形式往往与社会因素、政治因素、经济因素、文化因素、地理因素、被害人个人因素有关，这些因素的共同作用导致犯罪人在事前可能已经是受害者了。

事中犯罪人被害化的表现可以从立法、司法、审判三个主要环节来分析，就以刑事立法来说，我们国家刑法的缺陷对犯罪人来说肯定是不公平的，这些不公平一定侵害犯罪人的利益，犯罪人就是受害者。比如有些刑罚偏重、死刑过多等。对于犯罪人来说就是受害者。司法过程对犯罪人的侵害更是屡见不鲜，比如侦查过程中刑讯逼供，对犯罪人来说绝对是灾难。审判过程也是一样，法官的偏见，外界对法官的干扰等都对犯罪人造成损害。

事后犯罪人被害化的表现分为在监狱内外两个阶段，在监狱内犯罪人除了受狱警非人道化管理之害外，还可能受到犯罪人之间的伤害。在监狱外可能受到被害人的报复、家庭的遗弃、社会的不接纳等方面的伤害。

（二）女性犯罪人被害化的表现

1. 事前女性犯罪人被害化的表现。封建的历史传统文化使中国女性形成了忍耐、缺乏主见的历史形象。随着社会的不断变迁与发展，女性在思想观念、劳动就业等方面的地位与男性日益平等，女性所担当的社会角色迅速分化，对社会活动的参与程度也较以往加强。当前日趋激烈的社会竞争需要女性迅速进行角色的调适。同时，现代家庭中普遍存在的针对女性暴力事件也对女性的心理产生不利的影响。

2. 事中女性犯罪人被害化的表现。在侦查阶段，女性犯罪嫌疑人由于身体较弱，在审讯时容易意志崩溃，更可能促成冤假错案的发生。在起诉阶段，由于多数女性负有很重的家庭负担，且有子女老人需要照顾，一旦被追诉并判刑，会导致家庭破裂。在审判阶段，法庭往往忽视考虑女性被告人的犯罪心理特点和行为习惯。在调查女性犯罪原因和情节时应特别注重对女性被告人隐私权的保护。

3. 事后女性犯罪人被害化的表现。由于我国传统监狱中对于女性受刑人的各项待遇一直处于轻视的状态，加之社会严重偏见使人们对女犯的宽容度很低，女犯的人格更容易受到侮辱和践踏。在司法权利救济方面，由于女犯特有的生理和心理状态，加之女犯远离家庭、远离社会、信息闭塞，女性犯罪人想要获得救济就有难度。

（三）女性犯罪人被害化防治的立法建议

1. 建构反家庭暴力的法律环境。迄今已有美国、加拿大等44个国家和地区对家庭暴力犯罪有了明确的处罚条例，125个国家将多种家庭暴力形式定为刑事罪行。我国是联合国《消除对妇女暴力行为的宣言》的缔约国，通过专门立法制裁施暴者、保护受害者有法可依，我国在2014年底公布了《反家庭暴力法（草案）》征求意见稿，2015年7月28日召开的国务院常务会议通过了《反家庭暴力法（草案）》，我们期待该法律能切实保护家庭中的女性。

2. 国家通过法律手段保障妇女的婚姻家庭权利。建议修改我国的《婚姻法》，加大保护妇女的婚姻自由权、保障女性的财产权和财产继承权等力度。

3. 我们着重提出这两部法律的建议，其他法律建议则分散在其他章节叙述。

（四）女性犯罪人被害化防治的司法建设

1. 加大侦查程序中对女性犯罪人的保护。由于女性犯罪嫌疑人的情绪易受周围环境影响，比如可考虑对讯问场所进行特殊布置，唤起其对犯罪行为的悔恨；对其讯问时积极有效地对女犯罪嫌疑人进行思想开导，劝其放下心理负担和思想包袱。羁押环境方面，针对女性犯罪人的特点侧重感化式监管。

2. 起诉程序对女性犯罪人的保护。针对女性犯罪人的易被感化、感情脆弱的特点，在考虑案件情节、犯罪人悔改表现等前提下，考虑对一些女性犯罪人采取起诉便宜主义，恰当选择是否起诉，可不诉的尽量不诉。

3. 在审判程序上注重女性犯罪人的权利保护。注重女性犯罪嫌疑人的着装权利、律师辩护权利，对受暴力侵害的嫌疑人争取从宽处理。

4. 对女性犯罪人在减刑、假释、缓刑适用上充分考虑女性犯罪人的被害化事实，尽可能地适用。

（五）女性犯罪人被害化防治的社会环境建设

1. 全面提高女性的文化素质，加强女性世界观、人生观教育，提高自尊、自爱意识。特别要对农村地区女性强化道德和思想教育，明辨是非，自觉抵制腐朽思想的滋生蔓延，学会理智地面对社会和家庭。

2. 加强社会管理防范机制，建立健全家庭和社会共同的完整保护网络，为女性提供良好的生活和就业环境。各级政府应在产业结构调整中扩大对女性的就业渠道，增加就业岗位，加快就业服务。

3. 动员社会力量对女性犯罪人被害化进行预防，尤其是律师要给予女性犯罪人更多的帮助。帮助他们恢复生活的勇气、恢复自信、接受挑战、融入社会，这样才能真正地杜绝再犯的可能性，不让女性犯罪人成为永远的受害者。

三、本课题研究的基本思路和方法

首先，通过对河北省女子监狱的女性犯罪人被害化的个案调查研究，从犯罪学角度对犯罪人被害化概念和表现形式进行分析。其次，针对女性犯罪人的特点，对女性犯罪人被害化的表现形式进行区别认定，结合事前、事中及事后犯罪人表现形式，对女性犯罪人被害化的表现进行分阶段、分层次界定。最后，针对各个阶段女性犯罪人被害化的表现，从立法、司法及社会视角对女性犯罪人被害化问题提出有效的防治建议。

本课题拟在充分吸收国内外先进研究成果的基础上，注意犯罪学、刑事政策学及刑法学方法论的选择：综合运用"理论分析与实证分析相协调"、"定性分析与定量分析相补充"、"静态分析与动态分析相交叉"等多种分析方法，把具体问题放到整个社会和法秩序环境中进行考量。

四、本课题的预期价值

本课题通过河北省女子监狱的实证调查，研究女性犯罪人被害化这一问题，对我国《反家庭暴力法（草案）》提出自己的修改意见，对《婚姻法》今后的修改提出建议，对司法实践中适用《刑法》、《刑事诉讼法》、《监狱法》提出建议，对妇联等社会组织在预防女性犯罪工作、预防家庭暴力等工作提出建议。

第一章　女性犯罪人被害化的内涵

第一节　犯罪人被害化概念

一、犯罪人被害化问题提出

根据我国学者对犯罪人被害化所下的定义，犯罪人被害化是指一个于犯罪行为发生之前就已经存在，延续到犯罪人刑罚执行完毕回归社会以后，包括事前、事中、事后被害化的一个动态过程。这一过程是一个包括犯罪人在犯罪行为实施之前受各种因素的影响，在犯罪行为实施后受到立法、司法的不公正对待，在定罪量刑后受到不公正处遇和回归社会后受到不公正社会待遇的动态被害化过程。① 从该概念中可以看出，犯罪人被害化的概念包含的是刑事一体化的思想，如果分析一个行为人在犯罪发生之前的影响因素，那么这会涉及犯罪学、犯罪心理学的内容；如果在犯罪行为发生之后来看其是否受到立法或者司法的不公平待遇，则可能涉及刑法、刑事诉讼法、刑事政策学等方面的知识；如果我们分析犯罪人走向社会之后是否受到不公平待遇问题，则可能涉及刑事政策学乃至社会学等学科的内容。所以，犯罪人被害化问题是一个综合性学科的问题，而且相对于原来只是关注犯罪人

---

① 参见北京大学法学院刑事法学科：《犯罪人被害化现象描述：犯罪、刑罚与人格》，北京大学出版社 2009 年版，第 28 页。

犯罪后的刑法处罚以及程序追究外，犯罪人被害化更加关注犯罪人在整个体系中的被害化因素，这也许需要国家、社会以及其他因素的共同关注。

二、犯罪人被害化的内容

根据犯罪人被害化的概念表述及研究角度，犯罪人被害化过程包括事前犯罪人被害化、事中犯罪人被害化及事后犯罪人被害化三个方面的过程，每个过程的侧重点不同。

（一）替罪羊理论与事前犯罪人被害化

犯罪人实施犯罪行为不仅是其自身自由意志选择的结果，其中也往往渗透着各种外在因素的影响，犯罪行为的实施通常与社会整体环境、经济、政治、文化、他人等因素密切相关。犯罪人是犯罪行为的实施者，却最终承担了除自身责任外应当由国家、社会、他人承担的责任，于是犯罪人在一定程度上成为整个惩罚机制中事实上的间接被害者，成为国家、社会、他人责任的替罪羊。

替罪羊概念有其深厚的历史渊源。替罪羊一词是出自基督教的宗教典故。在基督教《圣经》中的《旧约全书》中说：上帝为了考验亚伯拉罕的忠诚，叫他带着他的独生子以撒到一个指定的地方，并把以撒杀了作燔祭，献给上帝。正当亚伯拉罕要拿刀杀他的儿子时，有个天使出现并加以阻拦，说："现在我知道你是敬恩上帝的了。"后来，亚伯拉罕便把小树林中的一只公山羊抓来杀了，代替他的儿子作为燔祭，献给上帝。《圣经》的《新约全书》又说，耶稣为救赎世人的罪恶，宁愿钉死在十字架上，作为牺牲（祭品）奉献给天主，并嘱咐他的十二门徒，在他死后也照样去做。因为这是仿效古犹太人在向主求恩免罪时，往往杀

一只羔羊替代自己作为牺牲。所以教会通常又称耶稣为赎罪的
羔羊。①

　　由此可见，替罪羊是一个极具悲剧色彩的词语，它往往指以
自己的牺牲来代替他人赎罪。犯罪人事前被害化就体现了犯罪人
作为代国家、社会、他人受罪的替罪羊，转嫁了国家责任、社会
责任、他人责任。在对犯罪人的惩罚机制中，往往忽略了贫困问
题、文化问题、政治体制问题、社会地位问题、他人虐待问题在
犯罪行为的发生中所起的作用，而导致由于这些因素所产生的责
任在一定程度上转嫁给犯罪行为的实施者——犯罪人，这一责任
转嫁的过程就是犯罪人事前被害化的过程，犯罪原因的存在也就
是犯罪人事前被害化的表现形式。事前的犯罪人被害化主要从国
家的经济、社会环境、政治、文化及个人因素等角度，探讨行为
人之所以成为犯罪人的原因。当然，按照我国刑法理论及犯罪学
理论，行为人实施犯罪行为是在相对的自由意志下实施的，所谓
相对自由意志，即行为人实施犯罪行为并不仅仅是其绝对自由意
志选择的结果，行为人成为犯罪人也受到各种因素的影响。犯罪
人在犯罪行为实施之前受经济、社会环境、政治、文化、个人等
外在因素的影响，使行为人成长成为犯罪人，并且实施了犯罪行
为。如果我们完全不考虑影响犯罪人的成长因素，而是在其犯罪
之后直接适用刑法进行定罪量刑，那么从另一个角度来讲就是将
行为人最后犯罪的后果完全归因于犯罪人个人，这样，对犯罪人
来说，也是一种被害化过程。

　　犯罪人实施犯罪行为不仅是其自身自由意志选择的结果，其
中也往往渗透着各种外在因素的影响，犯罪行为的实施通常与社
会整体环境、经济、政治、文化、他人等因素密切相关。犯罪人
是犯罪行为的实施者，却最终承担了除自身责任外应当由国家、
社会、他人承担的责任，于是犯罪人在一定程度上成为整个犯罪

---

① 　参见李海峰：《"替罪羊"一词的由来》，载《阅读与写作》2006 年第 4 期。

人惩罚机制中事实上的间接被害者，成为国家、社会、他人责任的替罪羊。由于犯罪原因是多方面的，犯罪人犯罪行为的实施并不仅仅是其自由意志选择的结果，犯罪人犯罪行为的实施背后往往受到各种外在因素的影响。这些不良的外在因素在犯罪行为的发生过程中发挥着重要作用，成为犯罪人被害化的源头。由于这些经济问题、政治问题等外因的客观存在，在立法、司法过程中立法机关、司法机关有时却忽略这些外在因素的作用而对犯罪人定罪量刑过重，使得对犯罪人的惩罚超出了其应受惩罚的限度范围，导致犯罪人事实上成为经济政治等问题的替罪羊，承担了本应由国家、社会、他人承担的部分责任。我们可以通过下图来明确这一被害化过程，并由该图归纳出事前被害化的概念：

犯罪人事前被害化是指犯罪人在犯罪行为实施之前受经济、社会环境、政治、文化、个人等外在因素的影响从而实施了犯罪行为，最后犯罪的后果又完全归因于犯罪人个人的被害化过程。如图表示：

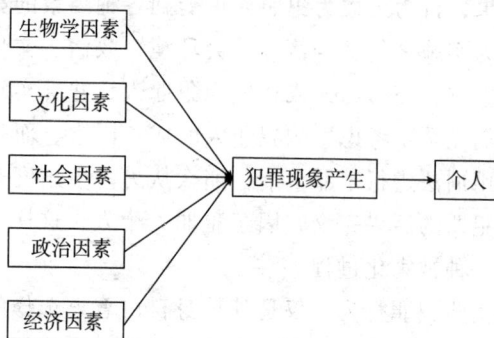

（二）事中犯罪人被害化与司法机制

犯罪人事中被害化是立法、司法过程中犯罪人的合法权利受到侵犯的动态过程。与事前犯罪人被害化相比，事中犯罪人被害化的时间段是在犯罪人犯罪行为实施完毕后进入司法程序时开始，其各项权利受到立法和司法侵犯的被害化过程。

　　首先，犯罪人在立法上的被害化主要体现为一个国家不合理的法律规定导致行为人权益受到侵害，在刑法中主要包括刑事实体法和刑事程序法制定上的不合理所导致的犯罪嫌疑人权益得不到有效的立法保障。其次，犯罪人在司法上的被害化主要体现为从案件立案之日起到法院作出生效判决之日止受到公检法这些公安司法机关的不公正待遇，在此过程中司法机关对犯罪人的各项权利没有充分有效的保障。立法和司法上的不公导致最终的审判结果不公，使得对犯罪人的刑罚不当其罪，最终犯罪人受到的惩罚完全超过了其应受惩罚的限度范围。也就是说，事中犯罪人被害化过程是犯罪人由于各种原因导致其合法权益在立法、司法过程中得不到有效保障，受到不公正的司法待遇及定罪量刑过重的被害化过程。例如，犯罪人进入司法程序后，司法机关对犯罪人造成的不公正待遇，如遭受刑讯逼供、没有正当辩护权利等，总之，犯罪人事中被害化过程主要是司法机关对犯罪人的各项权利没有充分有效的保障。

　　（三）事后犯罪人被害化与刑罚执行制度

　　犯罪人事后被害化过程主要体现在犯罪嫌疑人被法院作出生效判决之后开始执行以及执行之后回归社会之后受到不公正待遇方面，主要体现在监狱执行中的犯罪人处遇和出狱后的再社会化方面。在犯罪人处遇方面，犯罪人被害化体现为其在狱中的合法权利得不到保障，监禁刑的过量适用以及过渡封闭的监狱环境造成犯罪人缺乏基本的生活技能。在再社会化方面，犯罪人回归社会后，社会仍可能对犯罪人存在一定的歧视和偏见，被害人及其家属对犯罪人实行报复措施等问题的存在也不可避免。这些都是犯罪人在事后的被害化体现。一言以蔽之，犯罪人事后被害化就是犯罪人在行刑过程中受到不公正处遇和出狱后受到一定程度的排挤难以融入社会的被害化过程。

第二节 女性犯罪人的特征

一、女性犯罪人的主体特征

（一）依附心理强而辨识能力差

虽然妇女解放运动伴随着新中国的成立和发展逐渐普及，男女平等已经呼声越发高涨。然而，几千年以来形成的"男尊女卑"的传统观念并不能够在短时间内就剔除干净。虽然现在女性权利在很多方面得到了改善，不过具体而言，女性在参政、招聘、晋升、薪金待遇等方面仍不同程度地受到歧视和不公正的待遇。同时，个别女性在自身观念中就存在不如男性的自卑心理，认为不论是家庭还是社会，男性总是应该起着主导作用的，女性只是附属或者配角作用，而且这种思想还根深蒂固。从很多情形来看，无论是在家庭还是在工作中，女性总是惯于依赖男性实现其自我价值。这就加重了女性对男性的依附、从属心理。女性在看待问题时，往往会看到表面现象，而难以钻研事物背后的本质。而且女性参与社会事务晚于男性，社会经验本身不足，再加上看待问题的角度片面，使得女性辨别能力低下，自我保护能力差，同时女性更加易于轻信他人。所以，当女性心理上恰恰又依附于道德品行不端的男性，成了一根绳上的蚂蚱的时候，想脱离也身不由己了。此时的女性易于轻信他人，盲目听从他人教唆、诱导使她们踏入犯罪；而女性的体力和认识能力不如男性、自我保护能力差，又使女性无法脱离沾染上的环境。共同犯罪中的女性犯罪人能够参与犯罪的原因就是由于以上所述其特有的心理特点造成的。

（二）情感丰富细腻但情绪变化快

情感丰富细腻，同时情绪变化快是造成很多女性情绪性犯罪的重要原因。由于女性和男性的染色体、性激素的不同，和男性的性格相比，女性的高级神经兴奋程度较强，抑制较弱。因而，女性的情感比男性丰富、细腻，遇到问题时比男性容易动感情。弗兰西斯·培根曾经说过：人怎样才能长寿，这并非完全决定于医学，人要健康长寿就应当保持心胸坦然、精神愉快，这是延年益寿的秘诀之一。人尤其应当克服嫉妒、暴躁及至埋在心里的怒火，积郁不解的思考，无节制的狂欢，内心的隐痛等，人应当经常保持一种怀有希望、愉快、明朗、朝气蓬勃的精神状态，从事一些对身心有益的学问和思考——如阅读历史、格言和观察自然。① 有些女性由于天生的情感丰富、细腻的性格，对很多问题看得比较细致，又由于情感细腻，考虑问题经常钻牛角尖，所以遇到问题情绪变化比较大。当遇到不顺心的事情或者遇到刺激因素时，容易引发暴力犯罪。

（三）嫉妒、虚荣、占有欲强

心理学上认为，虚荣心是自尊心的过分表现，是为了取得荣誉和引起普遍注意而从物质或精神方面表现出来的一种不正常的社会情感。其产生的心理原因有两方面：一是面子观念的驱动，认为面子是达到社会所认可的成就而获得的声望，即使打肿脸充胖子，也不能丢面子。二是个体具有戏剧化人格倾向。爱虚荣的人多为外向型、冲动型、反复易变、做作，具有浓厚的情感反应，待人处事突出自我、浮躁不安。它往往是心理深层的自卑与心虚等缺陷的补偿。其信条是你有我也有，你没有我也要有，盲目地与他人攀比，如吃、穿、用、权力、排场、关系等，但从不比对社会、对他人、对集体的奉献。这种心理在独立性相对较

---

① 参见童桂馨：《女性心理学》，载《安徽省妇女干部学院学报》2005 年第 11 期。

差、易受外界影响。反映在现实生活中，很多女性在现在社会中，由于周边因素的影响，在吃穿用度等很多方面容易攀比，当攀比的性格形成之后，部分女性就会为了显示财产、权力、虚荣等进行违法犯罪活动，如部分女性为了达到虚荣的目的，挪用公共财物、诈骗或者贩卖儿童，从而满足对金钱的欲望。另外，女性天生的占有欲较强，不论是对金钱还是感情，在这方面尤其表现得突出。很多女性犯罪体现在对感情的过分占有欲，在面对感情挫折时，女性为了满足自己的欲望，对男性会实施一定的犯罪行为，例如将男人杀死或者为了男友去实施犯罪等。

二、女性犯罪人的生理特征

女性犯罪人的生理特点是决定女性犯罪特征的一个重要原因，女性特殊的生理特征决定了女性犯罪有不同的特点。研究表明，当女性处于月经期、怀孕期、产期、哺乳期和绝经期五个特殊生理期时，更易实施违法犯罪行为。因为从医学角度看，在这些时期，女性容易出现植物神经紊乱、大脑皮层失调、心烦易怒、情绪失控现象，如果有外界不良因素的刺激，极易实施违法犯罪行为。女性犯罪人的生理特点主要由女性犯罪人月经期和更年期所出现的生理症状所决定，并且不同的年龄阶段具有不同的生理特点。

（一）未成年女性犯罪人的生理特征

未成年女性犯罪人正处于从少年到青年的过渡时期。我们所说的青春期，即从 14 岁到 18 岁的时期，青春期是人体发育最重要的时期，又称性成熟期。处于这一时期女性的外在身体和内在思想都会发生很大变化。这些变化表现在：一是身体形态向成熟女性身体形态变化；二是身体各脏器功能逐步健全；三是内分泌系统发育成熟，功能趋于完备；四是性发育逐渐成熟。

女性青少年由于思想单纯，社会经验不足，对自身出现的一些生理变化了解不够，又易受周围环境影响，特别需要正确的指导和教育，帮助她们了解和适应自身生理和心理上的变化。这一时期的女性青少年如果没有正确的指导和教育，再加上社会环境或学校环境的不良影响，极易实施违法犯罪行为。从很多现状来看，处于半成熟期的女性犯罪人由于自身能力和社会经验不足，容易结合其他犯罪主体，以共同的力量实施犯罪，比如参加或组织犯罪团伙进行犯罪活动等，所以这一生理时期的女性犯罪人犯罪形式以共同犯罪居多。而且青少年思想比较单纯，做事不计后果，在很容易冲动、讲义气、崇尚个人英雄主义等情绪支配下，容易实施暴力犯罪（如绑架、杀人、伤害、聚众斗殴）、性犯罪（如卖淫）和财产犯罪（如抢劫、抢夺、盗窃、敲诈勒索）三大类型犯罪。近年来，由青少年实施的与毒品相关的犯罪数量也呈急剧增加的态势，其中女性青少年犯罪人参加的犯罪数量所占比例也明显增加。

（二）中青年女性犯罪人的生理特征

中青年女性犯罪人（18 岁到 45 岁）占女性犯罪人中的绝大多数，她们处于生命最旺盛的年龄阶段。这一时期的女性犯罪人已经结婚生子，所以也正处于人生压力最大的一个时期——抚养年幼的孩子、赡养年老的父母、社会压力以及婚姻压力累加在一起，再加上女性特有的内分泌系统，使得很多女性在各种压力下，身体抵抗力下降，极易产生情绪上的波动，如紧张、恐惧、焦虑、抑郁、烦躁、愤怒。如果此时的女性受外界环境影响，就极易出现情绪性犯罪。当然，因为这一时期的女性很多都是精力充沛、社会经验充足，再加上参与社会活动机会增多，所以与未成年时期女性犯罪来比，中青年女性犯罪的特点从暴力、激情型犯罪扩展到经济犯罪领域和职务犯罪领域，如经济诈骗犯罪、贪污贿赂犯罪、渎职犯罪等。

（三）更年期女性犯罪人的生理特征

女性更年期，是指月经完全停止前数月至绝经后若干年的一段时间（个别人可长达 10 年），多半在 45～55 岁之间。更年期女性犯罪人生理特点极为明显：注意力不集中、抑郁、紧张、情绪不稳、易激动、多疑、肢体感觉异常，大多处于更年期偏执状态，更有甚者会存在严重的更年期抑郁症。处于这一时期的女性犯罪人所犯罪行的种类以冲动作为基调，表现形式多以突发的暴力型犯罪为主。这一时期的女性犯罪人还有一个特有的犯罪领域，也就是容易利用邪教破坏法律的实施。由于这一生理期独有的孤独感、信仰缺失感和价值追求的缺失感等特点，加上我国目前处于这一时期的女性知识结构和思想水平整体低下，导致这一生理期的部分女性盲目地信奉邪教，从邪教中寻找归属感，间接地成为社会的不安定因素。

总之，女性犯罪在年龄结构上存在的高峰期——18 岁至 25 岁以及 35 岁至 50 岁，能够与女性特殊的生理周期相吻合，并且近年来未成年女性犯罪所占女性犯罪比率逐年上升，也贴合女性生理周期的变化特点。

三、女性犯罪人的心理特征

女性犯罪人的心理特征相对于男性犯罪人有很大的差别。在我国这个历史文化悠久的国度，历朝历代都或轻或重地存在男尊女卑、男主外女主内的"夫为妻纲"的封建思想。女性在这种封建思想的影响和封建道德的束缚下，认知水平和思想水平的发展都受到了限制。然而现今，随着我国女性社会地位的不断提高，女性在家庭、社会中扮演的角色越来越趋于男性化。经过社会的历练，我国女性正在特殊的社会环境下拥有着自己特有的心理特征。女性犯罪人作为该类群体中的特殊群体，心理特点更为明显。女性犯罪的内在原因是指控制女性由内而外的心理原因。女性作为不同于其他群体的一个独立群体，有其独特的心理特点，这些心理特点在女性犯罪人身上又表现出不同于普通女性的一些特点。女性犯罪类型多样，每个犯罪者本身又有自己的具体情况，比如思想意识、道德认识、法制观念、荣誉感、反常的情绪、情感等。因此女性个人实施某一犯罪的心理特点，可能都会有不同。笔者就女性犯罪人的一般心理因素来概括，主要包括：自私心理、贪婪心理、压抑心理、迷信心理、空虚心理五个方面。

（一）自私心理

自私指只顾自己的利益，不顾他人、集体和社会利益，表现为自私自利、损人利己等行为。从犯罪心理研究表明，自私倾向与个人的自我敏感性和价值取向有关。自我敏感性就是一个人对于与自己有关的问题的关心程度，自己需要别人帮助的愿望强弱，以及得到别人帮助后的心理感受等诸多问题。有的人过于关心自我，当遇到问题时又过于依赖求助他人，也就是求助需求过强，而当获得帮助之后仍然感觉不满足，缺乏感恩的心态，这样的人的敏感性就属于极强型自我敏感心态。一般认为，一个人的价值取向是在社会化过程中逐渐形成的，形成之后就会成就相对稳定的评价事物的标准和态度。如果一个人是极强型自我敏感类型，这种长期形成的过度敏感就可能成为一种只顾自己的倾向，从而形成我们通常所说的自私心态。因为从很多研究表明，自私之人常常是自我敏感性极高，以自我为中心，对社会、对他人极度依赖与索取，而不具备社会价值取向，对他人缺乏责任感的人。如果回到而我们的主题，就女性而言，因为其本身生理上存在的染色体及大脑发育的特点就决定了她们的敏感倾向，这种女性的敏感，一方面表现在其平时对各种人和事的感觉的敏感上，另一方面也体现在其行为前，动机确定中的冲动性、目的选择的盲目性和行为中自我控制的失当性。这些特性都易促使女性在过度情感化的敏感状态中做出以自我为中心的不顾一切的违法行为。例如有的女性嫉妒心极强，容不下别人，心里只有自己，对能力、成绩甚至容貌、身材、年龄超过自己的，千方百计地予以为难、诋毁甚至诬陷、毁容；有的女性感情自私，为了自己的感情，充当第三者或沉迷于婚外恋中，在感情自由的目的难以达到时，便不惜杀害自己的情敌或情敌的亲属。

（二）贪婪心理

贪婪者往往具有贪得无厌、欲望永不满足、利欲熏心、丧失理智、胆大妄为、心存侥幸及意志薄弱、难以自控等特点。他们对各种欲望的追逐永无止境，不择手段地满足其财欲、权欲、色欲和名誉等。一般女性因认识上理性思维能力较差、情感上波动不定及意志行为中的易受影响性，在世界观、人生观、道德观、法制观等不正确的状态下，在有更多的接触财、权、物的条件下，较男性更容易为贪婪所侵袭，失去理智地、无休止地追逐利益。同时，由于女性的感情成分及家庭观念较男性为重，其贪婪的目的除了满足自己的欲望外，也有的竟是单纯为了家庭或男友聚敛钱财。

（三）压抑心理

压抑心理一般有消沉性、潜意识性的特点。它一般因行为规范的影响，工作学习与生活的压力或人际关系紧张等所致。从主观原因看，个体的身心条件较差、过于内向的气质类型等，都易使人产生或加重压抑状态。心情压抑的人容易产生忧郁、厌倦、沮丧、焦虑、孤僻等病态心理行为。压抑至极时，也会因某一事件引起其爆发，转化成强烈的攻击行为。现代很多女性处于一个社会要求高、环境压力大且家庭负担重的状况中，工作和家庭带给她们过多的约束、多重的责任、长期的压力、快速的工作节奏和紧张的人际关系等，再与女性自身生理和心理上的敏感、多情结合在一起，极易使女性在内在需求难以满足和外在压力过于沉重的矛盾折磨下，心力憔悴，无法排解，以至于在遇到她们自认为无法解决的问题时往往采取过激的方法来处理，从而引发各种犯罪行为。

（四）迷信心理

从心理学上说，迷信指人们内心确认有一种支配生命个体的神灵并畏惧和遵循之。迷信是人们在社会生活中遇到不可认知事物时无所适从，或遇到难以克服的障碍和挫折时所表现出的认同鬼神命运，祈求以改善自己命运的一种信仰和行为。现代信息的传播方式和交通工具，为现代迷信的快速变异提供了物质条件，它们假借新发现、新见解，运用所谓的催眠术、物理化学术、电脑术等，变换手法以假乱真，诱导不知内情的人上当受骗。在利用现代迷信手段犯罪的人中女性占有相当的比重。她们常常以受益者、追随者、崇拜者的面目出来现身说法，与男性案犯合伙，四处招摇撞骗，具有极大的迷惑性。

（五）空虚心理

空虚心理指一个人的精神世界一片空白，没有信仰，没有寄托，百无聊赖。精神空虚是一种社会病，其特点是：丧失志向，不能自控；否定一切，怀疑一切；生活厌倦，在享乐中寻求刺激。从个人角度说，空虚心理源于自我贬低、缺乏信心与自我需求无法满足之间的矛盾。他们努力追求自我利益，只讲个人利益，不尽社会义务，于是在追求受挫或需求满足时便产生了麻木感或寻找一些更新更强的刺激。在城市化社会中社会繁荣对女性有着极大的诱惑，更多的女性走向社会，寻求自我的价值。但当她们中的一些人发现实际的生活比她们想像的残酷得多，以正当途径满足自己某些需要十分艰难时；当她们发现自己不知不觉或受到欺骗陷入泥淖而无能为力、难以自拔时，就有可能沉沦下去，逐渐地步入违法乱纪者的行列。

犯罪人犯罪心理的启动，畸形的需要是必不可少的。人不同于动物，在满足自我需要的同时，会裁度主客观条件和满足需要的可能性，并依据社会规范，有意识地调节自己的需要。而犯罪人选择犯罪，就是选择不择手段、不计后果、不惜侵犯他人和社会利益去满足私欲。女性犯罪人在这一方面表现尤为突出。嫉妒、虚荣、攀比、占有欲强是女性突出的一个心理特征。女性走出家庭、踏入社会，诱惑增多，欲望也就相应地增多。美丽是女性永久追求的东西，然而美丽往往是以物质作为基础来实现的。对于物质的追求往往就是女性对于美的追求。当女性对物质的占有欲超过自身能力的时候，一些女性就会采用一些不正当的手段如盗窃、诈骗、贪污、性等方式去获取。女性的嫉妒、虚荣、占有欲并不只表现在对物质的追求上，当女性在周围环境中处于较弱的地位，身边总是有个条件比自己好的人出现，这时虚荣心极度得不到满足，嫉妒就会驱使其做出一些非理性的行为，比如背后诋毁他人，仇恨他人，伺机报复。

四、女性犯罪人的行为特征

（一）犯罪手段的隐蔽性和欺骗性

随着当下女性在各类社会事务中参与度的提升，女性犯罪发案率明显增加，而且犯罪类型也由财产犯罪和性犯罪向各类暴力性犯罪发展，抢劫、绑架、杀人、放火、诈骗、投毒、毒品、拐卖人口等暴力性案件比率显著上升。但是由于女性的体力、认知水平均不如男性，因而在犯罪实施中相对较少地直接利用身体力量去侵害对象，所以与被侵害对象直接面对面的暴力冲突的手段运用较少，从而使女性犯罪在手段上具有更加明显的隐蔽性。相比男性犯罪人，女性犯罪人运用的欺骗性手段具有更强的迷惑性，更容易达到犯罪的目的，这是与女性这一性别紧密相关的，没有高学历、没有深厚的家世、没有明朗的资金投入产出比，为什么仍然有这么多的民众相信这些女性的谎言呢？归根究底就是一般民众对女性犯罪防范意识弱，使得女性犯罪人有了空子可钻，她们抓住一般民众的这一心理特点，用她们亲善诚信的面目使得欺骗一次又一次得逞。

（二）犯罪行为往往表现出明显的情感性、偶发性和冲动性特征

随着社会的发展，中国女性虽然正在逐渐融入社会，但是感情生活仍然是其他任何事物都无法替代的。在恋爱和婚姻家庭生活中，女性充当着妻子、母亲的角色，女性在扮演这些角色的过程中牺牲精神是很突出的特点。女性为了感情，可以不顾一切，牺牲钱财和名誉，甚至可以牺牲自己的生命。女性一般较为感性，在感情方面总是理想主义者，情绪不稳定。她们在接触事物的过程中，总是注重内心的体会，一些细小的事情就能够激发感情上巨大的变化。因为女性对待事物总是趋于表面，看待问题总是流于肤浅，所以遇到问题时，往往表现出行为上的冲动性，其意志力往往无法控制瞬间爆发的情绪。一位女性在为了感情做出很大牺牲后，对方仍然不领情，甚至变本加厉地伤害女性的感情，在这种收支不平衡的感情基调下，女性会产生委屈、愤怒和仇恨的心理，如果无法得到有效调节，女性会盲目冲动地产生残忍的暴力性侵害行为。

（三）共同犯罪或者团伙犯罪中，女性犯罪人角色多有从属性、依附性

女性犯罪人受其生理、心理特点的局限，在实施犯罪过程中，特别是共同犯罪、团伙犯罪中，多依靠于男性犯罪者作为实行犯，而其自身多承担帮助犯、教唆犯等犯罪角色。女性犯罪人作为帮助犯，多是帮助男性犯罪人踩点、望风、交易、提供或毁灭犯罪工具、销赃等。无论女性犯罪人是被胁迫或是被教唆或是主动参加，该种情况下，女性犯罪人一般不是犯罪的主犯或首犯。从该方面就表现了女性犯罪人依附性的犯罪特点。由于女性踏入社会相对男性较晚，判断事物的能力不如男性，思想单纯，

社会经验不如男性丰富，从而容易服从听命于身边的男性，对身边男性的决策或要求极尽满足与帮助，也由于女性体力远不如男性，单凭女性犯罪人自身很难完成暴力性强的犯罪行为，所以，在有男性犯罪人参与的犯罪中，女性犯罪人多依赖于男性犯罪人实施犯罪。

五、女性犯罪的犯罪类型特征

女性犯罪是一种社会现象，与社会经济、政治、文化相关。历史上，每一次社会变迁都会引起犯罪形势的变化。当前，我国正处于传统社会向现代社会转型的时期，在这个现代化的进程中，由于社会一系列的急剧变迁，滋生了各种新的犯罪诱因，同时又弱化了传统制约犯罪的机制，从而导致女性犯罪现象在转型期的中国大量增加。当前中国女性犯罪所涉及的类型从原来的盗窃、流氓、重婚、遗弃等向性犯罪、财产犯罪、拐卖人口、暴力犯罪等发展。甚至在以往女性犯罪较少涉足的抢劫、诈骗、吸毒贩毒和走私贩私等犯罪领域，也都出现了为数不少的女性罪犯。下面本文就女性犯罪的四个主要类型予以剖析。

（一）女性暴力犯罪

女性暴力犯罪是指以女性为主体实施的严重暴行犯罪，主要包括杀人、伤害、抢劫、强奸、放火、投毒等。从我国司法实践看，主要是杀人和伤害案件。在传统上，女性犯罪的数量较少，女性暴力犯罪在犯罪总数中所占的比例更小。但是，随着现代化进程的深入，女性参与社会程度的加深，女性的社会角色进一步发展变化，所有这些因素，不但会使女性犯罪的数量增加，同时，也有可能使女性犯罪的种类和严重性上升。女性会实施一些新型的，给社会带来更加严重危害的犯罪。也会涉足一些过去主要由男性实施的犯罪活动。当前突出的就是女性实施的暴力犯罪，不仅数量增多，而且某些个案的暴力化程度甚至超过男性。

这是女性性别特征被严重扭曲的重要反映。

近年来，女性暴力犯罪在世界范围内呈现递增趋势。例如据2013年3月11日中国新闻网一篇题为《统计显示澳大利亚女性犯罪率增速快于男性》的报道显示，澳大利亚自2011年以来犯罪的男女比例发生很大变化，被法庭审讯或监禁入狱的女性增加的速度快于男性。澳媒报道说，新州犯罪统计和研究局的数据显示，过去10年来，男性罪犯比例基本保持稳定，而女性罪犯比例则增加了15%。在过去一个月，新州地区就有2名女子被指控犯有谋杀罪。有一名39岁的女子被指控盗窃一位70岁慈善工作者的4900澳元，还有一些女子被指控玻璃伤人、持械打劫、持刀绑架、贩毒和非法持有武器等犯罪。圣文森医院的急救主任弗莱德称，过去10年中，女性犯罪率持续上升，特别是现在一些女士变得非常好斗，不愿意忍让。西悉尼大学讲师迈克尔说，随着社会的转型和发展变化，女性变得越来越独立，这一点也体现在犯罪上。女性变得和男性一样敢闯，在生意上与男性竞争，而在犯罪上也在"追赶男性"。目前，女性（包括未成年少女）的犯罪率明显增加，而且所犯罪行也越来越严重。据澳大利亚统计局的数据，前一年女性囚犯人数增加了8.4%，比2002年增加了48%，而同一时期男性囚犯的人数增加率却比女性低很多。[1] 在我国同样如此，特别是女性杀人案件屡见报端。如2004年统计的北京市海淀区检察院办理的案件，女性暴力犯罪案件从2001年至2003年共有74件98人，且案件数量呈上升态势。[2] 可见，目前令我们无法回避的是杀人、抢劫及严重暴力伤害等暴力性犯罪已不再是女性不敢问津和涉足的禁区。

当前我国女性暴力犯罪虽然表现各异，但还是可以总结出以下特点：

---

[1]　http：//www.chinanews.com/gj/2013/03－11/4633743.shtml.

[2]　http：//www.jiaodong.net/news/system/2004/02/09/000620232.shtml.

1. 以暴抗暴，预谋性比较突出

先是受害人，后转为加害人。在不少女性暴力犯罪案件中，女性本身也是违法犯罪的受害者，当她们受违法犯罪行为严重侵害时，由于自身的感情脆弱，以及深受封建思想的影响，温顺、怯懦，不敢反抗，多采取不张扬甚至是自我牺牲的方法来解决问题，所以，一开始，多数是采取忍让这种自我牺牲的方法，以期侵害人知错能改达到自然化解矛盾的目的，而不懂得采取正确的方式比如利用法律武器来解决问题。例如，在很多家庭暴力受虐妇女暴力反抗犯罪中，很多女性都觉得自己在家庭中的地位是附属地位，同时受传统男尊女卑封建思想的影响，当丈夫对其施暴时，很多女性选择隐忍态度，觉得家丑不可外扬，不会和其他人诉说，更不会以法律方式来保护自己。但是，当作为侵害人的丈夫对女性加害的程度和次数超出女性的容忍程度时，她们也经过一段时间的思考，才会不顾一切后果，采用暴力方式进行反抗。因此，在很多家庭暴力下产生女子反抗导致丈夫死亡的案件中，女性不是像男性暴力一样是即时的暴力，很多都是女性经过暴力侵害之后，隐忍一段时间，精神和肉体遭受侵害，经过考虑之后才予以反抗，因此，很多女性暴力犯罪更具深思熟虑、预谋性的心理特点。

2. 手段残忍，不计后果

从犯罪的准备方面看，因为女性自身的体力比较弱小，所以很多女性如果选择暴力犯罪，一般会经过深思熟虑，适当地选择犯罪对象、犯罪方法、犯罪手段、犯罪地点等，这样才会在自身体力相对弱势的情况下，更有利于取得成功。这样很多女性暴力犯罪在预谋性的驱使下，她们在事前都经过一番的思想考虑，行动上都做了准备，很容易达成最终的犯罪目的。因此，当犯罪时机成熟，在着手实施犯罪时，很多进行了预谋的女性往往选择足以致人死亡的手段和工具，采取较为残忍的方式打击被害人的致命部位，这样能较快地致使被害人伤亡，从而达到暴力犯罪的目的。

3. 在侵害对象上，选择阻力小、风险小的对象加以伤害

女性暴力犯罪在选择加害对象时并非一定是选择弱者作为加害对象，在司法实践中，女性暴力犯罪侵害的对象多为女性罪犯的近亲属，一般多为女性罪犯的丈夫、男友或子女等。由于这些被侵害对象与女性罪犯有亲情关系，大多又与女性罪犯一起生活，为女性实施犯罪提供许多便利条件。同时，被侵害对象往往对女性罪犯常常不加防备，使女性罪犯在实施暴力犯罪时遇到阻力比较小，犯罪比较容易得逞。

4. 单独作案比较突出

据有关统计，女性暴力犯罪单独作案的案例占女性暴力犯罪案件的90%以上。形成女性暴力犯罪单独作案这一特点主要是由于：一方面与女性性格多疑、处理问题不张扬的隐蔽方式有关；另一方面与女性社会活动范围不大、与人接触少有关；再一方面，由于女性暴力犯罪侵害对象多为女性罪犯的近亲属或男性同居者这一特殊性决定女性以单独作案的方式实施暴力犯罪。

5. 犯罪地点多发生在室内

一方面，女性实施暴力犯罪不同于男性，多数女性天生身材矮小，体力较弱，这决定女性在实施暴力犯罪时，不可能在被害人有防备的情况下实施，而是选择被害人没有防备或者是不能反抗时实施暴力行为。这些特点决定行为人较易选择室内作案，即在室内利用被害人不防备或睡着以后才实施暴力行为，这样的犯罪方法比较隐蔽，既不易遭受被害人的激烈反抗也不易被第三人发觉而予以阻拦，行为容易得逞。另一方面，从女性暴力犯罪侵害的对象上看，其主要加害的是自己的近亲属，这些近亲属多与行为人一起居住。因此，女性暴力犯罪在犯罪地点上多选择在室内实施。

6. 犯罪动机比较单一

女性暴力犯罪的动机与男性犯罪相比有自己不同的特点。男

性很多暴力犯罪的原因很多，与此不同的是，女性暴力犯罪的动因相对比较集中、比较单一，一般多为婚恋纠纷或邻里纠纷。这主要是由于女性家庭观念强，受陈腐的封建婚姻观念和世俗偏见的影响，又缺乏正确的恋爱观念，当解除恋爱关系或婚姻关系破裂时，觉得人财两空，因嫉妒心、占有欲和挫折感相互交织而激起暴力报复的念头。同时，女性的社会活动比较少，接触人也相对较少，当遇到恋爱或者婚姻难题时，经常没有其他人可以倾诉，这也是造成女性处理婚恋纠纷或邻里纠纷时缺乏解决问题的正确方法，往往是采用暴力的报复方式的原因之一。

7. 农村女性犯罪率高

我国大部分农村在经济、文化方面还处于落后、封闭状态，广大农村妇女普遍文化水平低下，许多农村妇女还处于文盲和半文盲状态，这种文化水平在一定程度上决定其在处理矛盾时，不能很好地寻找解决问题的正确方法。同时，文化水平低下也是导致妇女的法制观念淡薄的直接原因之一。如许多农村女性在长期忍受家庭暴力的情况下，认为自己本身就是受害者，在忍无可忍的情况下，采取以暴抗暴的方法将加害人伤害，应该不算是违法犯罪，在这种错误认识下部分农村女性就会采用极端的暴力手法进行报复，最终走上犯罪的道路。

（二）女性性犯罪

性犯罪的发案率一直是较高的犯罪类型之一。近年来，虽然在一定范围内性犯罪的发案率有所波动，但总的来说各个国家的性犯罪总体上都是处于上升状态，其中引人注目的女性参与到性犯罪中来的案件也在不断增长，成为困扰各国的严重问题。刑法学上的女性性犯罪大多涉及以非法性行为、性侵害、性淫乱为特征的触犯刑律的行为。其类型主要有淫乱犯罪、重婚犯罪、强奸犯罪（共犯），以及组织、强迫、引诱、容留介绍卖淫犯罪等。从她们的犯罪动机和活动方式上划分，可以分为玩乐型、乱伦

型、报复型、代偿型和营利型。但从犯罪学中多数认为是犯罪的
行为，在刑法中并没有明确的条文来具体规定，例如吸毒犯罪、
卖淫犯罪等。所以在犯罪学中理解女性犯罪的概念是指女性侵害
他人性权利或有伤风化或利用其色相、肉体等性诱惑手段所实施
的情节严重的危害社会的行为。[①]

女性性犯罪作为一种建立在性别特征基础之上的特殊类型的
犯罪，具有不同于男性犯罪的特点：

1. 女性性犯罪具有一定的阶段性

女性实施性犯罪行为与其性诱惑能力的强弱有很大的关联，
或者说这种犯罪大都要求女性犯罪人自身有一定的性诱惑能力。
而女性性诱惑能力的强弱又是与其年龄大小息息相关的，这就使
得女性性犯罪呈现出阶段性的特征。实施此类犯罪的女性大都是
在其青春阶段，在她们的年龄达到一定界限后一般会自动终止某
些种类犯罪行为的实施，或者大大降低某种犯罪行为的成功率和
危害性。这在卖淫犯罪中体现的最为突出。

2. 女性性犯罪具有较强的隐蔽性

性犯罪是一种受到道德和法律双重严厉谴责的犯罪行为，传
统的社会对女性在性问题上的要求更加苛刻，即便是在监管场
所，性犯罪类型的女性也会受到其他被监管人员的鄙夷。另外，
由于人类本能的羞恶之心，人类的性行为一般都具有隐蔽性的特
征。这就造成了女性性犯罪具有的隐蔽性特征。这种隐蔽性特征
主要表现在犯罪地点隐蔽、犯罪时间隐蔽、犯罪形式隐蔽、犯罪
时身份隐蔽等方面。由于女性性犯罪的隐蔽性，所以常常很难
披露。

3. 女性性犯罪具有特殊的依附性

由于生理、心理上的特点和客观上女性仍然是社会中的弱势

①　参见肖建国、姚建龙：《女性性犯罪与性受害》，华东理工大学出版社 2002 年版，
第 25 页。

群体等诸多原因，在某些性犯罪类型中，女性往往不具备独立作案的条件和能力；同时，社会上也有一些不法分子，他们看到了女性在实施违法犯罪行为中所特有的性优势，就想方设法利用其作为非法活动的工具，这是女性性犯罪具有依附性的特征。

4. 女性性犯罪具有极大的流动性

随着社会的发展进步，传统社会对女性的严格控制机制逐渐瓦解，资源与人员的自由流动成为社会主义市场经济的重要特征，这是社会发展进步的必然结果。与此同时，这种现象也反映在女性性犯罪的流动上，其中最显著的是卖淫活动。许多卖淫女并不在自己的家乡卖淫，而是到外地，尤其是那些边远的地区和农村地区的女性，她们来到了陌生的城市和集镇，大肆进行卖淫活动。女性性犯罪中的流动性构成了女性性犯罪控制难的重要原因。

5. 女性性犯罪具有极强的腐蚀性

它会像恶性传染病一样，迅速蔓延。这主要是因为女性一旦堕入性犯罪的漩涡，一般就会变得比其他性犯罪者性意识更加强烈，性行为更主动。她们不仅腐蚀拉拢男性犯罪，而且还诱使、教唆另外一些涉世未深的女青少年下水。由于女性心理、生理上易接近的特点，以及女性易被感染等特点，同性别的女性之间常常缺乏必要的警惕心和戒备心，性犯罪的女性对自己的女伴进行不良的思想和行为的宣传和渲染，尤其是亲自实施的示范效应，比男性更加隐蔽、更具有迷惑性，所起到的腐蚀和教唆作用也更恶劣。

6. 女性性犯罪具有其自身的顽固性

性犯罪较之其他形式的犯罪，其犯罪意念要顽固得多。这是因为人的性意识的发展、强化，在很大程度上依赖于性体验和经验。长期的性体验使女性性犯罪人形成了畸形的性意识和性体验，这种性意识和性体验是很难改变的，这就大大增加了矫治女性性犯罪的难度，也是导致女性性犯罪复发率高的特点，尤其是反复的次数越多，危害越大，矫治难度也大，也就形成了恶性循环的怪圈。

女性性犯罪呈现出以上特点，既是由女性的生理、心理和社会的原因决定的，同时也是新的社会背景下女性性犯罪特殊性的体现。我们应当看到，随着我国社会的变革和发展，导致女性性犯罪的原因和条件因素也在发生剧烈的变化，从而导致新时期我国女性性犯罪出现了新动向。如极少数道德败坏的妇女，思想堕落，经常出没于公共场所，或者流窜外地，连续不断地寻找目标；有人专门腐蚀领导干部，借用干部手中的权力获取钱财和打通关系；有人专门腐蚀大款、经理，使这些富裕人的钱财转移到自己手中；有人专门腐蚀青少年，引诱青少年抢劫、扒窃，供她们吃喝享受；有人专门勾搭外国人和港澳台的商人、旅游者从他们那里骗取外币和争取出国的机会等。

（三）女性财产型犯罪

女性财产型犯罪是指以女性犯罪为主体实施的侵犯财产的犯罪。[1] 我国尚处于社会主义初级阶段，社会生产力较为落后，人们之间存在贫富差异。个人和国家之间的需求和供给的不协调就必然产生各种矛盾与冲突，拜金主义思潮泛滥，加之盲目地超前消费宣传，控制机制与犯罪的日益增长严重失衡，致使一些女性贪婪的私欲恶性膨胀。她们为了捞钱不择手段，以身试法。从女性犯罪情况来看，90%以上与钱财直接有关，钱财既是犯罪的标的物，也是诱发犯罪的催化剂。

在拐卖妇女儿童、绑架勒索、非法拘禁等侵犯人身权利犯罪和交通肇事等危害公共安全犯罪中，女性犯罪的目的或起因一般也都与钱财有关。女性财产型犯罪的种类很多，但当前突出类型主要还是盗窃、诈骗、贪污、贿赂犯罪。

---

[1]　参见阴家宝：《新中国犯罪学研究综述》，民主与法制出版社1995年版，第517页。

1. 女性盗窃犯罪

盗窃犯罪是指以非法占有为目的，秘密多次窃取或窃取他人公私财物数额较大的行为。它种类繁多，性质不同，手段多样。从我国和世界各国的情况来看，盗窃犯罪在各种刑事犯罪中都占主要位置，女性犯罪也不例外。女性盗窃犯罪在犯罪手段上和作案方式上与男性有一定的差别。男性的盗窃范围比较广，而女性限于身体条件，主要作案方式是扒窃，入室盗窃或利用工作之便盗窃国家、集体、个人的财产。在盗窃对象上，女性盗窃的主要是现金、首饰等贵重物品。总之，女性盗窃犯罪空间范围小、作案方式多比较简单。

当然，不同年龄不同职业的女盗窃犯有着不同的行为表现。少女多以扒窃、偷窃为主，其盗窃行为多发在商店、公共汽车、邻居或同学、同事家。他们的盗窃行为与成年人不同，作案目标不定，随意性强，多数情况是随机作案、无预谋。而成年女性盗窃行为多是利用工作之便，多盗窃本人工作单位或部门的财产。她们的盗窃行为多是有预谋的，其金额也较小，有的还内外勾结或男女合伙，其情节和手段较为严重与复杂。女性盗窃有以下四个特点：

（1）女性盗窃犯罪有很强的隐蔽性。在人们普遍的社会心理中，女性大都胆小、柔弱、心地善良。一些女盗窃犯正是利用人们这一心理，凭借场地的混乱、纷杂等特点，在公共场所作案。在这种作案活动中，人们不易察觉，即使人们发现被盗，也很难去怀疑女性。甚至有些女盗窃犯，抱着孩子进行盗窃犯罪，这便于其溜之大吉。

（2）女性盗窃具有非体力性。一般来说，盗窃犯罪活动的实施，多要凭借一定的工具、技能和体力。然而，由于女性的身体特点，她们在作案活动中，多采取前两点，很少采用撬砸、破坏、脚踹、强行攀登等形式的盗窃行为。也就是说，女性大都根据自己的体力程度，在生理条件许可的范围内有选择地实施某些盗窃犯罪行为。

（3）女性盗窃犯在实施盗窃行为时有较高的突然应变能力。一般来说，女性盗窃犯在危险的情况下，具有随机应变的能力较强，尤其是在入室盗窃时，如果遇到家中来人，她们大多较镇定，能够找机会逃走，从而避免正面冲突。这与男性盗窃犯区别较大，男性盗窃分子在遇到事先没有预料到的突发情况时，往往会有紧张转向盲目反抗，由盗窃转化为抢劫、杀人等恶性犯罪，其后果更加严重。而女性盗窃犯罪中这种行为转变则相对较少。

（4）女性盗窃犯罪由正开始向多元化犯罪发展。在女性盗窃犯中，有的女性盗窃犯在盗得财物之后，极其挥霍，大搞流氓淫乱活动，构成新犯罪；也有一些女盗窃犯发现盗窃的风险太大，从而转向来钱更快和风险相对较小的其他犯罪类型，如拐卖妇女儿童或卖淫。

2. 女性诈骗犯罪

诈骗罪是以非法占有为目的用虚构的事实或者隐瞒真相的方法，骗取数额较大的公私财物的行为。许多女诈骗犯以性开道，或把自己打扮的花枝招展、或者以柔情蜜语刺激男性、或用一副哀情感动他人，使男性失去警惕性，从而轻易达到行骗的目的。当今社会上不少人缺乏防范意识，对行骗的美貌女性更缺少警惕性。因此，许多女诈骗犯惯用性行骗伎俩，将男性作为行骗的最佳人选，瞄准供销采购人员、国内外旅游人员、在外经商打工人员，甚至一些领导干部，大肆实施诈骗行为。女性诈骗犯有自己的特点，在一些行为表现和欺骗性上与男性有比较大的区别：

（1）女性诈骗犯罪具有双重欺骗性。诈骗犯罪的主要目的是从受害者身上骗出金钱、财产或者其他有价值的犯罪活动，受害人之所以上当受骗是缘于信任他人的花言巧语或精心筹划。骗子的手段是否高明和受害者是否轻信与贪心有着十分密切的关系。一些女骗子利用人们各种不良心理来达到自己的目的。如有的女骗子利用某些人总想占便宜等谋取私利的心理，冒充领导人的子女，或者用某些人的不良需求心理达到自己目的。因此，女性诈骗活动的主要特点在于它的双重欺骗性：一方面，女性的花言巧语易于使人上当；另一方面，人们常常认为女性老实、单纯、有油水可榨，似乎可占些便宜，这两点的不谋而合，使女性的诈骗活动更易于得手。

（2）女性在诈骗违法犯罪活动中常常以自己的色相诱惑受害者。换句话说，女性诈骗的受害者多是易于受诱惑的男性异性效应，这是人们十分正常的心理反应。异性交往常常比同性之间的交往更为顺利和融洽。这种心理被一些女诈骗犯利用，使她们在诈骗活动中易于得手。还有一些女诈骗犯利用这一心理伙同他人进行敲诈勒索及抢劫犯罪。还有的女性以征婚为名进行风险较小、成功率较高的诈骗活动。

（3）女性诈骗犯罪的隐案比较高。女性的诈骗犯罪常常与性问题相连，从而导致一些受害者难以向警方报案。骗子们策划的活动多是不正当的活动，在受骗过程中，有些人也参与了非法活动。因此，他们在逐渐明白自己吃亏上当的过程中时，骗子早已经跑得无影无踪，而受骗人由于知道自己行为的非法性，便很少报案。

（4）女性诈骗犯罪多是有预谋的。诈骗犯罪是具有一定的智能犯罪类型，作案人的组织也多高于其他类型的犯罪。从刑法的角度看，任何诈骗犯都是直接故意的行为，因此所有的诈骗犯都是有预谋的，知识女性诈骗犯的预谋多表现为对受害者对象的选择上，在这种选择被害者的过程中，女性诈骗犯不仅要考虑自己如何去做，还要分析被骗对象的心理特点与感受以及行为规律，她们要针对不同职业、性别、年龄、社会地位的人的心理进行观察、推测，以拟采取不同的骗术，最终达到骗财、骗物的目的。

（四）女性贪污、贿赂犯罪

贪污、贿赂罪是指国家工作人员利用职务上的便利，贪污公共财物、挪用公款、索取或者非法收受他人财物为他人谋取利益以及其他贪利性的职务犯罪行为和相关的行贿、介绍贿赂等犯罪以及由国家机关、国有公司、企业、事业单位、人民团体实施的贿赂以及相关的犯罪。我国自改革开放以来，市场经济成为社会经济中最为活跃的因素，它引起了社会政治、经济以及其他生活的深刻变化，推动了生产力发展，使人民生活得到了提高。由于商品、货币的存在，一些人把商品交换原则看成是金钱万能、一切向钱看。受这些消极因素的影响，这部分人的思想观念产生问题。为了满足畸形的消费需求，她们不惜牺牲自己的人格和职业道德去追求钱财，因而滑入犯罪泥潭。与男性贪污受贿犯罪相比，女性的贪污受贿罪有其自身的五个特点：

1. 女性的贪污贿赂犯罪多具有盲目性，犯罪的动机多是外驱力而非内驱力

许多女性贪污犯是为他人挪用公款，她们因种种原因为丈夫、为情人、为朋友以各种办法搞钱，直至自己越陷越深不能自拔，而他们在为别人贪污的同时，自己也尝到了甜头，越做胆子越大。永嘉某大型超市担任出纳的杜某某，2008 年开始担任收银组长，2010 年左右开始，她担任超市的收银处长，负责将公司所有收银员每天的收入、报表汇总上交。2010 年小陈大学辍学后来到杜某某所在的这家超市工作，两人成了工友，后发展成情人关系。2012 年 4 月至 2014 年 4 月期间，杜某某利用职务便利，通过在公司每日的收银款结单、营业款解交单上减少现金收入、增加储蓄卡收入的方式侵占公司营业款人民币 242.1514 万元。杜某某称，她在陈某某身上花费了 114.5 万元。[①]

---

① 戚祥浩：《女出纳挪用公款包养 "小鲜肉"，庭上落泪称 "很傻、不值得"》，载温商网，http://news.wzsee.com/2015/0409/236452.html。

2. 女性贪污贿赂往往多具有情感色彩，尤其是与女性自身特性相联系

在贿赂犯罪中，女性罪犯的犯罪行为多具有感情色彩，尤其是为子女受贿的情况较多。在现实生活中许多母亲为了子女的出国费用绞尽脑汁，不惜走上犯罪的道路。不是贫穷使他们走上犯罪道路而是她们所占的重要职位使她们有机会进行索贿受贿，使她们为了儿女的前途不惜冒着被判刑的风险。如董某某利用担任北京朝阳区农委副主任的职务便利，贪污受贿近 20 万元，而对一位女性贪官而言，这些赃款的花销，也具有相当的"性别特征"。董某某是一位母亲，和天下所有母亲一样，她十分疼爱自己的儿子。据公诉机关指控，2010 年 8 月，董某某利用协助朝阳区农委主任管理朝阳区农委财务科的职务便利，从朝阳区农委预付给北京东方假日旅游有限责任公司的公款中支出 8140 元，为儿子以及儿子女友购买九寨沟至北京的机票两张。真是可怜天下父母心，为了让旅游的儿子和女友坐上头等舱，董某某竟然不惜铤而走险，贪污公款。①

3. 女性贪污贿赂犯罪有较强的隐蔽性

在一般人、甚至大多数领导的眼中，女性多办事踏实、稳重、胆子小，值得信任，因此易于对其放松警惕，在有些单位公款被贪污、挪用上百万也未引起重视。如观澜汽车站工作人员叶某某（女）挪用公款案。观澜汽车站系宝安区属国企控股企业。根据深圳市交委发布的信息显示，这一车站进站经营单位有 52 家，营运线路 63 条，日均发送 192 班次，系观澜当地重要的交通场站。叶某某是观澜汽车站的出纳。2014 年 8 月 21 日晚，车站方面发现叶某某涉嫌挪用公款，于是立即报警，并将其扭送到辖区的松元派出所报案。车站有关负责人介绍，叶某某在车站担任出纳员多年，表现得比较踏实，人看上去也很老实本分，车站

---

① http://cpc.people.com.cn/pinglun/GB/241220/18053148.html.

方面对她都很信任。当被挪用的公款金额总数在 900 多万元时，他们才知道。[①]

4. 女性贪污贿赂犯罪常常抱有侥幸的心理

一些进行了贪污或者贿赂的女犯人总认为自己的犯罪行为不会被他人发现，或在发现时总想自己会尽快归还公款的，或者自己拿好处别人不知道，但是事情往往事与愿违。她们在犯罪之初并没有充分认识到此行为的违法性和严重性，只是看到此行为带来的直接后果，而盲目陷入了犯罪的泥潭，无力自拔。刘某某，30 岁，嵊泗人。从 2005 年起，刘某某进了一家国有公司做出纳。为了治疗脸上的青春痘，挪用公款 30 余万元。2008 年刘某某私开了现金支票，伪造了工商银行对账单，从公司账户里多次支取公款用于个人消费，一共有 16 万多元。之后，为了掩饰工商银行账户公款漏洞，刘某某以相同方式挪用公司建设银行账户里的公款来填补。那一年，一家建设公司曾向他们公司支付 80 万元保证金，为了填补建设银行账户 16 万元的亏空，刘某某以 64 万元的数额入账。在接下来两年时间里，她用私开现金支票、伪造银行对账单、收入不入账的方式，先后四次挪用公款约 15 万元，并瞒过了审计单位。刘某某说，她也曾意识到"亏空"越来越大，也曾找朋友借钱补洞。可亏空的"大窟窿"实在太大，她也无能为力，只能抱着侥幸心理，希望不会东窗事发。结果最后还是被发现。[②]

5. 女性犯罪嫌疑人成为贪污贿赂犯罪的共犯

很多女性在利益诱惑下成为贪官情妇。归根结底，不外乎是各取所需：女人为晋升为前程，背靠大树好乘凉；男人为色或财

---

① 包力：《女出纳涉嫌挪用公款被逮捕》，载腾讯财经网，http：//finance. qq. com/a/20141008/003408. htm。

② 徐诚忆：《80 后国企女出纳为治疗痘痘　挪用公款 30 余万》，载搜狐财经网，http：//business. sohu. com/20140616/n400878890. shtml。

色双收（比如包出工程或高价购买商品等，女人可以一边出卖色相一边把利润分成给贪官）。现在查出的腐败高官几乎都有情妇成为贪腐的共犯。女人做贪官的情妇绝大多数都是利益或官瘾等膨胀的私欲使然，鲜有动真情的。她们之所以"明知山有虎、偏向虎山行"是因为做官员情妇可以仕途升迁快，可以不劳而获，来钱快、还跟着"风光"，到哪里都受到"礼遇"。有"京城第一贪"之称的北京市门头沟区原副区长闫某某贪污、受贿、挪用公款案终审有果。北京市高级法院驳回闫某某上诉，维持一审法院判决。2011 年 9 月 16 日，北京市第一中级法院对闫某某和他的情妇毛某某等人贪污、受贿、挪用公款案作出一审判决。法院以贪污罪、受贿罪、挪用公款罪判处闫某某无期徒刑，剥夺政治权利终身，并没收个人全部财产。毛某某由于检举揭发有功，被法院以贪污罪、受贿罪判处有期徒刑 20 年。毛某某 2003 年大学毕业后进入闫某某管辖的公司任总经理助理，后与比其大 15 岁的闫某某发展成情人关系。2010 年 1 月，闫某某因群众举报其贪污被查实后落网，毛某某检举揭发了闫某某的大部分犯罪事实。法院审理查明，闫某某利用担任门头沟区副区长、该区新城南部地区重点工程拆迁工作领导小组组长等职务之便，贪污公款共计582.17 万余元，单独或伙同情妇毛某某收受贿赂 660.57 万余元，挪用公款 1400 万元。其中，毛某某参与贪污 340 万余元，伙同闫某某收受贿赂 580 万余元。①

---

① 《"京城第一贪"与情妇同庭受审》，载铁血网，http://bbs. tiexue. net/post2_
4801102_ 1. html。

第二章 女性犯罪人被害化的表现形式

第一节 事前女性犯罪人被害化

一、事前犯罪人被害化之争及因素分析

（一）事前犯罪人被害化之争论

在事前犯罪人被害化因素，即犯罪原因方面，犯罪古典学派、近代学派都对之进行了理论探索。古典学派认为，（1）凡是人在达到一定年龄时除精神上有异状者（疯癫、白痴、喑哑者）与精神未充分发达者外，任何人都有为善避恶的自由意思（意思自由论或非决定论）；（2）犯罪是恶，而有自由意志的人，尽管能够避之而竟敢实施之，所以犯罪也是出于自由意思。[①] 即古典学派对犯罪的解释主要是：人性自私、意志自由、功利主义或享乐主义三个方面。[②] 他们认为人是有理性的，人的意志是自由的，犯罪就是自由意志的个人违反理性的绝对命令的行为。

与此相对，近代学派注意研究现实社会的犯罪现象，并注重研究犯罪产生的原因。近代学派反对古典学派意思自由的观点，主张世界上任何事物都受因果法则的支配，犯罪现象也不例外。

---

① 参见马克昌：《近代西方刑法学说史》，中国人民公安大学出版社 2008 年版，第 50 页。
② 参见吴宗宪：《西方犯罪学史》，警官教育出版社 1997 年版，第 47 页。

认为我们的行为依据我们身体上（有形或者无形的）的要素与我们环境的要素的竞合而左右，从而为之的意思也依此等要素是必然的自然而然的因果，而我们绝没有成为意思自由之物。^① 如近代学派的鼻祖龙布罗梭以人类学的眼光研究犯罪人，认为：犯罪都是一种自然现象；用某些哲学家的理论说，同出生、死亡、妊娠一样，是一种必然的现象。^② 他利用在监狱当狱医的机会，以犯罪人为研究对象，接触了大量的犯罪人和丰富的犯罪统计资料，并曾对监狱收押的几千名犯罪人进行过人体测量和外貌考察，运用生物学、遗传学、心理学等理论对犯罪人进行研究，发现许多犯罪人在生理特征和心理反应上都显著与常人有别，提出了著名的天生犯罪理论。龙布罗梭的天生犯罪人论包括四个方面的内容：（1）犯罪人通过许多体格和心理的异常现象区别于非犯罪人；（2）犯罪人是人种的变种，一种人类学类型，一种退化现象；（3）犯罪人是一种返祖现象，是蜕变到低级的原始人类型；（4）犯罪行为有遗传性，它从犯罪天赋中产生。^③

刑事社会学派的菲利在否定古典学派的自由意志论基础上，提出了自己的犯罪原因观，即著名的三要素相互作用论。他从一开始就把犯罪看作是社会因素和个人因素相互作用的产物。^④ 菲利主张，在从法律现象的角度对犯罪进行研究之前，必须首先研究各国重复出现的犯罪原因。这都是一些自然的原因，我曾经把它们分为人类学的、自然的和社会的原因三类。^⑤ 社会学派的另

---

① 参见马克昌：《近代西方刑法学说史》，中国人民公安大学出版社 2008 年版，第 163 页。

② ［意］龙布罗梭：《犯罪人论》，黄风译，中国法制出版社 2000 年版，第 319 页。

③ ［德］汉斯·约阿希姆·施奈德：《犯罪学》，吴鑫涛、马君玉译，中国人民公安大学出版社 1990 年版，第 114～115 页。

④ ［意］恩里科·菲利：《实证派犯罪学》，郭建安译，中国人民公安大学出版社 2004 年版，第 158～159 页。

⑤ ［意］恩里科·菲利：《实证派犯罪学》，郭建安译，中国人民公安大学出版社 2004 年版，第 160 页。

一代表人物李斯特将菲利所说的自然因素归于社会因素之中，并由此提出了犯罪原因二元论，即任何一个具体的犯罪的产生均由两个方面的因素共同使然，一个是犯罪人的个人因素，一个是犯罪人的外界的、社会的尤其是经济的因素，而在犯罪的个人与社会的原因中，社会因素的影响是主要的、重要的原因。[①] 随着社会学派的发展，法国著名的社会学家、犯罪学家塔尔德提出犯罪行为的产生不是先天遗传，而是在社会生活中受社会因素的影响而模仿出来的。人类的生活过程就是一个模仿的过程，由于人与人之间互相模仿，社会才得以发展并保持稳定，因而模仿是人类社会生活中不可缺少的行为源泉。他认为，模仿反映了人与人之间心理上的联系，犯罪也遵从一般的行为模仿规律，犯罪是社会造成的，社会因素是犯罪产生的根源，模仿则是传播犯罪的基本途径。正是人们在社会生活中的互相联系、互相接触中，通过模仿学会犯罪进而传播开来的。[②]

美国当代犯罪学家拉里·西格尔将现代社会犯罪学的理念进行了全面系统的分类，他将社会学理论分为四类：社会结构理论、社会过程理论、社会冲突理论、整合理论。其中，社会结构理论包含社会解组理论、紧张理论、文化越轨理论三个相互交叉的分支；社会过程理论分为社会学习理论、社会控制理论、标定理论三个分支；社会冲突理论包含冲突理论、激进犯罪学理论两个分支；整合理论包含多因素理论、潜在特质理论、生命过程理论、相互作用理论、随年龄变化理论五组。[③]

与社会法学派观点不同，弗洛伊德在心理学领域开创了精神分析学派，在研究人的深层次的心理上，不满足于精神现象的表面价值，而是追求本源、寻根问底，对人的心理现象进行深刻的

---

① 参见吴宗宪：《西方犯罪学（第二版）》，法律出版社2006年版，第327页。
② 参见梅传强：《犯罪心理学》，法律出版社2010年版，第37页。
③ 参见吴宗宪：《西方犯罪学（第二版）》，法律出版社2006年版，第327页。

剖析。该学派认为人的许多行为都来源于无意识过程，是受性本能驱使的。人格的形成是生物欲望发展的结果。人格结构分为本我、自我、超过三个部分，这三部分互相渗透、互相作用，充满冲突，产生动力作用，支配人的行为。本我是一个人生来所具有的各种本能冲动的总和。自我是所谓现实化了的本能。当本我按照快乐原则进行活动时，由于本我只是混沌的欲望，无法与现实相接触，必然要通过与外部世界发生关系来实现自己的目的，在与外界相接触、相交往的过程中，追求快乐的目的行为必然受到现实生活的约束，从而在本我与现实矛盾冲突中分化出了自我。超我是以良心和批判能力为主体组合而成的，是道德化的自我，它是人格中最后形成的最文明的部分，可以说是人的一种理想。在弗洛伊德看来，人性与文明之间有持续不断的冲突。本能激发的性欲和争斗欲并不容易被社会的要求缓解。弗洛伊德把情绪问题、精神疾病看作主要是由于无意识的愿望与社会要求的矛盾所引起的根植于内部的问题，它与外显的越轨行为、违法犯罪行为之力量是同性质而方向不同而已。后来有些学者对精神分析学派进行了进一步发展，如有的认为人的生存欲望、需求是产生犯罪心理的原动力。有的认为，性冲动是产生犯罪心理的唯一原因等。①

在上述各个学派有关犯罪原因的争论之中，我们发现古典学派将犯罪完全归因于犯罪人自由意志，不讨论其他因素对犯罪人心理的影响。精神分析学派将犯罪心理和犯罪行为的产生，归结为人的本能冲动，并认为人的先天本能是推动犯罪心理产生的原动力，这显然是不符合犯罪的实际情况的；该学派在研究方法上缺乏严格的科学性，并带有主观主义色彩；研究对象是精神病人而不是犯罪人，决定了其结论的荒谬性，同时忽略了社会环境对犯罪人的影响，实际上是在为犯罪人开脱罪责，因为按照该学派

---

① 参见梅传强：《犯罪心理学》，法律出版社 2010 年版，第 41 页。

的理论，犯罪心理和行为的产生是无法抗拒的本能冲动，而不是犯罪人有目的、有意识的心理活动和行为表现。

笔者认为，犯罪是一种社会现象，有社会就会有犯罪。正如林山田教授而言，犯罪乃社会共同生活中必然的一种社会现象，因为在任何形态的社会中，均存在犯罪的事实，没有任何例外的情况，社会结构的改变，只有影响犯罪的质和量而已，犯罪依然长久地存在。因此，犯罪虽为社会的病态表征，但就社会的结构与功能的相关性观之，实为社会的一种规则现象。[①] 当然，犯罪现象的存在并不是某一个体或者某种社会因素所导致，他不是某一学科或某种理论能够胜任阐释的，而是由多种个体和社会因素综合而成，只能由多种学科和理论以整合的方式加以剖析。我们比较接受菲利的犯罪三原因论的观点，因此本文结合菲利的三元论进行论证。按照菲利的理论，行为人之所以成为犯罪人，主要受个人原因、自然原因以及社会原因三方面的影响。

（二）犯罪人事前被害化之因素探讨

1. 被害人因素

被害人往往是犯罪动机形成的一个重要原因，客观上导致了犯罪行为的发生。犯罪人与被害人有时处于一种互动状态，如被害人通过暴力或者是出于自己的过错导致犯罪人实施犯罪行为。然而，在刑法理论中对犯罪行为的评价主要是以犯罪人为中心进行的，其过错的追究往往直接指向犯罪行为的实施者——犯罪人，而不考虑被害人引发犯罪行为的因素。

因此，决定行为人成为犯罪人的因素有很多，在个人因素、地理因素和社会因素大的分类下，每个因素又包含不同的方面。总之，犯罪乃由内在与外在的因素，即遗传与环境的因素，交错影响而成的人类行为。此种内在与外在的因素是如何地交互影

---

① 参见林山田：《刑罚学》，台北商务印书馆印行 1983 年版，第 18~19 页。

响？其在犯罪行为中是各占多少的分量？我们迄今还是无法客观而准确地加以测定，因为人类行为并非单纯的自然科学上的因果关系，而是心理学上的人文科学上的因果关系，才能加以解释。①也就是说，行为人之所以成为犯罪人是很多因素组合而成的一种内外因素综合现象。

2. 人类学因素

人类学因素是犯罪的首要条件，由以下三方面构成：

一是罪犯的生理状况，包括颅骨异常、脑异常、主要器官异常等生理特征。我们每个人在出生时都受到一定生理及心理方面的遗传，并在生活中具体表现出来。这就构成了人类活动的个性要素，或在一生中保持正常状态，或趋向于犯罪或精神失常。②二是罪犯的心理状况，包括智力和情感异常，尤其是道德情感异常以及罪犯文字和行话等。以智力与犯罪的关系为例，早在1912年美国犯罪学家戈达德就对监狱里的罪犯进行了测试，结果发现50%~64%的犯罪者有智力落后的现象。他认为那些没有判断能力，不能控制自己行为的人很难理解法律并遵守法律，因而容易陷入犯罪。不过后来美国犯罪学界发表数百个关于违法青少年智力状况的调查报告表明，违法青少年的智商幅度很广，并且违法青少年智力落后者的比例在逐年显著地下降。同时日本也进行了研究，最后结论认为犯罪者和其他人在智力上没有明显的区别。③现在，人们倾向性认为，智力的高低可能影响到犯罪的类型、作案方式以及侵害对象的差异，并在犯罪后的心理感受上表现出不同的特征。例如，智力低下者通常表现为注意力分散，思维难以集中，感知不符合实际，记忆力弱等。由于智力低下，辨别能力差，行为缺乏理智，常常不能理解、认识到自己行为的性质和后

---

① 参见林山田：《刑罚学》，台北商务印书馆印行1983年，第18~19页。
② 参见吴宗宪：《西方犯罪学（第2版）》，法律出版社2006年版，第327页。
③ 参见梅传强：《犯罪心理学》，法律出版社2010年版，第83~84页。

果，一有欲求就想立刻得到满足且不计后果，容易产生缺乏理智的行为。由于那些带有孩童和野蛮人特征的不平衡冲动的作用，罪犯在抵御犯罪倾向和诱惑方面有缺陷。[①] 三是罪犯的个人状况，包括种族、年龄、性别等生物学状况和公民地位、职业、住所、社会阶层、训练、教育等社会生物学状况。[②]

3. 自然因素

这里的自然因素主要包括气候、土壤状况、昼夜的相对长度、四季、平均温度和气象情况及农业状况。如按照一般研究，抢劫、盗窃一般在 18 点到 24 点时候多，尤其以 20 点到 24 点为最多；谋杀罪、重伤害罪等针对人身的犯罪，也在晚上 10 点到 12 点居多。这主要是因为夜间黑暗，以及人们疏于防备等原因给犯罪的发生带来一些有利条件。同样，在一年四季中，随着气候的变化，犯罪也呈现出一定的规律性。大体而言，针对财产方面的犯罪，如偷窃、抢劫等犯罪，其发案率的高峰时期往往在秋季至冬季之间；针对人身的犯罪，如杀人、伤害等暴力犯罪，以及强奸、猥亵等性犯罪，则在春季至夏季期间比较多。这主要是因为冬季气候寒冷，人们在衣食住行方面的需求增加，而且秋冬季大多是我国节假日比较集中的季节，金钱及物质的需求大，这就容易使无能力满足需求的人铤而走险。而春夏时节，气温上升，人的性欲容易冲动，同时春夏的服饰比较简化，身体暴露的部分较多，也容易刺激犯罪人的性欲。这样看来，季节或者温度等自然因素的变化，对行为人在一定程度上能起到刺激作用。

4. 经济因素

我国古代学者就有认为犯罪与一定的经济因素有关而提出了

---

① ［意］恩里科·菲利：《犯罪社会学》，郭建安译，中国人民公安大学出版社 2004 年版，第 106 页。

② ［意］恩里科·菲利：《犯罪社会学》，郭建安译，中国人民公安大学出版社 2004 年版，第 143～144 页。

"贫穷说"。"贫穷说"认为贫穷是产生犯罪的原因。管仲、孔丘、孟轲等皆持这种观点。《论语·卫灵公》记载孔子说："小人穷斯滥矣。"意思是说劳动人民穷了就会犯上作乱。他们还对贫穷导致犯罪的机制作了进一步的说明。首先，他们认为"民富则安乡重家，安乡重家则敬上畏罪，敬上畏罪则容易统治；民贫则危乡轻家，危乡轻家则敢于凌上犯禁，凌上犯禁则难以统治"。总之是贫穷使人们不安于现实生活因而进行犯罪。其次，贫穷使人们对统治者的怨恨加重。孔子在《论语·问宪》中说："贫而无怨难。"最后，贫穷使人们轻视礼义道德、不顾荣辱羞耻而违法犯罪。"仓廪实则知礼节，衣食足则知荣辱。"

5. 文化因素

文化冲突导致犯罪，是当代犯罪学理论中一个重要的理论。文化冲突论把犯罪看作是文化的产物。文化冲突论认为，人之所以实施犯罪，违背法律，主要是文化，特别是文化中价值观念的冲突。这一理论的主要代表人物是索斯顿·塞林，他在1937年出版的《文化冲突与犯罪》一书中，对文化冲突论做了比较系统的论述。他指出：文化冲突将直接造成行为规范的冲突，而行为规范冲突的一方必然是犯罪。然而，这种文化冲突最终导致犯罪，塞林认为，还必须具备社会变异的特殊条件。也就是说，只有当一个稳定的社会进入剧烈变革的时期，或者社会的文化结构反映出尖锐冲突且不可调和的外部表现时，文化冲突才能在一定的程度上成为犯罪的一个重要原因。[1] 文化冲突论有两种类型，一种是同一时期两种对立文化所产生的冲突，是不同文化断层相互接触和碰撞后产生的强烈的横向冲突；另一种是随着社会的发展变化导致的不同时期的文化冲突，是文化总体结构内部的冲突，是历史的、发展的纵向冲突。[2]

---

[1] 参见张筱薇：《比较外国犯罪学》，百家出版社1996年版，第152~154页。
[2] 参见张筱薇：《比较外国犯罪学》，百家出版社1996年版，第156页。

6. 社会因素

犯罪人是承载社会压力的替罪羊。[1] 人生活在社会环境中，是社会不可分割的一部分，其行为不可避免要受到社会的影响约束。当社会不能为个人提供一个良好的渠道释放压力时，特定的社会环境可能会使个人走上犯罪的道路。此时，社会为了转移压力，隐藏发生在犯罪行为背后的深层次矛盾，分散人们对国家责任、社会责任的注意力，则需要有一个渠道让一般民众发泄对社会的不满，需要有一个替罪羊来承担所有压力，这个替罪羊就是犯罪人。行为人之所以成为犯罪人，除了上述的个人原因和自然原因的影响，社会原因作为犯罪的深层次外部原因也是一个重要的因素。王牧教授曾经指出：犯罪根源于社会，而不在犯罪人的个人身心之中。[2] 可见，在王牧教授眼中，社会因素相对于个人因素而言，在决定行为人能否成长为一个犯罪人方面，起到非常重要的作用。我们所处的社会环境对我们每个人产生着潜移默化的影响，当行为人在各种社会因素的影响下，加上其自身、家庭等方面的影响，很有可能使一个意志力薄弱的人，面对犯罪带来的各种诱惑或者犯罪时的快感而选择实施某种犯罪行为。当然，我们也要认识到，由于每个人个人体质、心理意志等方面的差异，社会环境对每个人的影响力也是不同的。

中国经济飞速发展，然而随之而来的是我国贫富差距不断拉大，社会弱势群体逐渐形成。受金钱困扰是社会弱势群体的一个重要特征。在我国贫困人口占据社会相当大的比例，因此，我们有必要不断完善我国的社会保障制度，不断解决贫富差距和城乡发展不平衡问题。如果一个国家的社会政策不健全，有可能使社

---

[1]　参见康伟：《犯罪表象形成机制（下）》，载陈兴良主编：《刑事法评论》第 18 卷，北京大学出版社 2006 年版，第 125 页。

[2]　参见王牧：《犯罪根源是理论逻辑上的一种指向》，载王牧：《犯罪学论丛》（第 1 卷），中国检察出版社 2003 年版，第 253 页。

会中的一部分人失去保障，迫使他们通过非正常途径甚至是犯罪行为的实施来获得生存和发展的机会，成为社会的不稳定因素。弱势群体面对花天酒地、挥霍无度的暴富阶层，其社会心理感受是最强烈的了。而另一方面，弱势群体还必须面对改革深化带来的新的压力。①

同时，我国目前处在社会转型时期，经济、政治体制改革也带来了文化的日益更新。对青少年而言更是如此，因为青少年的社会阅历比较浅，对文化的优劣缺乏辨识能力，在恶劣文化的熏陶下很容易走向歧途，从而激发内在的动物性而实施盗窃、抢劫，甚至实施在兄弟义气文化下的暴力犯罪行为。

二、事前女性犯罪人被害化的具体因素探析

(一) 事前女性犯罪人被害化的个人因素

1. 性格特点

性情温和、柔弱、逆来顺受，这些形容女性性格的词语已经不适合当今社会的女性。无论是城市还是乡镇，女性的家庭角色和社会角色都有着翻天覆地的变化。环境的变化、角色的转换导致女性性格向男性化发展的趋势。但女性自有的性格弱点——敏感、猜疑、狭隘、虚荣、妒忌，作为一种性格特征是难以改变的，女性犯罪人往往会在这样的变化与自守中形成一些不良的性格特点——阴险狡诈、不计后果、报复心重。

2. 需要特点

任何犯罪行为都是以犯罪主体的犯罪心理为基础的，而任何犯罪心理的形成又总有一定的规律和机制。需要是犯罪心理产生的根源和基础，一般来说，当个人需要和国家需要、公共需要发生冲突时，个人需要总是畸形的、膨胀的。女性犯罪人的需要与

---

① 参见周良沱：《犯罪学群论》，中国人民公安大学出版社 2007 年版，第 203 页。

国家需要、公共需要的对立表现不像男性犯罪人表现的那样明显、直接，反倒是女性犯罪人畸形膨胀需要表现更为突出。女性犯罪人的犯罪动机可以非常态需要来概括：物欲、情欲、功利欲，普通欲望的非常态需要导致以非常态的形式满足个人行为的产生，如一些女性犯罪人不惜通过实施违法犯罪行为来满足自己的物欲和功利心。

人的心理受其个人的生理条件、文化素养、生活阅历、生活环境等内外多种因素的综合影响，心理形成是因人而异、因时而异的。虽然人的心理活动千差万别，但是对于某种具有共同条件或者共同处遇的人群来说，其在心理活动上会有一些共同的特点，即群体心理特点。女性犯罪人作为一个特殊的群体，同一类犯罪形式下的女性犯罪人心理特点相似度很高，如实施财产犯罪的女性犯罪人一般爱慕虚荣，物欲较强，实施暴力犯罪的女性犯罪人往往具有较强的报复心等，这一点对研究女性的犯罪原因及其预防具有重要意义。

（二）事前女性犯罪人被害化的家庭因素

家庭生活对个体的影响首先表现为它是个体复杂的社会化过程的开始。女性将家庭放在重要的位置，一旦她们所依赖的家庭发生意料之外的破坏或变化，就会导致消极情绪进而产生犯罪心理。家庭教育、学校教育缺失的问题在农村未成年女性和农村妇女这两种群体中的表现最为突出。

家庭教育关注度不够表现在一类女性群体中，她们就是处在不和谐家庭环境下的未成年女性。父母是孩子的第一任老师，家庭的不和睦、不完整、经济条件差还有父母的不良言行都对未成年女性犯罪起着推波助澜的作用。许多家庭忽视对未成年人的道德教育，不能使女性犯罪人从小树立正确的价值观和道德准则，这就导致未成年女性容易滋生犯罪心理。目前大多数学校对道德教育和法制教育还不够重视，也使得未成年女性在踏入学校后无法补充在家庭中缺失的教育。一些农村仍然存在重男轻女的愚昧思想，未成年女性得不到与未成年男性同等的关爱，这就致使未成年女性在家庭中处于自卑地位。由于不受家庭重视，同样农村对于女孩学知识或者文化关注度不高，有些农村未成年女性为了生计，不得不较早地离开学校，离开农村，踏入城市。文化程度低、认识范围狭窄、人生阅历少，就容易被表面现象迷惑。再加上女性特有的心理特点，未成年女性极容易依附上道德品行不端的人，误入犯罪团伙，从而走上犯罪道路。就外在原因而言，家庭教育和学校教育的缺失是未成年女性走上犯罪道路的重要原因。同样，农村女性得不到应有的基础教育和法律教育，造成她们思想愚昧、行为简单、思维狭隘。遇到问题时，思想容易钻牛角尖，解决问题不考虑后果，或者说预见不到后果。这就容易发生因家庭暴力或邻里纠纷引起的暴力型犯罪的发生。无知必然导致愚昧，愚昧恰是野蛮的根源，野蛮又是因为受教育程度不够。[①]农村女性整日劳作于田间，同时承受着繁重的家务劳动，很难得到基本法律知识的教育，遇到问题时不能用法律保护自己，往往会采取简单粗暴的方法解决问题，结果害人又害己。

（三）事前女性犯罪人被害化的文化因素

1. 传统历史文化对女性的影响

在西周，为了维护当时统治者的统治，在周公主持下，对以往的宗法传统习惯进行整理、补充，形成了一套以等级制度为中心的行为规范以及典章制度、礼节仪式，史称周公制礼。周礼确定了嫡长子继承制；在婚制上，确定了同姓不婚，外嫁女儿，且从夫居。此外，对男女活动空间也有了明确划分。政事、公事上都排斥女性，主张妇无公事，女性贵族也退出公共领域，不参与

---

① 参见贾富彬：《关注农村女性犯罪》，载《今日信息报》2005年4月7日第6版。

政事。公私、内外严格区分，公外为男性领地，私内为女性领地。①

周礼和儒学使父权制典章制度化，女性的附属地位进一步加剧并沿袭。父权制度是原始社会后期形成的按父系血缘关系为基础的继嗣关系和继承财产关系的氏族、家庭制度。父权制家庭中的各项事务由父亲或年长男人决定。父亲是家长，是家庭的统治者，妻子及其子女处于附属地位。正是因为权力被男性掌握，所以各种典章制度以及由此形成的文化都是用来束缚和压抑女性的，使得女性在社会角色方面完全缺失，在家庭角色方面畸形发展，完全没有自主权。

作为我国封建思想主流文化的儒学的奠基人孔子，他从总体上歧视女性群体，把女子与小人并列，典型的言论有"唯女子与小人难养也；近之则不逊，远之则怨"。体现了他具有男尊女卑的思想。儒家提倡三从四德，在室女在家要听从父亲的安排，服从传统习俗强加于她们身上的角色规范，她们的学习完全围绕着婚嫁进行。在婚姻的安排上是父母之命、媒妁之言。女性自身完全没有自主权。一般女性就在父母所进行的婚姻交易中以六礼的方式被变相出卖给夫家，从此揭开了她们从夫居的主人——财产的婚姻模式的序幕。嫁入夫家，女子的家庭角色完全围绕贤妻良母这个中心展开。封建伦理规定不孝有三，无后为大。女性要生出儿子，才能在这个家庭中地位稳固，否则可能被休，犯了七出的无子去。为了维持血统的纯洁性，女性的家庭角色形象进一步扭曲，饿死事小，失节事大之类的烈女、贞女不绝于世，而男子却堂而皇之地过着一妻多妾的日常生活。②

---

① 参见祝平燕、周天枢、宋岩主编：《女性学导论》，武汉大学出版社 2007 年版，第 115 页。
② 参见蒋美华：《20 世纪中国女性角色变迁》，天津人民出版社 2008 年版，第 15～16 页。

2. 文化冲突对女性犯罪的影响

传统女性角色要求女性依附于男性，以家庭为中心；而现代女性角色要求女性独立、自主，要承担起相应的社会责任。传统女性角色与现代女性角色之间存在文化冲突，是属于文化冲突论类型的后一种冲突，由此引发了某些女性犯罪。按照塞林的观点，文化冲突导致犯罪，还需要社会变异的特殊条件。

在现代社会的影响下，传统女性文化和现代女性文化相互冲突，形成错综复杂的关系，在共同的作用力下导致女性行为的偏离和越轨，从而形成女性犯罪。

传统女性角色影响着社会观念，影响着社会政策的制定，而现代女性角色要求女性承担社会责任。社会政策的不公平或不完善，为现代女性在扮演社会角色时设置障碍，物质和精神条件提供不充足，现代女性处于矛盾和紧张的情绪中，加上外界诱因的刺激，很容易走上犯罪道路。

3. 各种不良文化的诱惑、侵蚀对部分女性价值取向的影响

随着科技的飞速发展，各种不良文化的传播途径花样翻新，信息载体的发展也速度惊人。网络的普及为我们带来前所未有的方便的同时，其负面影响也是巨大的。在我国，娱乐场所管理不善的问题一直存在，未成年人抵御诱惑的能力低下，分辨事物的能力低下，其客观上对未成年人提供不良环境的熏陶，更易成为滋生犯罪的温床。同时，由于如今性自由、性放纵观念的不断传播，并且在近几年带有感官刺激的影视、淫秽录像及光盘制品、黄色书刊等通过各种途径大量涌现，对女性尤其是女青少年的伦理道德观念构成了巨大的冲击。在不良性文化的直接诱惑、侵蚀下，一些女性的思想防线逐步崩溃，自我防御机制被摧垮，她们或者不婚而居，未婚先孕，或者充当第三者，破坏他人家庭，或草率结婚、离婚，最终走上性违法犯罪的道路。

（四）社会发展的反作用与事前女性犯罪人被害化

美国犯罪学家罗伯特·K.墨顿提出的紧张理论认为，犯罪

是由于行为人不能通过合法手段取得社会地位和物质财富而产生的沮丧和气愤的产物。在同一文化引导下具有相同的价值理念和生活目标，但实现这一目标的能力对每个人来说并非一致，而是依据每个人的社会地位和经济条件的不同而不同。当有些人在不能通过合法的手段实现目标时就会求助于犯罪等非法手段去实现其目标。①

现在，社会提倡男女平等，很多女性走出家门，自食其力，保障其基本生活或更好的发展。现代女性角色是一个家庭角色和社会角色并重的角色，以自强、自立、自尊为要求，以自信、独立、自主为性格特征。现代女性再也不像传统女性一样，在男性身后寻求帮助，而是能够勇敢面对现实，承担起相应的责任。女性性格特征的改变，影响了犯罪数量和类型。现代女性从家庭进入了社会，在社会的各个层面都能看到女性的身影。

但女性进入社会不过短短几十年的时间，与男性相比占尽劣势，大部分的社会资源和权力还是被男性掌握与拥有，男性通过已掌握的社会资源和权力。同时，女性的社会地位提高了，她们所面临的压力也增大了。过去的女性不用为家庭的经济犯愁，不用考虑家庭安危的问题。现如今，女性是半边天，同样要养家糊口，同样要交际应酬。在旧思想旧观念与新思潮的碰撞下，一方面女性要驻守家庭，另一方面女性要独立，这里包括性格独立、经济独立、思想独立。可想而知，女性生活压力之大是前所未有的，可以说，女性现今所面临的压力甚至时常要超过男性。女性在这个转型期下，其独有的优势固然发挥得淋漓尽致，但是同时，在这个转型期下女性特有的心理和生理弱势也被放大。女性如果不适应社会角色的转变，很容易出现一些过激行为，有时出现不能控制自己情绪的行为，造成难以挽回的局面；又或者不能抵制诱惑，抱着侥幸心理，铤而走险，最终走上犯罪道路。

---

① 参见许章润主编：《犯罪学》，法律出版社 2007 年版，第 38 页。

女性的劳动与就业对于发展经济、提高女性地位、获得与男性平等的权利，拥有独立的人格、实现人生价值和社会工作具有重大意义。但在现实中，女性就业受到歧视。例如，女性在就业机会中受到歧视，有的单位在招聘广告中的招聘职位和条件上赫然标明"仅限男性"或"男性优先"的字样，使大多数女性求职者往往连面试机会都没有得到，就被用人单位拒之门外。另外，在我国的就业中，存在性别隔离现象。在就业领域中，性别隔离包括行业上的隔离和职业的隔离。行业上的隔离，即一些行业属于男性行业以男性为主，一些行业属于女性行业以女性为主。职业的隔离，在同一行业内女性居于低职位，男性居于较高的职位。工作上的性别隔离对女性造成不利的影响，因为往往女性职业比男性职业缺乏价值，造成女性就业层次较低，通常所承担的都是地位较低而工资较少的工作。用人单位认为女性不如男性有进取心，缺乏抱负、魄力与能力，在录用和晋升职位方面更倾向于男性。这样在同样努力情形下，社会过多的男性倾斜，造成部分女性心理的缺失和不满，容易产生过激心理，走上犯罪道路。

社会发展的反作用是促成女性犯罪的原因之一，属于事前女性犯罪人被害化的有关因素之一。

（五）"恶逆变"现象与事前女性犯罪人被害化

在很多犯罪人中，有相当一部分是由被害人转变成为犯罪人的，这在犯罪学上称为"恶逆变"现象。这种"恶逆变"现象在女性犯罪中显得尤为突出。很多女性在遭受性侵犯、家庭暴力、诬陷、虐待等不法侵害后，由于受传统观念和社会世俗的影响，许多受害女性不能、不敢或不愿通过正当渠道维护自己的利益，有的产生自暴自弃的思想，有的则因此而产生强烈的报复心理，发展成为"恶逆变"犯罪。

如上所述，很多女性在家庭中大多处于受支配的地位，甚至有的女性长期遭受家庭暴力的侵害。当女性走出家庭来到社会，又在社会各方面受到歧视和不公平的待遇，加上女性自身的感情脆弱、自卑心理以及社会上不良环境和文化思潮的形象和冲击，这时的她们又不懂得用法律武器保护自己，与犯罪分子作斗争，而是自暴自弃，与犯罪分子同流合污。在心灵的煎熬中，她们的"善"慢慢消失，而"恶"却悄然生长，从而完成了一个由受害人变为加害他人的心理上的逆变过程。女性犯罪"恶逆变"主要表现出以下三个基本特征：

1. 女性犯罪的"恶逆变"在暴力犯罪和性犯罪中比较突出

这些女性犯罪人几乎全是初犯，犯罪前没有任何违法犯罪记录。她们往往受到各种侵害，或是在感情上被欺骗、被玩弄，或是在家庭中成为家庭暴力的受害人，或是在家庭、邻里纠纷中长期处在劣势地位等，在忍受精神和肉体上的折磨、虐待的同时，心中的怨恨、绝望不断增长，当她们感觉忍无可忍时，消极的反抗使她们成为了犯罪人。在女性家庭暴力犯罪人中，绝大多数为农村妇女。性犯罪中的女性"恶逆变"现象也十分突出。据一些学者的研究表明，童年时代遭受性蹂躏的女性，成年之后，其个性依然有受到伤害的痕迹。[①] 一些少女就是在被迫、被骗失去贞操后，破罐子破摔，走上性犯罪道路。经对犯有性罪错的卖淫女的调查发现，早恋、失贞、失恋或遭强暴等不良经历是其走向卖淫的关键一步。

2. 女性犯罪在"恶逆变"中的表现方式不同

女性犯罪由被害人到犯罪人的"恶逆变"因为具体的原因、条件不同，其表现方式也是不同的。最严重的是一些女性犯罪人为了摆脱被欺骗、被虐待的处境，直接采用暴力手段报复犯罪。这类犯罪人绝大多数在较长时期内精神和肉体遭到打击、虐待，被人侮辱谩骂、胁迫威逼，她们往往在忍无可忍之时，情绪冲

---

① 参见佟新：《女性违法犯罪解析》，重庆出版社1996年版，第177页。

动，为了发泄长期积累的怨恨，采取暴力手段报复犯罪。这种犯罪的后果严重，影响较坏。其次，女性犯罪的"恶逆变"还表现在为虎作伥、同流合污，与原先侵害她的犯罪人共同犯罪。原本自己遭受犯罪人的犯罪侵害，久而久之麻木不仁，在犯罪人的教唆和金钱的诱惑下，最后也同流合污，参与共同作案。这在拐卖妇女、强奸、容留妇女卖淫等犯罪中最为常见。

3. 女性犯罪"恶逆变"所侵害的对象具有特定性

研究表明，在女性杀人、伤害、投毒、纵火等犯罪中，犯罪侵害的对象多为自己熟悉的家人身边所熟识的人，如丈夫及家人、邻居等。当她们心中的怨恨积累到一定程度，心理发生畸变，犯罪动机随之萌发，为泄愤而报复犯罪，而报复犯罪的对象往往就是先前加害于她的特定对象。当然，也有些女性犯罪人将报复的对象扩大，如报复男性、报复某特定的家庭、报复社会等。

引起女性犯罪"恶逆变"的原因是多种多样的，有主观的、客观的，有生理、心理的，还有宏观、微观的等。在特定的社会历史条件下，女性犯罪的"恶逆变"与这一特殊的犯罪主体的消极心理密切相关，正是她们错误的认识、消极的情感、偏执的个性，导致她们由被害人转为犯罪人。

"恶逆变"现象是女性犯罪的具体因素中尤其突出的一个，这也就容易造成事前女性犯罪人被害化。

第二节 事中女性犯罪人被害化

一、女性权利之缺损——《刑事诉讼法》的社会性别分析

事中犯罪人被害化是一个犯罪人受到立法和司法的影响，其

权利受到侵犯的过程。由于立法和司法对犯罪人权利的侵犯都在对犯罪人的立案侦查至定罪量刑过程中得以体现，因此，事中犯罪人是犯罪行为发生后犯罪人在司法程序内的被害化过程。女性无论从生理上还是心理上而言，皆有多种不同于男性的特征，这些特征在她们以被追诉人的身份介入司法的过程中也会不可避免地体现出来。

首先，从生理的角度讲。女性的身体结构使得女性在体力、耐力等方面均低于男性，体质较男性而言较弱，同时，女性有区别于男性的月经、妊娠、分娩、哺乳等特殊生理功能，这些都决定了女性不宜在十分艰苦恶劣的环境下生活，不宜从事过分繁重的体力劳动，否则会比男性更容易造成身体伤害甚至终身难以恢复，不利于其身体健康。

其次，从心理的角度讲。第一，女性与男性相比更为感性，重感情，情绪化，容易被感化，对她们在诉讼中予以人文关怀会收到更为明显的积极效果，促使她们如实陈述案件情况，配合诉讼顺利进行，有罪者的反社会心理得以良性转化，通过退赃等行为减小犯罪对国家和社会带来的损失，在以后的执行过程中积极改造，从而提高犯罪再进行的免疫力。第二，通常女性有比男性更为强烈的羞耻心和隐私意识，特别是在处于被追诉这一弱势地位时会产生格外突出的自我保护欲望，而实践中，许多涉及女性的犯罪案件恰恰与她们的隐私紧密相关，加之司法追诉活动本身就极易与被追诉人——特别是女性被追诉人的身体和隐私权发生冲突，若不采取特殊的更加严格的措施对她们的身体和隐私进行保护，她们一旦感到被侵犯，就会因此产生极强的逆反心理，以致影响诉讼的顺利进行。第三，女性有独特的心理活动。女性在心理活动的很多方面都与男性有所不同，有自己特殊的处理生活问题的方式，这使她们的犯罪原因和特点总体上也有别于男性，如果都采用同一种方法和程序对待必然有不周之处。

在我国，男尊女卑、女人天生依附于男人的思想千百年来深深根植于人们心中，致使男性中心的价值取向至今仍影响社会主流文化，这些同样体现在司法领域中。大多数司法体制都是由男性设计的，宣扬的是男性的思维习惯和生活习惯，而在大多情况下忽视或遗忘了女性的要求和意愿。这样的司法体制又势必反过来影响法律的执行者（大多是男性，也包括其中为数不多的女性）的主观态度，使他们易于用男性的思维衡量怎样的措施才是公正和平等。正是通过这样主观和客观的相互感染，司法程序受到了性别定式和偏见的严重影响，涉案女性的权利在很大程度上被忽视了。2000 年，联合国附属欧洲预防和控制犯罪研究所主办了刑事司法系统中妇女问题讲习班，其背景文件指出了刑事司法中女性权利地位问题的严峻现状：从刑事司法的范畴来看，无论是在社会中，还是相对于法律制度而言，妇女依然处于无足轻重的地位，刑事司法系统也是面向男性的，认为性别问题没有什么意义，无视性别差异，男性占有了主导地位，使成为罪犯的被拘押者和受害者的妇女陷入一种困境。这种困境甚至还使女罪犯与女受害者之间的界限变得模糊不清。可见，女性被追诉人权利易受侵害的现状在国际上已经开始受到重视。实践中女性被追诉人权利被侵犯的现象大量存在，如在刑事追诉的过程中，以打击犯罪为唯一目的，为了查清事实真相就不做利益权衡、不计后果地公布女性身体隐私及性隐私的现象大量存在，不仅侵犯了女性被追诉人的人权，也会造成恶劣的社会影响，已经与人本主义司法的本来目的相背离。

2012 年修改后的《刑事诉讼法》将"尊重和保障人权"明确写入总则，此举是继"人权入宪"之后，我国人权保障史上又一里程碑，彰显了我国人权事业的发展以及法律自身的逐步完善。在人权保障理念日益深入人心的当下，刑事司法理应超越打击犯罪的简单工具价值，而呈现出保障人权的意义之维。但在社会性别视角下，2012 年修改后的《刑事诉讼法》，在某些制度的设置上仍然存在性别盲点，忽略了女性某些重要的权利，导致女性在刑事诉讼中权利的缺损，不利于实现法律的平等保护。[1]

二、侦查阶段的女性犯罪人被害化

在侦查阶段，犯罪嫌疑人的权利比起诉阶段的犯罪嫌疑人和审判阶段的被告人的权利更容易被侵犯。这一方面是因为侦查程序的一项重要任务就是收集证据，为实现这一目标，有些侦查人员会不惜以牺牲犯罪嫌疑人的合法权利为代价，以损害诉讼程序的正当性为代价；另一方面是因为在我国的现行司法体制下，侦查阶段对侦查机关缺乏有效监督，律师很难介入案件为犯罪嫌疑人提供法律帮助，侦查权力的运行基本处于不受限制的状态，使本已足够强大的侦查权极度膨胀，易被滥用。在这样的客观现实下，为了避免女性犯罪嫌疑人作为犯罪嫌疑人和女性的双重弱势遭到双倍的权利被侵犯的危险，从证据收集措施、强制措施等方面对其人权进行特殊保护就显得格外必要。

（一）证据收集中女性犯罪人的被害化

1. 讯问过程中的女性犯罪人被害化

（1）讯问环境方面

女性犯罪嫌疑人大多具有情绪化、易被周围人和物左右的特点，冰冷机械的环境会使她们自我保护意识成倍增长，情绪过分紧张以致影响表达能力，人性化的讯问环境有利于她们缓和情绪，感受到人道主义关怀而被感染，进而如实陈述案件真实情况。同时，女性犯罪中暴力犯罪的比例相对较低，在共同犯罪、团伙犯罪中大多不是主犯、首犯而是作为参与者和帮助者出现，加上女性体质较弱，爆发力不如男性等特点，人身危险性一般不大。在这样非严重暴力犯罪中的犯罪嫌疑人人身危险性不大的情

---

[1] 郭慧敏：《社会性别与妇女人权问题——兼论社会性别的法律分析方法》，载《环球法律评论》2005年第1期。李傲：《性别平等的法律保障》，中国社会科学出版社2009版，第17～21页。

况下，如果我们一味地采用传统的铁窗、铁锁链的模式，会使女性犯罪嫌疑人更容易紧张，得不到很好的证据采集效果。

（2）讯问人员的安排和讯问方式方面

许多女性犯罪案件是与女性犯罪嫌疑人的隐私紧密相连的，这些隐私往往构成犯罪原因的一个重要环节，如婚外恋、家庭暴力乃至性侵害等，这些内容对查明案情非常重要，而女性犯罪嫌疑人又往往难以对男性侦查人员启齿，因而在选择讯问人员时，如果我们不考虑女性特点，而是选择男性侦查人员进行讯问。那么，当与女犯罪嫌疑人谈及隐私、家庭、恋情等问题时会让女性犯罪嫌疑人感觉羞愧，从而导致涉案女性未必一定情愿向异性吐露真情。

在讯问方式上，由于大部分女性犯罪嫌疑人具有情绪化、容易感情用事的共同特点，因为大部分女性犯罪是由婚外恋、性侵犯和家庭暴力引起的，激情犯罪多发，而且很多女性犯罪人在犯罪之前长期受到家庭和社会的不公平对待甚至是压迫，养成了隐忍的性格，在达到忍耐极限时突然爆发，冲动下采取了触犯法律的极端报复手段，在人身权自我保护失误下完成了由受害人向犯罪人的转变。这种女性犯罪嫌疑人往往在实施犯罪后便异常恐惧和后悔，在讯问中表现出侦查人员还没有问话就开始痛哭流涕、歇斯底里，因此如果依然采用针对男性犯罪嫌疑人那种严厉生硬的方式进行讯问，可能会激发女性犯罪嫌疑人内在的情绪，导致压力过大，交流困难。

（3）侦查讯问的地点和时间方面

实践中，常常存在侦查人员把犯罪嫌疑人从看守所提押到办案机关或其他场所进行讯问的情形，少则几小时十几小时，多则几十个小时，讯问过程中讯问人员轮换吃饭、休息，犯罪嫌疑人则根本无法正常作息，精力体力严重受损。女性犯罪嫌疑人身体较男性弱，在对女性犯罪嫌疑人进行讯问时不可一概的按照男性犯罪嫌疑人的讯问方式，不加休息的讯问，会导致女性犯罪嫌疑人更加无法承受这种以耐力消耗为方式的变相体罚。

2. 强制采样过程中的女性犯罪嫌疑人权利损害

刑事诉讼中的强制采样是指公安司法机关未经被采样人的允许和同意而强制从其体内或体外收集人体分泌物、毛发、指甲、指纹等样本以供司法鉴定，它与被采样人的身体权、隐私权等人身权利密切相关。尽管我国立法对此并未作出规定，但随着科技的发展，DNA 鉴定、指纹鉴定等在侦查实践中已被广泛运用，强制采样行为也因此不可避免。由于在强制采样的过程中被采样人往往被迫暴露身体某些部位甚至是生殖器官，被迫让采样人从其身体上提取某些体液，这难免会让被采样人感到屈辱和羞耻。[①]

（二）审前羁押过程中女性犯罪人被害化

1. 羁押环境方面

从现实来看，存在个别素质低下的男性司法人员滥用国家权力对女性被追诉人实施的性侵害，同时由于男女性别的差异，如果将男性嫌疑犯人和女性嫌疑犯人在一起进行关押，可能在日常生活中由性别差异带来不便，女性被追诉人的隐私造成很大的干扰。而我国目前的立法现状，仅在《看守所条例》的第 6 条笼统规定"看守所应当配备女工作人员管理女性人犯"，第 14 条"对男性人犯和女性人犯……应当分别羁押"。但是，并没有在法律层面上出台更加严格和细致的措施，规定若非必要并经审批，严禁男性司法人员将女性在押人员单独提出，也没有制定女性被追诉人认为司法机关违反相关程序时的救济措施和违法者的责任。

在我国，女性在押人员在看守所遭遇看守人员性侵害的案件也屡见不鲜，河北省保定市高碑店看守所发生的看守所所长强奸

---

① 参见陈光中、陈学权：《强制采样与人权保障之冲突与平衡》，载《现代法学》2005 年第 5 期。

女犯的案件①就是看守人员利用在押女性被追诉人想到案件未审结、怕被加重处罚而不敢反抗的心理，屡次将她们从监室单独提出进行性侵害的典型例子。

2. 羁押是否人性化方面

女性的心理特点和社会地位决定了实践中女性在押人员自我伤害和试图自杀的现象与男性相比更为严重，且与男性在押人员相比女性针对他人的暴力攻击倾向较弱，如果我们对女性在押人员的监管如同对男性那么严格，而没有采取人性化的羁押，则不利于对她们的心理疏导，严重会导致自伤自杀行为的发生。

3. 羁押中女性嫌疑人家庭关系方面

尽管羁押意味着被追诉人与家庭成员的隔离，是对其与家庭成员共同生活的自由的剥夺，但在羁押期间能够见到其家庭成员的自由不应在剥夺之列，而只能对这种自由加以限制，② 联合国 1988 年通过的《保护所有遭受任何形式拘留或监禁的人的原则》中，原则 19 规定："被拘留或监禁者应有权特别被其家人探望和与家人通信，并应被给予充分的机会与外界通讯，但法律或法规规定的合理条件和限制除外。"在我国，受传统社会文化的影响，

---

① 根据《人民网》于 2000 年 7 月 13 日一篇题为《看守所长禽兽不如强奸女犯致其怀孕》报道：26 岁的王某某 1998 年底因故意杀人罪被法院判处死刑，并报最高人民法院进行死刑复核。1999 年 1 月 10 日，王某某由高碑店市看守所转押至易县看守所，在入所检查时，女干警发现王某某竟有孕在身。对此，当地公安机关几经调查，无果。保定市检察院闻讯后对王某某进行了审讯，王某某犹豫再三后含泪交代：高碑店看守所副所长杨某某和干警李某某曾多次强奸她。经查，杨某某在当地是个小有影响的人物，因夫妻俩均在公安机关工作，看守所的民警和在押犯人均不敢作证。检察机关冲破阻力终于查清，杨某某在王某某羁押于高碑店看守所的 70 多天里，趁值班之机，先后 20 多次对王某某实施强奸，李某某则强奸其 4 次。1999 年 8 月 26 日，杨某某和李某某被刑事拘留。2000 年 7 月，河北省涿州市人民法院以强奸罪判处杨某某有期徒刑 8 年，判处李某某有期徒刑 5 年……相关报道见 http://www.people.com.cn/GB/paper447/1000/142294.html。

② 参见李建明：《论犯罪嫌疑人的人身权利保障》，载陈光中主编：《诉讼法理论与实践》（2002 年刑事诉讼法学卷），中国政法大学出版社 2003 年版，第 489 页。

家庭成员之间的联系与他国相比更为紧密，古代的封建司法程序就对亲情维系特别重视，家庭成员探监为法所不禁。而现实状况是，我国的犯罪嫌疑人一旦被拘留或逮捕，便几乎完全失去了与外界的联系，整个诉讼过程中与家庭成员之间没有接触的可能。这与世界各国的普遍做法和我国的传统习俗都极不相称。对女性而言，她们较之男性对家庭生活有更大的依赖和眷恋，特别是做了母亲的女性被追诉人，出于母亲的天性，在羁押中最担心的就是她们的孩子是否能得到很好的照顾，为自己不能照顾孩子而感到内疚，担心自己被羁押和被追诉的地位会影响到她们与孩子之间的感情。

针对这一问题，前述《保护所有遭受任何形式拘留或监禁的人的原则》在原则31中规定，主管当局应根据国内法努力保证在需要时帮助被拘留或监禁者家庭受赡养人员特别是未成年成员，并应采取特别照顾措施以适当监护无人看管的儿童。事实证明，违背这一原则付出的代价是惨痛的。据《人民网》2003年6月26日一篇题为《成都"吸毒母亲被抓 幼女饿死家中"事件始末》报道：2003年6月4日下午，李某某将孩子锁在屋里后到邻近的金堂县偷东西，结果被金堂公安局城郊派出所值班民警黄某某、王某甲抓获。审查中李某某承认了盗窃事实，在检查中她尿检呈阳性，按规定将被送去强制戒毒。审查期间，李某某向城郊派出所辖区刑警队长、副所长王某乙，副所长卢某某等办案人员反映其3岁女儿独自在家无人照顾，要求回家安顿被拒绝。后来她便请王某乙等人帮助联系其姐姐照顾孩子。此后王某乙、卢某某数次致电其姐但都没能联系上，便将此事通知了青白江区公安分局团结村派出所，接电话的是在此实习的市警校学员穆某某。穆某某在给李某某姐姐家打过几次电话均无人接听后，既未将此事向其他值班民警或所领导汇报，也未做电话记录，便把此事忘在了脑后。结果从6月4日李某某被抓，送去戒毒开始，3岁的小孩便是一个人被关在家中，直到 6 月 21 日被发现死亡！①

为了避免这样的惨剧再次发生，必须保证被采取强制措施的被追诉人的子女得到良好的照顾，并给予女性在押人员，特别是仍处于哺乳期的女性更多与孩子接触的机会。在这方面，美国的经验值得借鉴：在监狱中采取便于犯人与子女保持联系的措施，如设立犯人与子女会面的房间，房间里面有玩具，女性犯人可在其中自然地与孩子见面；定期出车把犯人的孩子接到监狱与母亲团聚；有的监狱允许母亲与孩子一起过夜；有的州的监狱还在监狱里设立了婴儿室，犯人可以在狱中将孩子抚养到 1 岁。将这些制度引入我国的审前羁押中，不仅能使孩子得到母亲的关怀和照料，还可以增强女性被追诉人作为母亲的责任感，进而培养她们对家庭和整个社会的责任感，从感化教育的角度促使她们积极配合诉讼的顺利进行。

三、起诉阶段的女性犯罪人被害化

（一）起诉程序上的女性犯罪人被害化

前文论述到讯问人员的安排时，如果不考虑女性犯罪人的特点，会导致侦查工作难以进行，也可能导致女性犯罪人权利的被害化。同样，在审查起诉程序中，也应当考虑女性犯罪嫌疑人的生理、心理特点，在人员配置上可以考虑以女性检察人员为主进行对女性犯罪嫌疑人的审查起诉工作。这一方面是出于女性司法人员具有更能体会女性犯罪嫌疑人社会经历、心思细密等特点，在查明案情时便于与女性犯罪嫌疑人沟通，对案件每一个细节都分外细心，能从微小环节寻找突破口；另一方面是出于女性在其生理、心理上的特征，总是更为关怀他人、体贴他人、照顾他人的利益，即使有冲突，也不只是论理，而是更看重情分。这样的

---

① http://www.people.com.cn/GB/shehui/1062/1936181.html.

特点使女性检察人员能充分考虑犯罪嫌疑人的具体情况和犯罪情节，将法律的条文与人文主义关怀融为一体，而不是生硬地运用法律。

（二）起诉制度上的女性犯罪人被害化

如前所述，大多从女性犯罪的原因看，常常是出于人身权的自我保护失误，以致由受害人向犯罪人演变，报复型犯罪和激情犯罪多发，主观恶性较小；从女性的处境来看，很多女性在家庭中处于重要角色，家庭负担较重，还往往有未成年子女需要照顾，一旦被追诉并判处自由刑，会导致家庭破裂，孩子丧失母亲的照顾，在对女性犯罪人决定是否起诉时需要考虑的更多。

四、审判阶段的女性犯罪人被害化

（一）审判环节女性被告人特殊性的考虑

在审判过程中诸多因素会导致犯罪人被害化。首先，法官对犯罪人产生先入为主的偏见是犯罪人被害化的表现之一。一些法官在开庭审理前违反规定接触案卷，致使在开庭时已经形成了对犯罪嫌疑人先入为主的有罪论断，缺乏对待刑事被追诉人客观公允的态度。其次，司法的僵化也是导致犯罪人被害化的原因。由于法官知识的有限性和片面性，一些法官在审判案件时没有充分利用自由裁量权，发挥自己主观能动性，缺乏对法律规定的灵活变通，对被追诉人有时会作出超过其应受惩罚限度范围的严厉判决。

审判机关在行使审判权时也易受到来自外界的干扰和影响。这些干预包括行政权力机关对审判机关的非法干预，立法机关对审判机关的不当干预，舆论压力对审判的不当影响。这些因素都可能导致司法人员恣意、专断、滥用权力，导致审判结果的不公，致使犯罪人被害化。贝卡利亚早在《犯罪与刑罚》中就已经阐明：当一部法典业已厘定，就应逐字遵守，法官唯一的使命就是判定公民的行为是否符合法律。①

法官在判案过程中应当保持中立的态度，在不受法律以外的其他因素干涉的情况下，作出公正判决。然而，法官在具体办理案件过程中容易受到外在因素的消极影响，如易受到行政权力的牵制；为平息民愤而对部分犯罪人轻罪重判，导致所谓的"媒体杀人"现象出现，这些使得犯罪人于犯罪行为实施后在司法上被害化。德国的犯罪学家施奈德指出，出于保护被害人的目的，刑事司法机构的任务是平息罪犯与受害者之间的怨恨，确认和发展社会生活的准则与价值。不能因为平息犯罪人与被害人之间的怨恨，而违反了法律的规定，违反了事实而对犯罪人处以重刑。从表面上看，这是对被害人的保护，事实上，是对犯罪人人权的侵犯。②

我国修改后的《刑事诉讼法》规定了刑事和解制度，刑事和解作为一种新的刑事处理方式，其核心价值理念是以人为本，对被害人和犯罪嫌疑人进行司法保护的理念，有利于兼顾被害人和犯罪嫌疑人、被告人的利益，体现新的刑事理念。对女性犯罪人进行刑事和解，会有很好预防犯罪的效果。女性与男性相比，感情更丰富，更感性，在和解过程中，通过了解被害人及其家人因自己的行为所遭受的痛苦，能激起女性犯罪人的自责与懊悔，有更好的预防犯罪的效果。

对女性犯罪人轻缓化的处理，使其感到了社会的关心与温暖，更利于其改过自新，同时也避免了监禁所带给犯罪人贴标签效应，不被社会所隔离，更快地恢复到工作、学习中。特别是因和解而结束的追诉案件，避免了监禁所带来的交叉感染，从一定

---

① ［意］贝卡利亚：《论犯罪与刑罚》，黄风译，中国大百科全书出版社 1993 年版，第 13 页。
② ［德］汉斯·约阿希姆·施奈德：《犯罪学》，吴鑫涛等译，中国人民公安大学出版社 1990 年版，第 845 页。

程度上降低了刑事案件发案率。

（二）法庭人员配置方面

目前司法领域仍是男性司法人员和男性价值观处于主导地位，这使得法庭在审理女性犯罪案件时易于用男性的思维衡量怎样的处断才是公正，而往往忽视了对女性被告人的犯罪心理特点和行为习惯的考虑，这不利于实体定罪量刑中主客观相统一原则的实现，不利于社会伦理道德与法律的协调。在审理女性犯罪的案件时，应该由女性陪审员参与到合议庭中听取法庭调查和辩论，由于女性陪审员具有与女性被告人相同的性别及由此派生的相似的思维方式和社会经验，她们天然地比其他男性法官更能理解女性被告人的犯罪背景，能更加身临其境地感知案情，进而在法庭评议环节从女性视角分析案件，以中和与校正其他男性法官的男性化价值观，使案件的最终审判结果有效排除审判人员因个人性别因素造成的偏见而无限接近于客观公正。实践中，妇女陪审员制度的落实多表现为聘请法院所在地妇联的妇女干部担任妇女陪审员的方式，将妇联维权与司法维权相结合，力争使妇女维权工作呈现出司法联动、妇联协调、社会参与的态势。

（三）女性案件隐私权侵害方面

在涉及女性犯罪的案件中，受女性犯罪特点的影响，法庭在调查犯罪原因和情节时比男性犯罪案件更容易牵涉到被告人的隐私，加之女性隐私权在社会中更为脆弱和易受侵犯，因此，在审理此类案件时应格外注重对女性被告人隐私权的保护落实到操作层面，就是注重对不公开审理程序的运用：在对女性犯罪案件的庭前审查中注意着重审查案件是否涉及被告人等当事人的隐私，若与当事人隐私相关，应决定不公开审理；在公开审理的过程中，遇到被害人或其法定代理人、诉讼代理人、证人、同案犯乃至被告人本人及其辩护人等诉讼参与人当庭提及女性被告人隐私时，应分情况区别对待：对于隐私内容与查明案情无关的，审判长要立即予以制止，告知发言者不得提及与案件无关的隐私内容；对于隐私内容确与查明案情相关的，应决定将案件转为不公开审理。依法不公开审理的案件，开庭时应当当庭宣布不公开审理的理由，审理过程中任何公民包括与审理该案无关的法院工作人员、被告人的近亲属都不得旁听，审理结束后要公开宣告判决。

对被追诉人隐私权的保护不应仅限于司法程序中，也要在全社会形成氛围，无论是隐私与案情相关而不公开审理的案件，还是隐私与案情不相关而依旧公开审理的案件，被告人的隐私权本身都受到法律保护，除了查明案情需要以外不得被探究和进行不必要的公开。这就要求法院和法官在处理与媒体的关系时加强行业自律，无论是本案的办案法官，还是本院内未办理此案，但了解到被告人隐私的其他法官和工作人员，都不得在接受媒体对案件的采访时披露自己知晓的包括女性被告人在内的当事人隐私。

第三节　事后女性犯罪人被害化

事后女性犯罪人被害化问题主要涉及女性犯罪人被宣判有罪之后，在监狱中及社会上的处遇问题。处遇是处置的意思，在这里主要是指犯罪人的处置问题。广义上的犯罪人处遇制度分为三种：司法处遇、设施内处遇和社会内处遇。狭义的处遇则只包括设施内处遇和社会内处遇。其中设施内处遇包括审前羁押、审判前关押、警察署附属留置场、教育活动和教诲等；社会内处遇包括假释、保护观察、改造紧急保护以及恩赦等。监狱内的处遇指罪犯在服刑期间依法享有的权利和监狱从执行刑罚和教育改造的需要出发给予罪犯的各种权利。监狱外的社会处遇主要是罪犯从监狱执行完毕之后，在社会中依法应该享有的权利。

一、设施内处遇中的女性犯罪人被害化

(一) 设施内处遇的犯罪人被害化基本问题

关于设施内处遇，我国目前所存在的一个严重问题是对犯罪嫌疑人的权利保障不利，尤其是对犯罪人采取监禁措施的人性化程度不够。尽管我国《监狱法》对犯罪人权利进行了相关立法保护，如依据《监狱法》第 7 条规定：罪犯享有申诉控告权。然而在实践中犯罪人这些权利的行使往往受到重重障碍。一些犯罪人在监狱服刑过程中身心受到严重损害，具体体现为：一是狱警对犯罪人的非人性化管理。犯罪人在狱中有时会受到非人性化对待，不仅会受到狱警的歧视，有的狱警还会对犯罪人实施拳打脚踢的暴力行为。二是犯罪人之间相互消极影响。如新来的犯人受到在监狱里原有犯人的殴打和虐待，偶犯受到资深惯犯的虐待。三是监狱的恶劣环境往往使犯罪人失去了改造的信心。如监狱对犯罪人在饮食上的克扣、狱所空间的狭小、环境的潮湿阴暗，监狱日常物资供应的不足等。

有学者指出：监禁刑不仅不能矫正犯罪人，反而可能使犯罪人变得更坏。[①] 这体现了交叉感染对犯罪人的影响。监禁刑有时不仅达不到使犯罪人有效改造的目的，反而使犯罪人在行刑过程中掌握了不少新的犯罪技巧，由犯罪新人变成犯罪技术熟练的"师傅"。这样一来，对犯罪人采取监禁措施离它改造犯罪人的初衷越走越远，一定程度上使得犯罪人在监禁过程中被害化。犯罪学家们用监狱亚文化一词来阐释犯罪人入狱所带来的一系列消极效应。监狱亚文化是指罪犯在监禁状态下罪犯群体所特有的与社会主流文化相背离的价值观念和行为模式。罪犯在监狱服刑中被

---

① 参见何显兵：《社区刑罚研究》，群众出版社 2005 年版，第 72 页。

监狱亚文化影响的过程一般叫作监狱化过程。①

这一监狱化的过程不仅是犯罪人在狱中的被害化过程，而且其对犯罪人的影响延续到犯罪人服刑完毕回归社会以后。在监狱中所受到的各种不良影响会导致犯罪人出狱后很难适应社会，有的犯罪人回归社会后甚至在监狱亚文化的影响下再次走上犯罪的道路。

适用刑罚的目的并不是报复犯罪人，而是教育改造犯罪人，让其重新做人，回归社会。既然如此，我们就不能一味地强调重罚，而是应该结合犯罪的类型、犯罪人自身情况等方面来适度惩罚，这也是我国宽严相济刑事政策的精神体现。女性犯罪不同于男性犯罪，案件和犯罪人自身都有很多特点，比如女性犯罪人正怀孕、处于哺乳期、犯罪的被动性、"恶逆变"等，我们应该结合女性犯罪案件的特点，确立适度的惩罚制度。

（二）女性罪犯心理双重性的具体表现

1. 渴望关心却又害怕别人过多的关怀

从心理学层面上讲，渴望关心是一种典型的情感需求，而情感需求是一个人最基本的需求之一，它包括温饱需求、社会需求、自我需求三个阶段。这三个阶段的需求是随着外界条件和自身修养等因素而随时转换的，即一个人在不同的时间和空间可能处在情感需求的一个或多个阶段。当女性罪犯处于监狱这个失去人身自由的特定的空间里时，其情感需求在很大程度上因受限制而得不到满足，没办法获得实际生活状态中的情感需求内容；但是，当一个女性罪犯被关进监狱失去人身自由后，她的情感需求已经由温饱需求、社会需求转而变为强烈的自我需求了。而这种自我需求的满足，只有家人才能够给予，家人的情感给予在某种程度上是女性罪犯获得情感需求的最直接的途径。虽然家人的关

① 参见马贵翔、胡铭：《正当程序与刑事诉讼的现代化》，中国检察出版社 2007 年版，第 316 页。

心不能满足女性罪犯情感需求的全部内容，但至少能实现其情感需求的一部分内容，也正因如此，女性罪犯渴望家人关心的情感需求比正常状态下的女性更为强烈。

渴望家人关心不单纯是女性罪犯情感的需求，还有一个信任的因素。信任是相信而敢于托付。女性罪犯在监狱这个三教九流汇聚、错综复杂的环境中，因为特有的谨慎、敏感，一般是不敢轻易信任同监室狱友的，而她们又需要有可以信任的人来交流内心的感受，所以此时，家人成了她们满足情感需求的唯一对象。家人是罪犯特别是女性罪犯最可靠的精神支柱，是她们监狱生活中重要的精神寄托和情感依赖。每一个女性罪犯在心理上都渴望家人不因自己曾经的过错而抛弃自己，依旧对自己充满关怀与爱；但如果家人真的不离不弃，真的有所牺牲，女性罪犯又会心生不忍与内疚，甚至觉得自己曾经冲动的犯罪行为对不起家人，无颜再接受家人的关爱，即又害怕家人的关怀。

女性罪犯在犯过罪后，无法改变自己的行为造成的恶果，而她们又不愿意这种恶果让家人分担，但作为女性罪犯本身，又无法逃避或改变已经发生的事实，与其以内疚或拖累或影响家人的心态和家人见面，不如回避家人不见面。一些女性罪犯自认为只要回避家人就可以逃避自己无力改变的局面。但事实上，即使真的不见家人，真的拒绝家人的关怀，她们仍然是无法改变任何的犯罪事实，并且女性罪犯的内心深处仍然还是渴望家人关爱的，只是由于恐惧、害怕而阻碍、压抑了这种需要。这也是在家属接见日里，有家属来探监，女性罪犯会哭，没有家属来探监，女性罪犯的情绪也会有很大波动的原因，正所谓与家人相见难受，不相见更难受。

2. 不关心世事却又敏感多疑

从心理学层面上讲，不关心某事意味着情绪低落、压抑、没兴趣等情绪表现，而情绪低落、压抑既有生理方面的因素，也有心理方面的因素。情绪低落本质上不是由于雌激素水平低下，而是因为雌激素水平的剧烈变化。当雌激素水平波动时，女性更容易情绪低落。

女性罪犯的情绪低落与其独特的生理变化是分不开的，但不仅仅是生理原因，还存在心理因素，即很多女性罪犯认为自己已经被关在监狱之内，已经与世隔绝，世事、特别是国家大事与己无关，自己目前没有人身自由的处境已经十分痛苦，根本没有心情再去关心国家大事。因此，她们往往在行动上表现出对国家大事的漠然与抵触，对监狱组织的相关学习不感兴趣，甚至消极抵抗。但这只是女性罪犯对国家大事一个宏观的态度，并不意味着女性罪犯反应迟钝，恰恰相反，当国家法律、政策稍有变动，社会上有重大事件发生，而这些法律、政策、大事件的发生和她们自身可能有关联的时候，她们就会立刻表现出敏感多疑的另一面，反复琢磨这些政策的变动、事件的发生，是否真能与自己产生联系，自己的处境是否能在这些变动中得以改变。大到提前释放，小到调监、变换狱内劳动的工种等，她们都会事无巨细地逐一考虑，这又表现出她们极端敏感的一面。敏感多疑在心理学层面上讲是由于一个人内心缺乏安全感，没有建立起自己是值得被爱、被接纳、被尊重的信念，即内心的自我概念不够清晰，缺乏一套内在的、属于自我的行为规则和评判标准造成的。离开外界的评价，很难判断自己的行为是对是错，正是基于这样一个不确定的内心状态，一旦遇到国家、社会上发生和自己类似的事件，女性罪犯便会本能地把这些事件与自己联系起来，借此来评价自己的行为，或者试图重新审视自己的行为。这种重新审视并非自我反省，而是想达到重新认定自己的犯罪行为具有非犯罪性，以便重新获得人身自由的机会。这样的心理活动固然具有幼稚与可悲的一面，但却是女性罪犯敏感多疑的原因。

女性罪犯不关心世事却又敏感多疑，这种心理的双重性，在改造过程中会具体表现为女性罪犯本人突然改变原来相对的平静，表现出患得患失，并且疑虑重重。有些女性罪犯会因紧张、关注、疑虑而变得突然沉默起来，而有些女性罪犯则会因多疑、紧张而产生攻击性行为，在监狱内又犯罪。

3. 以冷漠来保护自己却又渴望得到真正的关怀

冷漠是指对他人冷淡漠然的消极心态，主要表现为对人怀有戒心甚至敌对情绪，既不与他人交流思想感情，又对他人的不幸冷眼旁观，无动于衷，毫无同情心。从某种意义上说，冷漠虽然以漠然的面目出现，但却是一种保护自己的心态，是一种心理上的自我防护行为。

从心理学上讲，冷漠通常是因为遭受欺骗、暗算等心灵创伤或因种种原因受人漠视、轻视甚至歧视所致。但冷漠并不是无情，冷漠只是女性罪犯保护自己不受到伤害的方式而已。而且当女性罪犯认为某人不会伤害她时，她不会真正冷漠，即使表面冷漠，内心仍然有热情，只是很多时候，这种热情需要时间的考验与等待。

女性罪犯的冷漠大多是一种避免被伤害的面具。人们常常错误地认为只要自己对周遭的人或事不关心、不热情，表现出冷漠来，就可以使自己避免受伤害。其实不然，冷漠是双重的，在冷漠别人、冷漠世界的同时，也冷漠了自己。而当自己被冷漠以后，女性罪犯原本因高墙、失去自由而产生的内心的孤独会加重，更加需要关怀和温暖，因为人是群体动物，是需要彼此温暖的。如果一个女性罪犯把自己封闭起来，试图以此来达到与世隔绝，保护自己的目的，那么她在冷漠一段时间后，势必会发现这是一种不可行的方法，不但不能保护自己，反而会让自己陷入更加恶劣的情绪当中，因为现实的监狱生活是活生生地摆在眼前必须面对的，很难通过冷漠达到安逸、安静和沉静的状态。然而这个道理并非人人都能想透，很多女性罪犯在最初接受教育改造而产生不适的时候，都会自觉不自觉地用冷漠保护自己，特别是自认为处境不太好的女性罪犯，更会用冷漠把自己厚厚地包裹起来。她们认为只要冷漠地对待监狱里的人或事，监狱里的其他人也会冷淡自己，而且冷漠既不会伤害他人，也不会被他人所伤害，把所有的情绪都封冻起来，这样就可以避免伤心、难过、伤害，似乎这样就可以将不愿面对的一切淡化。事实证明，这样的想法和做法并不能真正避开问题，需要面对的仍然还是要面对；然而，很多女性罪犯都会本能地这样去做。她们这样做的结果只有一个就是更加孤独、更加无助、更加需要温暖。

前面说过女性罪犯渴望得到家人的关怀，但是仅有家人的关怀是不够的，因为女性罪犯在监狱服刑期间，大部分时间都是和同监室的其他犯人一起度过，而家人却不能陪伴女性罪犯共同生活。在劳动改造的过程中，她们会遇到诸多困难而需要帮助，这时女性罪犯会本能地希望得到其他女性犯人的帮助。这种渴望关怀的心理会比正常生活状态下来得更加强烈，因为人在最困难、最无助、最堕落、最遭人歧视、最心痛、失去亲人爱人、处于陌生的环境、受到打击时，都是最需要温暖的时候，而这些需要温暖的境况，在监狱服刑时，几乎都会遇到。然而当女性罪犯试图用冷漠应付服刑的日子时，她们把仅有的、可能的一丝温暖也拒绝了。毫无疑问，她们会因此更加孤独，更加需要关怀。她们中的大多数人不自知也不明白为什么越冷漠越渴望温暖，她们面对的只是这样一个错误方式导致的结果：那就是女性罪犯会在冷漠与需要温暖之间激烈地斗争，内心产生巨大的矛盾；冷漠之后需要温暖，感觉到需要温暖时，却又害怕因为寻找温暖而受到打击或伤害，只能更加冷漠地对待周围的人，从而产生了一个恶性循环：冷漠—需要温暖—更冷漠—更需要温暖。这样的恶性循环长期发展下去，会严重地导致女性罪犯身心不适，使内心的矛盾越来越激化，越来越无所适从，最终可能导致对生活的绝望、对生命的放弃或是产生攻击性的暴力行为。

4. 不相信狱警却又需要引导

不相信狱警是因为女性罪犯在心理上认为自己与狱警不是一个社会层面上的人，狱警是管制者，自己是被管制者，狱警是自由人，自己是被监管的非自由人，她们在心理上把狱警和自己对立起来。而对立情绪则是互相抵触、敌对的一种心理状态，这种自觉不自觉的心理状态，会让本来还没有发生任何矛盾的狱警和女性罪犯相互排斥、相互矛盾、相互斗争，成为矛盾对立的双方。

　　不论女性罪犯的犯罪动机是什么，服刑后能够通过自省想明白犯罪前的困惑以及错误观念的人并不多。很多女性罪犯即使已经服了刑，为自己的错误行为受了罚，仍然不思悔改，甚至意识不到自己的行为是错的，这与个人的世界观、人生观还有客观的遭遇是密不可分的。不可否认，有些女性罪犯的犯罪行为从结果看是触犯了国家法律，但从犯罪动机、犯罪原因分析又让人唏嘘不已，扼腕痛惜。有些女性罪犯因性格懦弱而长期受欺压，或因长期遭遇不公正的对待而积怨多年，最终因为实在无法忍受，积怨爆发而走上犯罪道路，这确实让人哀其不幸。但法律毕竟是法律，遵纪守法也是每一个公民都应该遵守的基本生活准则，如果在生活中遇到不公平的事件，应该以正确的方式、方法解决，而不能采用过激的犯罪行为。这一点道理是应该懂得并在生活中尽可能去做到的，但是女性罪犯中很多人不懂得这些道理，她们在服刑期间也愿意反省自己的过错，但却无从想起，无处解剖自己。虽然以自己的能力不能分析曾经发生的过激行为到底错在哪里，但仍然试图了解、分析自己，从而找到正确的生活之路。所以，女性罪犯需要引导，她们需要在服刑期间厘清自己曾经的生活轨迹，找出问题的症结，以便在以后的生活中不再犯同样的错误。而女性罪犯之间互相的指导是很艰难的，在某种层面上，她们都是需要引导的人，都有对人生观、价值观的错误认识或困惑，无法完成自身的再认识。在监狱这个特殊的环境中，能够给女性罪犯正面指导的人，是监狱警察，也只有监狱警察。但是由于管制和被管制的差别，出于保护本能，女性罪犯在心理层面上一般都不会轻易相信狱警，更不敢随便把自己的心里话讲给狱警听。甚至她们认为狱警和她们谈话大多是为了挖出更多的积案、隐案、漏案，根本不是为她们好，而且如果真说出重大的隐案，很难获得减刑或假释，搞不好还会加重处罚，延长刑期。出于这种本能的防御，女性罪犯更愿意和狱警保持井水不犯河水的关系，彼此拉开距离。她们认为只有这样，才能更好地保护自己，即使表面上和狱警有说有笑，那也多半是套近乎，假忽悠，在人家的管制下不得不低头的一种心理反应。

当涉及和狱警对阵时，同一阶层的女性罪犯便会毫不犹豫地站在一起。然而当女性罪犯面对女性罪犯时，她们又各怀心腹，没有更多的精力、兴趣和能力去帮助其他女性罪犯厘清问题，也无力引导其他女性罪犯改变世界观和人生观，因为她们自己的世界观和人生观都还没有明确定格，也可能还是混乱不堪的。需要引导和不相信能够引导她们的狱警，这种双重心理会导致女性罪犯在想不通过往的事情时，变得极其烦躁与不安，而烦躁与不安心理则是产生不当行为的隐患。

5. 互相戒备却又需要帮助

戒备心理是由于某些消极心理因素的影响形成的不切实际的固执的心理偏见，是人们在认识特定对象时的一种心理状态。由于这种偏见的存在，女性罪犯在相互交往的过程中，很容易歪曲地理解交往对象发出的信息，从而对对方产生戒备。

在监狱这个环境中，每个女性罪犯所处的环境都是一样的，但相同环境下的刺激却可能不同。监狱是社会的缩影，同为女性罪犯，却也有三六九等之分，同处一室，却也有尊卑之别。宏观上看，女性罪犯之间是平等的，微观上看，女性罪犯之间不但不平等，而且必须戒备对方。因为她们的背景、犯罪历程、心态等各不相同，有些女性罪犯肯于反省自己的过错，勇于改正自己的错误重新做人；也有些女性罪犯不愿意通过踏踏实实的改造获得重新生活的机会，而是喜好投机取巧、见缝插针寻找任何一个对自己有利的台阶及早出狱；还有些女性罪犯自私自利，损人利己，只要是对自己有利的事情，可以不考虑其他任何因素去做；也有些女性罪犯即使身在监狱，仍然不思悔改，继续犯罪。女性罪犯如此复杂的心理状态，会彼此影响和刺激对方。加之在监狱服刑的女性罪犯都有一个共同的感受：压抑、苦闷、不自由。由压抑、苦闷、不自由又会引起神经质、情绪低落、疑神疑鬼等心理变化，这些情绪上的变化是没有什么理性可讲的，同室之间有时也会毫无道理地胡乱猜疑，彼此防备。所以，女性罪犯之间的相互戒备是贯穿于监管过程始终的。

然而人是群体动物，社会性是其基本属性之一，任何一个人都无法做到长期戒备、独处，都有与人交流的愿望，因为与人交流可以获得承认、满足等心理上的需求。女性罪犯即使在监狱中服刑，这种人的基本心理要求也仍然是存在的，都有在一个社会共同体中生存和生活并获得一定角色认可的需要，没有人能做到永久独立与隔绝。并且人们无法仅凭借自己的力量生活，每个人都在生活中的某个时段需要帮助。然而在监狱中服刑的人，是不加区分地聚合在一起的，犯人是不能决定和哪些犯人同住同处的。个性、职业、生活阅历、家庭背景等的不同会导致女性罪犯之间极大的差别，也会使同室的女性罪犯觉得无法沟通共处。

尽管有诸多差别与不适，但是女性罪犯在服刑期间需要帮助的心理不因这些差别而消失。正因为这些差别，反而使得女性罪犯更加需要帮助，更加需要朋友。例如，很多女性在生理低潮期时有痛哭、倾诉心声的需要，而心声的倾诉无疑是需要信得过的朋友来倾听的。又如女性罪犯在属于自己特殊的日子（如结婚纪念日、生日）里，有回忆过去美好生活的需要。这种需要，有时候自己默默地回忆即可，有时候需要向朋友倾诉以满足共享的心理需求。又如女性罪犯在生病时，需要生理上的照顾与心理上的呵护等。在这些需要帮助的时候，身边是需要朋友关怀的，而女性罪犯身边最近的人就是同室的女性罪犯。

　　尽管女性罪犯需要种种帮助，但由于戒备心理的存在，使得需要帮助的心理受到抑制，又由于基本需要的被抑制进而产生矛盾心理。这种戒备与需要朋友、需要帮助的矛盾如果不能很好地得到解决，就会让女性罪犯感觉不适，甚至歇斯底里。有些女性罪犯明确知道自己需要帮助，并试图打破戒备，努力在同室之间寻找朋友。有些女性罪犯只知自己很别扭，但并不能意识到自己何以如此别扭、不通快，只是被烦躁困扰，心情郁闷，情绪不佳。如果女性罪犯不能清楚地意识到问题之所在，让这种近似原始的困扰长期影响自己的情绪，并且不能得到排解，她们便会产生暴力行为或自伤、自残行为。

　　出狱前，女犯心情特别复杂，既有欣喜，也有恐惧。欣喜的是自己即将要出狱，获得自由；恐惧的是未来的着落未知，感到茫然。通过调查，一些女犯的心理大体有以下几种：（1）不愿意出狱的。这种犯人主要有三类：一是来自偏僻农村，当地生活条件很困苦，远不如监狱，回家后还要面对农活、做家务、带孩子等一堆麻烦事，在她们看来等于重回苦海。二是无家可归的。比如一些因为某种原因谋杀亲夫的，家庭已破散。三是对婚姻不满意，丈夫不如意，觉得日子过得不舒心，还不如留在监狱。（2）既盼望又害怕出狱的。这些人害怕主要有两个方面：一是社会舆论的压力。特别是那些犯有重婚罪、虐待罪等的女犯，社会的指责、家庭的怨恨，致使她们不敢回家。二是生活和工作上的困难，担心不能重新建立起家庭，无法找到工作。（3）对出狱后的生活有逃避和依赖思想的。受传统文化影响太深的部分女性，出狱后，不想通过自己辛勤的劳动来维持自己的生活，只是想找个有钱的丈夫来养活自己。（4）对出狱后的生活充满信心。这部分女犯一般比较年轻，又有一定的文化，相信出狱后凭着自己勤劳的劳动，会获得新生的。①

二、社会内处遇中的女性犯罪人被害化

我国目前的社会内处遇措施包括减刑、假释、管制、缓刑以及犯罪人刑满释放后回到社会的处遇问题。我国逐渐实行刑罚轻刑化，因此减刑、假释、缓刑以及管制的适用会逐渐增多，因为这些都是实现刑罚轻刑化的一个有效途径。对犯人适用减刑、假释、缓刑和管制能够使犯罪人更快地接触社会，更好地实现社会化。然而，我国在这方面仍然存在一些问题。社会内处遇措施在司法实践中难以被有效适用，即我国设施内处遇难以向社会内处遇措施转变。以假释制度为例，有人经调查研究指出：我国假释使用太少，假释率非常之低，且呈现出逐年减少的趋势。② 从法院批准监狱机关报请审核裁定假释的比例来看，目前适用假释的操作性程序非常不利于有效地适用假释。③ 现实中存在法官不愿假释和不敢假释的情况，因为法官害怕承担罪犯假释后重新犯罪因而导致"错误假释"的责任追究。因此，对假释呈报慎之又慎，其结果是宁可放弃本来就较少的假释指标，也不愿让罪犯讨得便宜。④ 总之，由于我国目前关于减刑、假释适用的立法规定缺乏可操作性，没有形成完善的制度。这样一来，法官可能为逃避责任承担而放弃对犯罪人采取减刑、假释措施。

---

① 参见李力学：《女犯临出监时的心理及我们的对策》，载《山西警官高等专科学校学报》1994 年第 1 期。

② 参见魏东、何文强：《假释制度的缺陷与改进》，载赵秉志主编：《刑事政策专题探讨》，中国人民公安大学出版社 2005 年版，第 535 页。

③ 参见邓北燕：《假释政策探讨》，载赵秉志主编：《刑事政策专题探讨》，中国人民公安大学出版社 2005 年版，第 556 页。

④ 参见邓北燕：《假释政策探讨》，载赵秉志主编：《刑事政策专题探讨》，中国人民公安大学出版社 2005 年版，第 559 页。

（一）我国社会内处遇方式的缺点

虽然我国社会内处遇方式有了一定的发展，不过措施缺乏多样性，表现在以下三个方面：第一，在种类上缺乏多样性，社会内处遇尚存在结构性缺失。我国目前处遇方式少，如在立法上尚不存在保护观察和社会服务制度的规定。社会内处遇措施的缺失不利于犯罪人在处遇过程中的权利保障。第二，参与群体上缺乏多样性。我国缓刑、假释主要由公安机关执行，所在单位或者基层组织起配合作用。事实上，单位或者基层组织在监督过程中往往不能有效配合而使其监督作用流于形式。我国目前的社会内处遇缺乏行政机构、司法机构、民间机构、组织以及个人的积极有效参与。第三，实施方式上缺乏多样性。我国社会内处遇措施的实施方式单一，主要是采取监督方式，且在监督过程中缺乏对犯罪人的深入了解。除监督功能以外，在教育、帮助犯罪人的功能方面都有欠缺，不具备专业性和体系性。这些因素对犯罪人在回归社会后较好地融入社会，达到使犯罪人在经历社会内处遇的惩罚后改邪归正不再实施犯罪行为的目的等都是不利的。

（二）被害人及其家属对犯罪人的报复

被害人及其家属的报复不仅体现在事中被害人利用自己的弱势地位博得社会的广泛同情，影响司法机关在审理案件过程中的中立地位，致使犯罪人被处以重刑；还体现在犯罪人事后被害化过程之中，即被害人及其家属对回归社会后的犯罪人的仇恨、报复的心态和行为举止，有的被害人及其家属甚至以对犯罪人实施犯罪行为的形式来报复。这些报复行为都是犯罪人在回归社会过程中所可能受到的伤害，使得犯罪人在回归社会过程中被害化。被害人及其家属之所以会报复犯罪人，有以下两种主要原因：

一是长期以来所形成的。以血还血、以牙还牙的等量报应刑理念让人们通常认为犯罪人应当受到与其对被害人所造成的伤害相同强度的刑事处罚，被害人及其家属没有意识到犯罪背后的深层次原因，而是将自己因犯罪行为出现所承受的痛苦完全迁怒于犯罪行为的实施者。当被害人及其家属所期待的国家公权力机关应当给予犯罪人承受相同限度痛苦的刑罚没有出现时，他们就会认为司法机关对犯罪人的处罚力度不够，从而产生复仇的情绪，抵触甚至伤害回归社会后的犯罪人。二是被害人在法院作出有效判决后，得不到与其所受损失相一致的赔偿或者补偿。尽管国家对犯罪人已经实施了刑事制裁措施，但是被害人经济上的损失并没有因为刑罚处罚和犯罪人的道歉得到有效弥补，如此一来，犯罪人不仅得不到被害人及其家属的谅解，反而受到被害人及其家属的报复。

（三）社会内处遇对女性犯罪人的侵犯

1. 社会对女性犯罪人宽容度有待提高

如前所述，很多女性犯罪人之所以犯罪是由很多方面造成的，其中包括个人因素、家庭因素、社会文化因素和被害人因素等多方面，而当犯人刑满释放或者被采取如假释、管制等监外执行措施后，人们往往把过错全部归结到实施犯罪行为的犯罪人身上，这种偏见和歧视一直延续到犯罪人回归社会之后，即犯罪人回归社会后仍可能受到不公正的社会待遇。

与被害人受到社会的普遍同情形成鲜明对比的是，犯罪人从实施犯罪行为开始，便被贴上了犯罪人的标签，回归社会后仍然会受到社会的歧视和排挤，难以为社会所接纳。如犯罪人回归社会后难以获得平等的就业机会。社会公众对罪犯的仇视具有错位性，不完全合理。①

社会公众的仇视往往导致一系列不良后果，致使犯罪人被害化。有一些女性犯罪人犯罪后即使经过改造刑满释放，依然受到社会的歧视，尤其在我们现在的观念下，对犯罪人尤其是女性犯

---

① 参见高艳东：《现代刑法的逻辑起点：社会应接受罪犯和容忍犯罪》，载王牧主编：《犯罪学论丛》第四卷，中国检察出版社 2006 年版，第 93 页。

罪人的社会宽容度很低，很多女性犯罪人犯罪后，丈夫与其离婚，家人不愿意接受，很多女犯刑满释放后有家难回，更别说社会的容忍，因此她们很难融入社会，同时我们现在社会仍然不能为很多女性犯罪人提供一个很好地融入社会、弃恶从良的渠道，继而她们"破罐破摔"，将他们进一步推向痛苦的深渊，再一次不为主流社会所接纳，继续实施犯罪行为。如此一来，可能形成犯罪人再次走上犯罪道路的恶性循环。女性犯罪人在此过程中，不仅在事前由于被害化社会原因实施犯罪行为，回归社会后进一步被害化，这一过程是对女性犯罪人的一种潜在侵害。

2. 社会对女性刑满释放人员的安置工作有待加强

对刑满释放人员给予必要的帮扶救助是如今世界各国预防和减少重新违法犯罪的措施之一。针对现在刑满释放的女性再次犯罪的情形，有些国家还制定出台法律、法规和保护性政策，鼓励和促进刑满释放人员就业，这样为她们安置工作之后，可以为她们回归社会后走入正途创造条件。例如，2013 年 4 月 9 日，莫斯科市政府率先在全国制定了具有强制效应的在国家机关和事业单位中接收刑满释放的女性劳动就业的规定，并为此制定了一系列的具体实施方法。我们从当地女子监狱了解的情况来看，很多女性犯罪人出狱后无法工作，何况社会对其宽容度很弱。我国在加强刑满释放人员的再就业安置工作方面措施不够，特别是对无家可归、无业可就、无处可去的三无人员并不能给予就业指导和技能培训，这样也是导致很多女性犯罪人刑满释放后再次犯罪的一个原因。

第三章　女性犯罪人被害化防治的立法建议

第一节　建设法治国家是保护女性犯罪人的基本前提

一、法治国家对女性犯罪人事前保护的重要性

第一，法治是一种治国方法，就是依法律制度治理国家。法治要求人民当家做主，人民是国家的真正主人，国家主人包括广大女性行使管理国家一切事务的权利由法律规定，法律是包括女性在内的人民利益的体现和保障。

第二，法治是国家具有人们可遵循的代表人民利益、反映人民利益的比较完备的切实可行的法律体系，这种完备的法律体系体现了社会发展客观规律、富有时代精神、体现"公平原则"、"平等原则"和"人民主权原则"等精神。

第三，法治要求社会必须有广泛的民主、正义的行政、公正的司法和有效的监督，要求国家机关有着高素质的工作人员、司法工作人员和法律监督人员，人民群众有着很强的法律意识。1959年在印度新德里召开的"国际法学家会议"对"法治"观念作出了较具体的阐述，其基本内容为以下两个方面：（1）根据法治原则，立法机关的职能就在于创设和维护各种法律，这些法律必须能使每个人保持"人类尊严"，能让每个公民都具有高度自尊意识和维权意识，同时也懂得遵守法律，尊重他人的各项权

利。（2）政府必须在法律的范围内活动，并积极创造社会福利条件，使人民衣食无忧，从而避免为了生存而侵害他人权利现象的发生。国家机关尤其是重要的行政和刑事执法机关，必须克服人治观念，坚持法治观念；在处理执法者与法律的关系时，应强调执法者先受制于法，执法人员不得把自己看成是超越法律之外、凌驾于法律之上的特权人物，其次还要牢固树立执法为民、文明执法的理念，而不是把法律当作一种"御民工具"。此外，在实现公民权利尤其是女性权利的过程中，极易被国家机关忽视的一个方面，是提高公民尤其是女性公民的法治观念和权利意识。国家机关工作人员不仅自身要牢固树立法治观念，而且必须加强社会法律宣传教育工作，提高公民尤其是女性公民学习法律、遵守法律和自觉维护法律尊严的意识。提高女性法律意识，首先要提高女性依法维护自身合法权利和人格尊严的意识。只有深受数千年封建思想影响的中国女性具有了用法律维护自身权利和尊严的意识，国家才真正具备了建设现代法治国家的基础。国家机关则应努力培育管理者的公仆意识和现代法治观念，通过依法行政、公正办案和具体的公安行政管理活动宣传法治，使女性在日常生活中逐渐学会知法、遵法、守法和护法，以法律维护自身权利，从而改变她的被害人地位，防止其进一步发展成为犯罪人。

法治是在高度物质文明的基础上产生的高度的精神文明，是理性思维的产物，是秩序的体现。人人唯理是从，摆事实讲道理，遵守以理服人的原则，理性的交流思想，理解并肯定对方观点，不固执己见，从善如流，且不嫉恶如仇。法治代表的不是一种个别性指引方式，而是一种对人们行为的高度规范性指引方式。所以，法治是建立社会秩序不可缺少的条件。

因此，女性只有在法治国家大环境下，在这种高度规范性指引方式的指引下，具有主人翁意识和责任感，具有平等的受教育权和管理国家事务的权利，有文化，高自尊，法律意识强，经济地位和社会地位高，自然就不会走上犯罪的道路。

法治国家是预防女性犯罪的法治环境，是保护女性犯罪人屡次被害的前提。因为提高女性的法律意识和维权意识也是法治国家的应有之义，女性社会地位高、犯罪率低也是建设法治国家的必然结果。

二、建设法治国家才能对女性犯罪人事中有效保护

法治国家要求具有健全的法律体系和正义的司法制度。在完备的法治国家里，万一女性因为各种原因走上了犯罪化道路，女性犯罪人的各项权利有完备的法律体系和公正的司法制度保障，没有法律漏洞致使女性犯罪人的权利遭受侵犯，高素质的司法工作人员更不会违法办案，侵犯女性犯罪人的权利。即使司法工作人员有失误，侵犯了女性犯罪人的合法权利，在法治国家里法律意识和维权意识强的女性犯罪人也会拿起法律武器维护自己的合法权利，公正、有力的法律监督制度和高素质的法律监督人员是保护女性犯罪人在司法过程中合法权利的最后屏障。

在司法环节，重视女性犯罪案件的处理方式，区别对待女性犯罪人，宽严相济，注重教育感化。对于初次犯罪、偶然犯罪的犯罪人应以教育为主，根据其犯罪动机的不同施以不同的教育，使其尽早回归社会，永不再犯；对于多次犯罪，屡教不改的犯罪人应查明原因，注重惩罚教育更注重教育感化，健全其人格，改变其生活态度和对社会的看法，使其树立正确的人生观和价值观，确保其能和社会互相接受、和平相处，她不会再危害社会，更重要的是社会也不会再害她之后，才让其回归社会。

如果立法制度不合理，法律体系不完备，包括刑事实体法和刑事程序法制定上的相对欠缺就会导致女性犯罪嫌疑人的各项权利得不到相对有效的立法保障；如果没有公正的司法制度，再加上有的司法工作人员素质不高，错误的领会法律的含义，甚至违法，那么女性犯罪人在公、检、法机关从立案之日起到作出生效判决之日止就可能会受到司法机关的某些不公正

待遇，在此过程中，女性犯罪人的各项权利就可能会得不到完全的有效保障。

三、建设法治国家是对女性犯罪人事后保护的基本前提

女性犯罪人在被判有罪后的处遇和再社会化方面其权利有可能得不到保障。比如，女性犯罪人被监禁期间被过度封闭，严重脱离社会，社会功能减弱或严重丧失；女性犯罪人出狱后被社会排挤，被被害人报复，家庭地位低等。没有法治政府和高素质公务员，女性犯罪人的各项合法权利也很难得到有效保障。只有立法机关制定出完备的保障女性犯罪人各项权利的法律制度，受到法律限制的政府和公务人员才能有效地保护女性犯罪人的各项人权，使她们即使在犯罪以后也能活得有自尊和尊严，无障碍地进行再社会化。笔者建议应该营造良好的社会环境以保护女性犯罪人，此部分内容的深度分析在本书第五章，此处不再赘述。

（一）给女性提供更多的受教育机会和无障碍的就业机会

教育可以提高一个人的文化素养，知识水平，道德素养，并能完善其性格，健全其人格；教育还可以提高一个人待人接物、为人处世的能力，开阔视野。这也能增加其劳动就业机会，提高其社会地位。另外，在法律上也应当明确女性就业有不受歧视的权利，最重要的是政府和执法部门应该严格执法，保障女性的就业权利。只有女性就业权利得到真正的保障，才能提高女性的社会地位。在一些经济落后地区，人们往往认为"女子无才便是德"、"男主外，女主内"，所以就忽视女性的受教育权，甚至剥夺她们的受教育权，使女性无法像男性一样立足于社会，独立于家庭，这就为她们的人生悲剧埋下了伏笔，更是对犯罪女性重返社会设置了障碍。

（二）加强法律宣传教育力度，提高民众尤其女性对法律的认识

加强法制宣传，开展以"学法、懂法、守法"为主题的宣讲和专题报告会，通过广播电视、期刊报纸、互联网微信等各种媒体进行广泛宣传，提高全民尤其是要提高女性法律意识。在法治国家大环境下，根据女性犯罪的特点，制定特别的宣传内容。在社区、街道进行法律宣传，可以采取专题报告会、张贴标语、印发宣传册等形式宣传法律常识和各种案例，公布最新违法犯罪动向及常发违法犯罪特点，以提高善良女性对违法犯罪的警惕心和警觉度，防止上当受骗。这是建设法治国家的基础，也是事前保护女性犯罪人的最直接的方法之一。

本章试图在立法上提出一点建设性意见，但因为每个涉及的法律如果都写的话，重点不突出。所以我们仅就与女性犯罪人联系密切的《反家庭暴力法》和《婚姻法》两部法律提出立法建议。针对女性犯罪人被害化在刑法上的建议，我们在《家庭暴力引发犯罪刑法适用问题研究》一书中有所涉及，在此就不占篇幅了。

第二节　反家庭暴力是防治女性犯罪人被害化的重要环节

一、家庭暴力产生和存在的原因

家庭暴力严重侵犯了受害人（多数是女性）的合法权益，严重侵犯了家庭中的弱者——女性的人格尊严和身心健康，甚至威胁到了她们的生命。女性遭家庭暴力的现象普遍存在，但却往往因受害人处于弱势地位，她们有惧怕心理，有时甚至顾及面子、

顾及家庭、顾及孩子，长期逆来顺受，忍气吞声，而不敢告发，有时在被调查时还不敢直言，致使许多真相未能显现，成为隐蔽的社会问题。

这种"隐蔽的社会问题"存在之处，也是违法犯罪的高发之处。事实上，家庭暴力使一些女性家庭成员生活在长期的暴力阴影之下无法解脱，长期处于忍气吞声、悲观厌世、扭曲变态的状态而难以自拔，严重的家庭暴力受害人绝望之中或一时激愤铤而走险，选择了"以暴抗暴"的极端方式，走向另一个极端，成为伤害和杀害施暴者的施暴者，引发新一轮的违法犯罪。据调查，在山西省女子监狱1000多名服刑女犯中，竟有100多人因为杀夫入狱，其中一部分杀夫是因不堪忍受家庭暴力的虐待而选择铤而走险的犯罪方式。① 北京市海淀区人民检察院对海淀、丰台、顺义和朝阳4个区的看守所2005年5月10日至6月10日期间在押全部女性犯罪嫌疑人进行了有关家庭暴力和涉嫌犯罪的调查，结果发现，她们被逮捕前遭受过家庭暴力的比率达35.7%。②

因为女性在家庭中长期受家庭暴力侵害而得不到慰藉，在心理极度不平衡时，很容易运用同样的暴力手段私力救济，以暴抗暴，从而造成暴力犯罪。因此，及时有效遏止家庭暴力，保护女性受害者的合法权益尤其其人身权不再受家庭暴力侵犯，是预防女性犯罪的重要环节，即反家庭暴力是防治女性犯罪人被害化的重要环节。

家庭暴力之所以受到特别关注，是因为它不仅是一个十分突出的社会问题，而且极大地危害社会治安、家庭稳定以及妇女儿童的身心健康。家庭暴力对女性来说是一种恶疾，时刻威胁着她

---

① 参见冉霞：《我国家庭暴力的立法探讨》，载正义网，http://www.jcrb.com/proc-uratorate/theories/essay/201202/t20120216_806270.html。

② 参见《暴力多见于同居恋人 婚前同居施暴算不算家暴》，载凤凰网，http://news.ifeng.com/gundong/detail_2011_01/13/4255930_0.shtml。

们的生命、健康，而无法自治。因此在世界各国，都应当建立更为健全的法律制度以消除对妇女的家庭暴力。在我国，家庭暴力大量存在的原因，笔者总结出以下三点：

（一）封建思想的遗毒是家庭暴力产生的思想根源

我国长期以来信奉的"男尊女卑"、"三纲五常"等传统的夫权思想和封建大家长思想，是家庭暴力产生的最根本原因。从人类社会进入父系社会开始，社会和家庭开始以男人为中心，男人作为一家之主，可以支配家庭的一切，女人、儿童和老人变成男性家长的所有品，绝对服从男性家长。[①] 因此，绝对服从男性家长。因此，"男尊女卑"、"三纲五常"传统的夫权思想和封建大家长思想，是家庭暴力产生的最根本原因。在男权思想和大家长思想支配下，妇女、儿童很难作为具有独立人格的人存在，一些男性对孩子、对妻子的打骂都是家常便饭，且是"举手之劳"，很可能就是这种封建男权思想在作祟。由于我国社会历经了几千年的漫长封建历史，封建思想根深蒂固，男尊女卑的思想深入人心，夫权统治思想和男性家长思想遗毒严重影响着当代中国家庭等原因，男性对女性的家庭暴力在我国每年都大量发生，在广大农村和边远地区表现得更为突出。我国 9 亿多农民受封建思想影响严重，农村发生在家庭内部的刑事案件大多都与家庭暴力有关。国民尤其农民缺乏法律意识，在发生家庭暴力后不懂得运用法律手段保护自己，再加上"家丑不可外扬"、"清官难断家务事"、"多一事不如少一事"等传统思想的影响，很多人在发生家庭暴力后选择了沉默和忍耐，这在一定程度上纵容了家庭暴力行为，也是受害人转化为犯罪人发生质变的量变过程。

---

① 参见蒋月：《家庭暴力罪及其防范与控制》，载《厦门大学学报》2002 年第 4 期。

（二）男女经济地位失衡是家庭暴力产生和存在的经济原因

从社会角度来看，一是我国妇女的地位存在事实上的不平等，二是除了产生严重后果的恶性家庭暴力案件外，社会上多数人认为"家庭暴力是家庭内部的事"、"清官难断家务事"。有些单位的领导认为家庭暴力是一般家庭内部事务，不予过问，不予干预，有的法官对于受害者因不堪忍受家庭暴力请求离婚的诉讼，一味调解和好不判决离婚，从而使施暴者更加肆无忌惮地实施暴力行为。也就是说，在我国，事实上对家庭暴力存在一定的宽容态度，那么这种宽容又助长了家庭暴力的蔓延。

经济地位的不平衡，是产生家庭暴力的又一个社会学原因。我国目前女性就业率低，下岗、失业率高，再就业难，女性的收入普遍低于男性，男女两性实际收入差距大，女性经济地位明显低于男性，仍属于弱势群体。一些家庭由于妻子没有独立的经济来源，在家从事了全部家务劳动，帮扶老人，照顾小孩，支持丈夫干事业，丈夫恰好又赶上政策好或者是其他机遇，很快就发家致富。社会经济地位的提高，使这些男性忘乎所以，在家庭中优越感也油然而生，脾气也越来越大，张口就骂，甚至出手就打。这在农村尤其在边远贫困地区普遍存在，主要因为女性无家庭经济支配权，在经济上过于依赖丈夫。

（三）人格缺陷是家庭暴力产生和存在的心理学原因

1. 家庭暴力是冲突的极端表达

社会心理学家如戈特曼认为，冲突是促进亲密关系的一个基本因素。当出现分歧的时候，没有比努力地好好争吵一番更好的办法。糟糕的争吵带来的结果可能包括心理压力、严重的身体伤害。缺乏沟通技巧会导致冲突剧烈升级，最终以暴力结束。所以冲突本身不是伤害的原因。所以家庭暴力往往由婚姻中的冲突而导致，但不是所有的冲突都会导致家庭暴力，家庭暴力是冲突的极端表达。家庭暴力是社会因素和生物因素共同作用的产物，就暴力本身而言，由于暴力的野蛮性使它更趋向生物性。从生物学上讲，由于男性更具有攻击性，所以男性比女性更容易采用暴力方式来解决冲突。

心理和生理因素是引起暴力的重要因素，比如男性的生理因素导致的性暴力，再如，心理障碍者或精神病人对他人实施的暴力攻击等。

2. 男性人格不健全，心理不健康或性格扭曲

人格障碍引发的家庭暴力是家庭暴力中的癌症，例如患有反社会型人格障碍和冲动型人格障碍的人常常陷入对妻子实施家庭暴力之中而不能自拔。反社会型人格障碍从儿童期发病，这类病人在家经常打骂妻子，还威胁妻子不得离婚。冲动型人格障碍病人脾气暴躁，常常因为一些鸡毛蒜皮的小事而大发雷霆，进而出现暴力行为，而他们的配偶一旦提出离婚，他们就痛心疾首，痛哭流涕，表示要痛改前非，甚至以死来证明其决心和诚心。嫉妒妄想症患者常常无端怀疑妻子生活作风有问题，生怕妻子有外遇，不许其妻子和异性说话，不许妻子在外工作挣钱，妻子若稍有顶撞，就会遭到家庭暴力。

3. 女性的多次负强化

社会心理学认为，在排除男性心理问题和道德问题的前提下，女性的多次负强化会使男性养成家庭暴力的习惯。比如女性唠叨、批评、谩骂等用语言刺激丈夫，男性相比女性而言一般是不善言辞的，当妻子说到他愤怒至极，忍无可忍时，冲突就会剧烈升级，丈夫就会用肢体的、暴力的方式来解决问题。这时，妻子吓呆了，不敢说话了，那么丈夫的暴力行为就得到了第一次负强化。当这种情况多次发生后，丈夫就学会了用暴力方法来解决其他家庭琐事。这种情况下，女性如果受到更好的教育，人格更健全，家庭暴力是完全可以避免的。

家庭暴力严重侵犯了他人的人身自由权和健康权，但因为家庭暴力往往发生在家庭成员之间，并且其造成的伤害往往达不到刑法规定的伤害程度，受害人几乎无法通过法律途径寻求救助，有的受害者甚至因为与施暴者的特殊关系而不愿公开，这样一来对家庭暴力的受害人很不公平，同时这也不符合我国建设法治社会的要求。为了更好地维护家庭暴力受害者的权益，惩罚家庭暴力行为，建设良好的社会主义法治国家，有必要制定一部专门的法律来约束和调整家庭暴力行为，我国目前已经通过了《反家庭暴力法（草案）》，已经是很大的进步。

二、家庭暴力的概念

男性对女性的家庭暴力从古到今，无论中外，一直存在。当今世界，消除家庭暴力已经成为亟待解决的世界性课题。但关于什么是家庭暴力，目前国内外学术界认识不一，尚无形成统一概念。英国学者认为："家庭暴力是指男性伴侣为了支配和控制女性，在他们关系存续期间或终止之后对女性所实行的暴力和虐待行为（不论这种行为是肉体的、性的、心理的、感情的、语言上的或经济上的等）。"从英国学者观点看出，"家庭"不仅指有婚姻关系、身份关系的生活共同体，而且还包括同居关系和婚姻关系、同居关系终止后出现的暴力行为。[①] 美国律师协会全国家庭暴力委员会对家庭暴力的定义为"当一方亲密伴侣使用身体暴力、胁迫、威胁、恐吓、隔绝孤立以及情感、性和经济暴力试图保持对另一个亲密伴侣的权利控制时，即发生家庭暴力……"[②]此定义中的家庭暴力对象仅限于亲密伴侣，但不仅限于女性。联合国在《清除对妇女的暴力行为宣言》中认为，对妇女的暴力行为是指

---

① 参见郝艳梅：《重新审视家庭暴力》，载《前沿》2001 年第 9 期。
② 参见陈晗霖、王玲：《家庭暴力罪及其防范和控制》，载《理论与探索》2005 年第 2 期。

"对妇女造成或可能造成身心上或性行为的伤害或痛苦的任何基于性别的暴力行为，包括威胁进行性行为，强迫或任意剥夺自由，无论其发生在公共生活或私人生活中"。1995 年世界妇女联合会《行动纲领》第 113 条认为对妇女的暴力是指"在家庭内发生的身心方面和性方面的暴力行为，包括殴打、家庭中对女童的性虐待、强奸配偶、切割女性生殖器官和其他有害于妇女的传统习俗、非配偶的暴力行为和与剥削有关的暴力行为"。此概念对家庭暴力的对象从伴侣扩大到家庭成员的"冷暴力"即"胁迫、威胁、恐吓、隔绝孤立以及情感、性和经济暴力"或"心理的、感情的、语言上的或经济上"的暴力行为。这些在英美出现1995年 12 月新西兰国会通过的全面处理家庭暴力的立法，即《家庭暴力法案》第 3 条对家庭暴力的含义作出了一个包括身体、性和心理伤害的宽泛解释。有新西兰学者认为，由于"伤害"与"暴力"有争议性的不同内涵，该词语的采用可能会产生一些解释上的困难，而且，更有疑难的解释是"心理伤害"。立法为其提供了一些示例，但没有作出限制性的解释。因此，恐吓、骚扰、损害财产、威胁以及对儿童来说，让儿童目睹伤害，都是潜在的心理伤害。还有其他例子可循，如勾引、不断地打电话、羞辱受害人，但对诸如忽视对方或拒绝。旧法仅适用于缔结婚姻的夫妻，新法拓宽了其适用范围。1995 年《家庭暴力法案》第 4 条对"家庭关系"的新解释涵盖了伴侣、家庭成员、日常共居一室的人及关系密切的人。根据该法，同性恋伙伴是该法第 2 条解释的合法缔结婚姻关系的"伴侣"和"任何按照婚姻的本质关系共同生活的人（无论是同性还是异性、无论现在或过去能否合法地缔结婚姻关系）"。

国外立法、学者解释及国际社会对家庭暴力的界定，有助于我们认识家庭暴力的内涵，我国学者一般认为，家庭暴力是指在家庭内部出现的侵犯他人人身、精神、性方面的强暴行为，按其危害程度可分为重大暴力和一般暴力两类。① 同时我国也从立法层面上明确规定了家庭暴力的概念，最高人民法院《关于适用〈中华人民共和国婚姻法〉若干问题的解释（一）》第 1 条规定"家庭暴力是指行为人以殴打、捆绑、残害、强行限制人身自由或者其他手段，给其家庭成员的身体、精神等方面造成一定伤害后果的行为。持续性、经常性的家庭暴力，构成虐待"。我国《反家庭暴力法（草案）》第 2 条第 1 款规定：本法所称家庭暴力，是指家庭成员之间实施的身体、精神等方面的侵害。如果这部草案通过的话，我们认为，这个定义仍然有修改的空间，虽然比前面的定义进步了一些，没有强调造成伤害后果。

丈夫对妻子的暴力有相当一部分是性暴力、性虐待，而性暴力现象中最为严重的一种莫过于婚内强奸了，一权威调查资料显示，被调查的 4049 名城市女性中，有 113 人承认有被丈夫强迫过性生活的事，占被调查人数的 2.8%；农村 1079 名女性中，有 86 人承认被实施过"夫妻内的强暴性行为"，占被调查人数的 7.97%。② 由于调查受各种主、客观因素的影响，婚内强奸的数量和比例，要远远高于上述数字。国际上反对对女性实施家庭暴力的主要文件，如《消除对妇女一切形式歧视公约》、《消除对妇女的暴力行为宣言》等都明确将性暴力归于家庭暴力之中。消除对妇女歧视委员会将基于性别的暴力定义为："因为其为女性而对之施加的暴力，或对妇女危害特别严重的暴力。它包括施加身体的、心理的或性的伤害或痛苦的行为、威胁施加此类行为、胁迫及其他剥夺自由的行为。"③

这些事实都说明无论在国际社会还是在我们国家，性暴力都

---

① 参见马原：《坚决制止和消除对妇女的暴力》，人民法院出版社 1997 年版，第 93 页。

② 参见史莉莉：《家庭暴力立法现状》，载 http://wenku.baidu.com/view/6d05e28183 d049649b66581d.html。

③ 参见消除对妇女歧视委员会于 1992 年通过的第 19 号建议第 6 段。

是一种很严重的对女性的暴力行为。然而，我国《婚姻法》和《反家庭暴力法（草案）》却没有明确将性暴力规定为家庭暴力的形式，这有悖于婚姻法保护女性权益的原则性立场和基本精神。

我们认为，家庭暴力是指家庭成员之间（包括同居关系），实施的身体、精神、性侵害等方面的侵害行为。根据社会的发展情况，家庭成员可以做广义解释，即包括日常共居一室的人。是指配偶、直系血亲或直系姻亲、三代以内旁系血亲或旁系姻亲、寄养关系以及具有恋爱、同居、同性恋伴侣等特定关系或曾经有过配偶关系、曾有过恋爱关系者；身体伤害是常见的暴力伤害，包括实施或威胁实施身体上的侵害，以及限制受害人人身自由的行为；精神伤害包括对受害人的侮辱、揭露隐私、谩骂、语言伤害、冷眼相向等行为。性侵害在家暴中也较为常见，指性方面的强迫、虐待，包括实施或威胁实施性暴力及其他违背受害人意愿性行为或性不行为；其他行为主要包括财产方面恶意损毁、剥夺、减少或妨碍受害人获得经济来源的，非法强迫受害人堕毙胎儿的等。

三、域外反家庭暴力的法律实践

当前许多国家和地区都非常重视家庭暴力给社会秩序带来的危害，包括国际社会也是如此，有许多国家出台了专门针对家庭暴力的法律，联合国也有《消除对妇女一切形式歧视公约》和《消除对妇女的暴力行为宣言》两个文件。在这里我们仅浅显地介绍几个国家的做法，当然还有许多国家和地区的做法也值得我们借鉴，比如日本和我国台湾地区。据统计目前全球有 125 个国家将家庭暴力定为刑事罪行，这也是我们着重研究家庭暴力导致女性犯罪人被害化的重要原因。

1. 美国针对受家庭暴力威胁的女性有诸多保护措施

美国女性面对家庭暴力有一把"尚方宝剑"，即"民事保护令",在美国,当女性无法容忍其丈夫的家庭暴力时,自己就可以到法院去申请保护,法院会签发保护令,在一定范围内保护该女性的人身安全。除了"保护令"以外,在美国大学的法学院里还有"法律诊所"为遭受家庭暴力的女性提供保护。这些法律诊所一般都是自主管理的,它的成立无须到政府注册,其业务范围也不受政府干涉,他们一般都把代理妇女受家庭暴力侵害的上诉案件作为他们的一项业务,这项业务是免费的,这样可以让贫穷的受害女性获得公正且安全的保护。除此之外,美国还有众多的反家庭暴力组织,这些社会组织有民间的也有官方的,受虐妇女还可以寻找这些社会组织申请帮助。1994 年美国国会批准《针对妇女的暴力法案》,该法案的实施使得"家庭暴力及性侵害的受害人最终得到他们理应获得的关注、帮助和尊重"。①

2. 英国《1996 年家庭法》

英国《1996 年家庭法》在第四章"家庭住宅与家庭暴力"规定:家庭暴力受害人可以向法院申请两种判令:禁止骚扰令和占有令。禁止骚扰令用来阻止施暴人对申请人或任何儿童实施暴力行为或恐吓、威胁或者骚扰。② 占有令是用来约束伴侣以及子女共用的房屋的占有和使用权利,以保护任何一方或儿童免受家庭暴力,该命令可以完全禁止侵犯者进入屋内,或者将房屋进行分隔不允许其进入某些部分。③ 英国政府还设立"家庭暴力注册簿",将实施家庭暴力的人统统登记在案并将其信息长期保存为"打老婆"史,在"打老婆"者日后再婚或再谈恋爱时,警方可以把该男性"打老婆"的情况告诉对方。英国政府推出的旨在帮

---

① 参见包雯、张亚军等:《家庭暴力引发犯罪刑法适用问题研究》,中国检察出版社 2012 年版,第 26 页。

② 参见包雯、张亚军等:《家庭暴力引发犯罪刑法适用问题研究》,中国检察出版社 2012 年版,第 11 页。

③ 参见包雯、张亚军等:《家庭暴力引发犯罪刑法适用问题研究》,中国检察出版社 2012 年版,第 12 页。

助警方掌握家庭暴力犯罪情况的"家庭暴力注册簿",有力打击了施暴者,这一项减少并消除家庭暴力的新举措也可以为我国政府借鉴。

3. 挪威对家庭暴力无条件司法干预

从 20 世纪 80 年代开始到 2010 年底,挪威陆续开展了刑事诉讼法和刑法等各方面的法律改革,确立了对家庭暴力无条件司法干预原则。只要受家庭暴力摧残的女性报案,司法机关就会无条件介入,即使遭受家暴的女性撤回了先前的控告,司法机关无须征得遭受家暴的女性的同意,仍然可以对实施家庭暴力的人提起诉讼,避免了受暴女性被迫撤回控告和不敢、不愿控告时权利得不到保障的情况,从而最大限度地保护了受家庭暴力迫害的女性的权利。1988 年的刑事诉讼法还规定:允许被害人了解与家庭暴力案件有关的信息,比如起诉书是否已被检察院递交到法院,起诉书的内容是什么;诉讼过程中,法律还给了家庭暴力受害人更多的保护,例如家庭暴力被害人在法庭举证时,法庭有权命令家庭暴力案件的被告人回避。

4. 加拿大防治家庭暴力措施强调以预防为主

加拿大政府设立戒备森严的避难所,对受家庭暴力威胁的女性提供安全保障。加拿大的许多省份都有反家庭暴力法,规定了"紧急状况下保护令"制度,加拿大的保护令比美国的更简便、易行且有效,如果女性在加拿大受到家庭暴力威胁,可以随时给警方打电话寻求帮助,警方接到报警电话后,在没有当事人允许的情况下,可以自行进入住宅把施暴的丈夫带走,限定其在一定时间内不许回家,直到警方认为丈夫没有了人身危险性,让其回家不会再虐待妻子时才允许回家。许多省份还规定警方必须对家庭暴力案件作出反应,无论是否得到受害者的合作,都要对家庭暴力案件进行立案调查,书写调查报告,必要时对实施家庭暴力者进行指控。家庭虐待问题已被成功地纳入社区保健系统,除了警方以外,医生、教师、社会工作者、精神病专家等都有对家庭虐待现象进行报告的义务，他们每年都要接受提高家庭暴力意识的专门训练。他们在做本职工作的过程中，如果发现家庭暴力情况都有义务向警方报告。这些专业人士形成了一个对家庭暴力的监测网络，他们可以经常监督其他家庭的动向，能够及时发现潜在的家暴问题，以便及时采取对策进行干预，往往可以把家庭暴力扼杀在萌芽状态。为了使受害者的心理和人身安全得到了保障，加拿大还有国家出资在社区设立由警方保护、戒备森严的避难所，给急于摆脱家庭暴力的女性提供一段时间的食宿，同时提供法律和心理方面的咨询，使受害女性提高维权意识和防范能力，一旦再次面临家庭暴力威胁，她们知道如何应对，并能以最为快捷的方式获得帮助。避难所也给实施家庭暴力的男性提供心理咨询，诊治他们的暴力倾向，从而从源头上杜绝家庭暴力的产生。

5. 新西兰有全面处理家庭暴力的立法——《家庭暴力法案》

《家庭暴力法案》由新西兰国会在 1995 年通过，于 1996 年生效，该法案第 3 条对家庭暴力的含义解释为包括身体、性和心理伤害等的暴力行为。对于"心理伤害"的含义，立法用列举的方法为其含义作出了解释，即只有一些示例，没对其含义进行限制。因此，恐吓、骚扰、损害财产、威胁，如勾引、不断地打电话、羞辱受害人等，但凡给人的心理造成恐慌、不安、影响心理健康的都是心理伤害，其外延相当宽泛。该法案第 4 条把"家庭关系"解释为伴侣、家庭成员、日常共居一室的人及关系密切的人。可见，同性恋伴侣、非法同居的人、重婚的人也都是家庭暴力法案的保护对象。

四、我国反家庭暴力的法律规定及评价

以上国家的法律实践对我国的立法都有很好的启迪，我们国家 2001 年修订的《婚姻法》首次规定了有关家庭暴力的内容，该法第 3 条第 2 款明确规定禁止家庭暴力；第 32 条第 3 款规定，

实施家庭暴力是可以离婚的条件；第43条规定了家庭暴力的受害人有权请求居民委员会、村民委员会以及所在单位进行劝阻、调解，并规定了对正在实施的家庭暴力，经受害人请求公安机关应当依照治安管理处罚的规定对正在进行家庭暴力的人予以行政处罚。2001年最高人民法院《关于适用〈中华人民共和国婚姻法〉若干问题的解释（一）》对"家庭暴力"作出了明确的界定，即"行为人以殴打、捆绑、残害、强行限制人身自由或者其他手段，给其家庭成员的身体、精神等方面造成一定伤害后果的行为。持续性、经常性的家庭暴力，构成虐待。"除此之外，在刑法、民法通则、妇女权益保护法、治安管理处罚条例等法律、行政法规中都可以找到针对女性的家庭暴力的应对条款。也就是说，我国目前反对对女性的家庭暴力的规定已经形成了多个法律部门相互配合、互为补充的综合性治理系统。在这样的基础上我国出台了《反家庭暴力法（草案）》，旨在对家庭暴力行为进行专门立法，更好地保护女性被害人的权益，更是一大进步。全国妇联2012年2月27日就反家暴立法召开建议座谈会，在会上公布了第三期中国妇女社会地位调查的有关数据，该调查表明在婚姻生活中，有24.7%的女性遭受到家庭暴力的侵害，绝大多数受访群众认为，家庭暴力是违法犯罪行为，国家应该制定专门的反家庭暴力法，制止家庭暴力。

（一）对司法解释的评价

最高人民法院《关于适用〈中华人民共和国婚姻法〉若干问题的解释（一）》第1条规定"家庭暴力是指行为人以殴打、捆绑、残害、强行限制人身自由或者其他手段，给其家庭成员的身体、精神等方面造成了一定伤害后果的行为。持续性、经常性的家庭暴力，构成虐待"。

我国司法解释对家庭暴力的解释在以下三个方面存在问题：

第一，"暴力"的方式上仅限于有形的"暴力"，不包括无形的"冷暴力"在我国也普遍存在，严重伤害着女性的感情和心理健康，这也应当是女权保护的内容，所以，应纳入家庭暴力的范围。

第二，我国司法解释对"家庭"这个概念没有做任何的解释说明。何为家庭？百度百科说："家庭是指在婚姻关系、血缘关系或收养关系基础上产生的，亲属之间所构成的社会生活单位。"根据这个概念我们可知，家庭成员不包括同居关系人，同居关系是指没有血缘关系不经过合法登记结婚而同居在一起，我们通常称其为"非法同居"，其实质是一种非法婚姻关系。我国婚姻法不保护同居关系，但也没规定对其进行法律制裁，这使得同居关系在立法上处于空白。现实生活中，不经合法登记结婚而非法同居在一起的情况大量存在，而且越是在这种情况下，女性权益受到暴力侵害的情节越严重，但是因为婚姻法规定的空白，女性权益得不到法律的有效保护。法律保护合法婚姻关系，不保护非法婚姻关系并无不妥，但是婚姻关系不合法直接导致女性权益得不到保护就不正义了，就需要修改法律。所以，反家庭暴力法应将同居关系、恋爱关系、离婚后关系、恋爱后关系，甚至同性恋关系等伴侣关系中的暴力规定为家庭暴力。因为男性对女性的家庭暴力不仅发生在夫妻之间，还多见于恋人或曾有过恋爱关系的两人之间、同性恋伴侣之间，而后者之间暴力的频率和严重程度远超过前者。

第三，"家庭暴力"不需要以"造成一定伤害结果"为构成要件。一是因为"造成一定伤害结果"本身标准不好定量，正如加拿大学者安利丝·艾科恩所指出的："法官和律师们似乎只是关注构成人身侵害指控的一记耳光或某个重拳。他们根本不考虑一次拳打脚踢或推搡前前后后的那些侮辱、恐吓、性侵犯、隔离行为。如果把这些都考虑进去，那么会发现，它比一次孤立的拳打脚踢恶劣得多。"① 二是因为精神暴力的伤害后果很难量化。现实生活中还有一种造成精神损害的殊形式的家庭暴力，即所谓的冷暴力。如果作为丈夫的一方故意冷落、漠视妻子，不与妻子作任何感情上的交流，可能没有伤害到妻子的身体，也没有损害到妻子的财产权，但对妻子的情感伤害却是无法估量的。打冷战的人一般都是有知识有文化的人，他们往往有着丰富的精神世界，对感情的要求更高更细致，所以冷暴力对他们所造成的精神伤害很严重。鉴于此，如果给家庭暴力定义为"……造成一定伤害后果的行为"势必会造成很多女性权利受到家庭暴力侵害而得不到法律的有效保护。

（二）《反家庭暴力法（草案）》评价

第一，这部草案第2条，把家庭暴力定义为：是指家庭成员之间实施的身体、精神等方面的侵害。我们认为还是有可以商榷的地方，定义中没有提及性侵害，不能不说是一个缺憾。草案仍然没有对家庭的概念进行界定。考虑到寄养关系与家庭关系类似，寄养关系人之间的暴力视为家庭暴力。同居、恋爱、与前配偶之间关系仍然不包括在内。

第二，关于家庭暴力预防这一章，核心是建立社会服务机制，多渠道化解家庭矛盾以减少家庭暴力的发生。这种做法如果能够落实，肯定会有很好的效果。如果落实不好，就只能是唱高调，实际上的可操作性不强。

第三，关于家庭暴力处置这一章，我们吸取了国际上的立法经验，明确了公权利干预的方法方式与界限。从程序上讲，从报案、公安出警、其他机关救助、直至人民法院人身保护令的作出，都有详细规定，也具有可操作性，是一个不小的进步。

第四，专章规定了人身安全保护裁定，详细规定了人身保护

---

① 刘伯红：《女性权利——聚焦〈婚姻法〉》，当代中国出版社2002年版，第161页。

裁定的申请，受理，裁定期限，生效时间，有效期限等，为家庭暴力的解决提供了综合性法律武器。

（三）对我国《反家庭暴力法（草案）》的四点建议

1. 全面保护女性权利不受家庭暴力侵犯原则

女性权利不仅包括生命权和身体的健康权，还包括人格尊严权、心理健康权或精神健康权、生育权、性权利及经济上的权利。全面保护女性权利不受家庭暴力侵犯就是要保护女性的这些权利全部不受家庭暴力侵犯，在反家庭暴力法要中明确国家保护家庭成员依法享有的各项权益。为了全面保护女性权利不受家庭暴力侵犯，就必须能够禁止一切形式的家庭暴力，包括有形的躯体上的侵犯和言语上的或"不作为"的无形的"冷暴力"，保护女性的一切合法权利。禁止一切形式的家庭暴力，对任何形式、任何程度的家庭暴力都要坚决制止，绝不容忍任何家庭暴力，即对家庭暴力零容忍，既是立足于家庭成员权益保障的现实需要，也是践行有关国际公约的原则精神在家庭暴力防治法中的体现，也是我国政府履行国际义务、树立国际形象必须要做的。

全面保护女性权利不受家庭暴力侵犯还有保护一切女性不受家庭暴力侵犯之义，即合法婚姻中的女性权利不受家庭暴力侵害和不合法婚姻、非婚姻中的女性权利不受家庭暴力侵犯。国内外的研究和调查表明，暴力不仅发生在夫妻之间、父母和未成年子女之间，还多见于恋人或曾有过恋爱关系的两人之间、同性恋伴侣之间，而恋人或曾有过恋爱关系的两人之间、同性恋伴侣之间暴力的频率和严重程度远超过合法婚姻的家庭成员之间。北京市海淀区检察院对关押在北京市海淀区、朝阳区、顺义区和丰台区看守所的 984 名女性犯罪嫌疑人的调查数据显示，有 35.7% 的人被捕前是家庭暴力受害者。其中，受害率最高的是处于同居关系中的女性，占 19.1%，其次是未婚女性，占 13.9%，然后是离

婚或分居关系的。①目前很多国家关于家庭暴力的概念已经包括
"亲密关系中的暴力"了,比如英国、荷兰等国。坚持全面保护
女性权利不受家庭暴力侵犯原则,要求我们必须给"家庭暴力"
的概念从立法上作出严密且更宽泛的界定。宽泛是指家庭暴力主
体范围扩大,家庭暴力类型多样化。所以我们强调使用我们的
定义。

2. 抓好家庭暴力的预防工作

家庭暴力是个相当复杂的社会现象,是社会顽疾,世界性难
题。所以,制定反家庭暴力法时要把社会一切能调动的力量都调
动起来,详细规定各单位各部门的职责分工,使各个单位各个部
门分工又协作,形成预防、治理、惩罚一条龙,共同把防治家庭
暴力的工作做细做扎实,保护女性犯罪人避免其初次被害,预防
其走上犯罪的道路。

防治家庭暴力是政府的一项重要职责,政府在防治家庭暴力
工作中必须始终承担主要责任,发挥主导作用,实行政府统一领
导,有关部门各负其责,社会广泛参与的工作机制。县级以上人
民政府应当设立专门的反家庭暴力机构,负责组织、协调、指
导、督促社会各单位各部门做好反家庭暴力的工作。同时,公
安、民政、教育、卫生、社会保障、司法行政、财政、统计、新
闻出版、广播电视等政府各部门要加强协作、相互配合,共同建
立家庭暴力的预防、干预、救助等长效机制,并在各自的职责范
围内做好防治家庭暴力工作,依法保护家庭成员,特别是女性家
庭成员免受家庭暴力的侵害和威胁。

在我国,目前包括公安、法院、检察院、司法行政、卫生、
民政等机关和政府部门,妇联、民间妇女组织、研究机构、社
区、学校、媒体等在内的许多单位和组织都已经或多或少地参加

---

① 参见《暴力多见于同居恋人 婚前同居施暴算不算家暴》,载凤凰网,http: //
news. ifeng. com/gundong/detail_ 2011_ 01/13/4255930_ 0. shtml。

到预防和制止家庭暴力的战斗中。使家庭暴力防治机制从以妇联组织为主导转变到以政府为主导的多机构合作模式，从而充分有效地发挥这一机制的作用。在以政府为主导的多机构合作模式中，县级以上各级人民政府应当将家庭暴力防治工作纳入国民经济和社会发展规划，并将家庭暴力防治经费列入本级政府的财政预算。除此之外，县级以上各级人民政府还应鼓励和支持社会力量参与公益事业，为家庭暴力受害人提供各种方式的救助，对防治家庭暴力的公益社会组织的设立，政府要简化审批程序并给予物质帮助，政府对在防治家庭暴力活动中有突出贡献的单位和个人给予表彰、奖励等。

公、检、法部门的职责更要具体明确，毕竟法律途径是权利救济的最后一道护身符。

公安机关的及时介入对家庭暴力的防治有着重要的作用，因此，应进一步强化公安机关在家庭暴力防治中的作用，对家庭暴力求助电话及投诉按照《110 接出警规则》的有关规定进行处理，对家庭暴力案件，公安机关应当根据不同情况依法及时处理。公安机关可以根据家庭暴力案件的具体情况和受害人安全的需要，决定对被取保候审或者监视居住的犯罪嫌疑人、被告人作出以下一项或者数项限制性的决定：（1）禁止实施家庭暴力；（2）禁止去被害人居所；（3）禁止接触或骚扰被害人，包括当面接触或骚扰、通话接触或骚扰、微博、微信解除或骚扰及其他方式接触或骚扰；（4）禁止对受害人实施从其他方面影响、危及受害人安全的行为。以上内容应当作出书面形式的决定，并把决定送达各方当事人。被取保候审、监视居住的犯罪嫌疑人、被告人违反上述规定，并且区别情形，责令犯罪嫌疑人、被告人具结悔过，没收保证金并重新交纳保证金、变更强制措施，情节严重的予以羁押。

检察机关应当严格按照程序对家庭暴力案件进行法律监督，法院及时受理因家庭暴力提起的民事诉讼案件，并准确运用人身保护裁定，保护受害人，特别是女性被害人的权利。

3. 必须优先保护女性的经济利益

在男权控制女性经济命脉的家庭中，经济权利往往导致受暴女性不敢抗争，也往往是施暴者有恃无恐的砝码。所以草案第24条仅规定：因家庭暴力导致离婚诉讼的，人民法院应当在财产分割、子女抚养、住房等方面保护受害人的利益，这是远远不够的，建议将此规定改为：因家庭暴力导致离婚诉讼的，人民法院应当在财产分割、子女抚养、住房方面优先保护受害人利益，并且受害人保留向加害人请求赔偿的权利。

4. 增加规定以暴制暴引发犯罪的，可以从轻、减轻处罚

草案没有涉及因家庭暴力受害人以暴制暴引发刑事犯罪的情况，我们认为草案应该规定以暴制暴引发刑事犯罪的，受害人虽然成为加害人，但因被害在先，属于不得已的抗争，可以从轻处罚或者减轻处罚。这也是女性犯罪人被害化最为极端的表现。在我们走访河北省女子监狱的女犯当中，也不乏这样的案例，女性犯罪人被害到走投无路的境地，只能采取犯罪的极端方式反抗，铤而走险，走向犯罪的深渊。法律也不能脱离实际，也不能不讲人情，对这样的女性被害人转化成犯罪人的，具体问题具体分析，可以从轻、减轻处罚。

第三节　加强婚姻法对女性权利的保护

中国是最早参加《消除对妇女一切形式歧视公约》的缔约国之一。《消除对妇女一切形式歧视公约》要求各缔约国采取一切适当措施，消除在有关婚姻家庭关系的一切事务上对女性的歧视和不平等。应保障女性与男性有相同的择偶权、结婚权利；有相同的解除婚姻关系的权利；有相同的再婚权；在抚养子女事务方面男女作为父母，其权利完全平等；在监护权、看管权及收养子

女等方面权利对等；在姓名权、继承权、择业权、活动权、财产权等方面男女平等。

婚姻法是女性婚姻家庭权利最重要的法律保障，是女性发展与女性权利保护的最重要的法律武器之一。加强女性在婚姻法中权利保护是我们能够预防女性不受侵害的基础之一，所以我们认为研究女性犯罪人被害化一定要从婚姻法这个能够保护女性权利的法律出发，才能理解女性犯罪人被害化的深意。也只有在源头上建立良好的法律，才能减少女性犯罪人被害的概率，因此完善我们的婚姻法是十分必要的。

一、从财产权上加强女性权利的保护

女性财产权利是指女性在婚姻家庭中有关财产方面享有的相应权利。财产权利义务关系从属于人身权利义务关系，但财产权利决定了人身权利，是女性生存和发展的基础。女性财产权利内容包括：女性在家庭中可以有自己的独立于家庭的财产；女性与男子一样享有对共有财产的占有、使用、收益和处分的权利；女性与男子一样享有平等的继承权；女性在特定情况下有被丈夫扶养的权利；女性与男性享有平等的损害赔偿请求权和财产期待权。

我国从 1950 年婚姻法规定一般夫妻共同财产制开始，到 1980 年婚姻法增加约定财产制和夫妻共同财产转化制度，再到 2001 年 4 月 28 日颁布的婚姻法，在夫妻财产制立法方面大步前进，最高人民法院在 2001 年、2003 年、2011 年先后作出了三个司法解释，针对我国夫妻财产现实生活中的具体问题对 2001 年婚姻法进行了相应的补充和完善，进一步充实和完善了夫妻财产制，此时的夫妻财产关系已经比较完善，体现了当事人的自治原则，使夫妻财产制从最初的一般共同制发展到现在的复合财产制，即夫妻共同财产制和夫妻分别财产制都成为法律保护的形式。

（一）对夫妻共同财产制的规定

2001 年婚姻法对夫妻共同财产的范围作了相对具体的界定，《婚姻法》第 17 条规定：

"夫妻在婚姻关系存续期间所得的下列财产，归夫妻共同所有：（一）工资、奖金；（二）生产、经营的收益；（三）知识产权的收益；（四）继承或赠与所得的财产，但本法第十八条第三项规定的除外；（五）其他应当归共同所有的财产。

夫妻对共同所有的财产，有平等的处理权。"

最高人民法院《关于适用〈中华人民共和国婚姻法〉若干问题的解释（二）》第 11 条对《婚姻法》第 17 条进行了补充规定："婚姻关系存续期间，下列财产属于婚姻法第十七条规定的'其他应当归共同所有的财产'：（一）一方以个人财产投资取得的收益；（二）男女双方实际取得或者应当取得的住房补贴、住房公积金；（三）男女双方实际取得或者应当取得的养老保险金、破产安置补偿费。"

这一规定使夫妻共同财产的具体内容，在原有夫妻共同财产范围的基础上增加了两类法定夫妻共同财产，极大地丰富和完善了我国夫妻共同财产制度。这在我国女性就业率不高，[①]家庭劳动社会化程度低的现实情况下，更有利于保护女性的财产权利，体现了实质上的男女平等，较以前的婚姻法对财产的规定，更能体现社会公平与正义，也有助于家庭和谐。

最高人民法院《关于适用〈中华人民共和国婚姻法〉若干问题的解释（二）》增加了两项法定共同财产，第一项法定共同财产即一方以个人财产投资取得的收益，指的是在夫妻关系存续期间，一方以个人的财产进行投资所获取的物质利益。这项规定的受益人群是从事家务劳动的广大农村女性，这在保护农村女性

---

① 我国农村女性基本是在家里劳动，没有社会职位，没有固定收入。

权益方面是一个了不起的突破。但是由于执法以及监管的不利，更多情况下是流于形式，形同虚设。增加的第二项法定共同财产即男女双方实际取得或者应当取得的住房补贴、住房公积金、养老保险金、破产安置补助费。新增的四项共同财产都与劳动、工资密切相关，这四项都应当属于工资性的收入，是对工资的一种补充形式。笔者个人认为这项规定对没有工资收入，从事家务劳动，在家照顾小孩和老人的女性的财产权利是一种强有力的保护。最高人民法院《关于适用〈中华人民共和国婚姻法〉若干问题的解释（二）》第14条第1款规定：发放到军人名下的复员费、自主择业费等一次性费用，以夫妻婚姻关系存续年限乘以年平均值，所得数额为夫妻共同财产。最高人民法院《关于适用〈中华人民共和国婚姻法〉若干问题的解释（三）》第5条规定"夫妻一方个人财产在婚后产生的收益，除孳息和自然增值外，应认定为夫妻共同财产"。这一规定是对新增第一项夫妻共同财产的具体化和限制，使共同财产范围变小。根据第5条的规定，夫妻个人财产在夫妻关系存续期间产生的收益里，自然增值和孳息部分不属于夫妻共同财产，比如夫妻一方的房子坐地涨价，10年价格翻三番，属于自然增值，增值部分依然属于夫妻一方。我国传统做法或者说我国实际情况是女性嫁到男家成为男方家庭成员，房子当然是男方的，所以这一规定对保护女性并无好处。假如男方家里很殷实，猪羊满圈，骆驼成群，女性嫁到男家每天做家务，喂猪养羊，结果这些牲畜产的仔仔全是孳息，归男方所有，实在有失公平，太不正义。女性婚前有一些现金，被丈夫拿去投资办厂，所得收益为夫妻共有财产，假如现金没用来投资，而是存银行，所得利息为孳息归女方所有。而办厂后，女性一般不会再跟自己的丈夫算利息了，女性又损失了自己的财产。

（二）对夫妻分别财产制的规定

2001年婚姻法补充了夫妻婚后分别财产制，《婚姻法》第18

条规定："有下列情形之一的，为夫妻一方的财产：（一）一方的婚前财产；（二）一方因身体受到伤害获得的医疗费、残疾人生活补助费等费用；（三）遗嘱或赠与合同中确定只归夫或妻一方的财产；（四）一方专用的生活用品；（五）其他应当归一方的财产。"

2001 年 12 月 24 日，最高人民法院《关于适用〈中华人民共和国婚姻法〉若干问题的解释（一）》第 19 条："婚姻法第十八条规定为夫妻一方所有的财产，不因婚姻关系的延续而转化为夫妻共同财产。但当事人另有约定的除外。"基本排除了 1993 年司法解释有关夫妻共同财产转化的规定，这也体现了法律从夫妻共分的共有财产制向夫妻分别财产制的转变。最高人民法院《关于适用〈中华人民共和国婚姻法〉若干问题的解释（三）》第 5 条规定夫妻一方个人财产在婚后产生的收益，其孳息和自然增值仍然属于一方个人财产。第 7 条第 1 款规定："婚后由一方父母出资为子女购买的不动产，产权登记在出资人子女名下的，可按照婚姻法第十八条第（三）项的规定，视为只对自己子女一方的赠与，该不动产应认定为夫妻一方的个人财产。"第 2 款规定"由双方父母出资购买的不动产，产权登记在一方子女名下的，该不动产可认定为双方按照各自父母的出资份额按份共有，但当事人另有约定的除外"。

该解释对父母赠与子女房产作出了明确的规定，如果一方父母出资产权登记在自己子女的名下就认为是对自己子女个人的赠与，不是夫妻共同财产。如果是双方父母共同出资就按照出资比例按份共有，如果父母是给夫妻共同的赠与不动产所有权可以同时写夫妻二人的名字。这一规定的出台有利于纠纷的解决，使财产分割简单且易操作。但是这样的没有性别区分的规定笔者认为貌似公平合理，实际上是用形式上的平等掩盖实质上的不平等。按照我国传统，新人结婚尤其是在农村一般是男方家里准备房子，女方家里提供家具和装修款。从长远来看，房产比其他任何财产都更能保值增值，而且婚后自然增值部分依然归男方，所以这一规定有失公平，也不利于女性权利的保护。

最高人民法院《关于适用〈中华人民共和国婚姻法〉若干问题的解释（三）》第10条规定，夫妻一方婚前签订不动产买卖合同，以个人财产支付首付款购买并在银行贷款，婚后用夫妻共同财产还贷，不动产登记于首付款支付方名下的，离婚时不能达成协议，人民法院可以判决该不动产归产权登记一方……这条规定最典型地体现了立法者社会性别意识的缺失，在社会上引起强烈反响，也是被广大网民诟病我们的婚姻法为强者法律的最重要原因。[①] 有能力在结婚前购买房屋的多半情况下是男方，这是由于我们的社会里男权文化占主导地位，在这样的现实生活中男性比女性拥有更多的就业机会和挣钱渠道，他们比女性更有能力买房。即使男女双方共同出资付首付，按照我们的传统习俗产权证往往也只写男方的名字。房价飞涨的今天，最高人民法院《关于适用〈中华人民共和国婚姻法〉若干问题的解释（三）》第10条的规定使男性离婚成本降低，让那些为家庭奉献了青春的女性更容易被离婚，一旦她们婚姻失败很可能会出现无家可归的结果，而且还得不到相应补偿，从长远看这一规定不利于婚姻的稳定，更不利于保护女性的权益。

（三）对约定财产制的规定

当今社会越来越多的年轻人在结婚前签订婚前财产协议书，目的是避免离婚可能带来的财产争议和纠纷。每对新人结婚当然都不是为了离婚，但他们并不回避离婚的可能性。许多签订婚前财产协议的夫妇将协议束之高阁，并未因此影响夫妻关系或产生任何不愉快。为了规范和保护这一新事物，2001年婚姻法对夫妻财产协议作了具体规定，使约定财产制的执法更具有可操作性，

---

① 参见季红蕾：《法与道德在婚姻法中的博弈——以婚姻法司法解释三草案为视角》，载《剑南文学（经典阅读）》2011年。

从而使这一夫妻财产关系新形式得到了法律的有效保护。婚姻法第 19 条规定：

"夫妻可以约定婚姻关系存续期间所得的财产以及婚前财产归各自所有、共同所有或部分各自所有、部分共同所有。约定应当采用书面形式。没有约定或约定不明确的，适用本法第十七条、第十八条的规定。

夫妻对婚姻关系存续期间所得的财产以及婚前财产的约定，对双方具有约束力。

夫妻对婚姻关系存续期间所得的财产约定归各自所有的，夫或妻一方对外所负的债务，第三人知道该约定的，以夫或妻一方所有的财产清偿。"

最高人民法院《关于适用〈中华人民共和国婚姻法〉若干问题的解释（三）》第 6 条规定："婚前或者婚姻关系存续期间，当事人约定将一方所有的房产赠与另一方，赠与方在赠与房产变更登记之前撤销赠与，另一方请求判令继续履行的，人民法院可以按照合同法第一百八十六条的规定处理。"

（四）损害赔偿请求权

《婚姻法》第 46 条规定："有下列情形之一，导致离婚的，无过错方有权请求损害赔偿：（一）重婚的；（二）有配偶者与他人同居的；（三）实施家庭暴力的；（四）虐待、遗弃家庭成员的。"

此规定使无过错方（现实中多数情况下是女性）在配偶出现重婚、与他人同居、家庭暴力或虐待、遗弃自己时有了损害赔偿请求权，可惜只能在离婚时行使，即损害赔偿请求权的行使要以离婚为代价。现实生活中大多数女性是不愿意离婚的，所以，这一以离婚为代价的损害赔偿请求权并没有充分有效地保护我们广大女性受害者的权利。在出现丈夫重婚、丈夫"包二奶"、丈夫对自己实施家庭暴力及被丈夫虐待、遗弃的情况时，很多女性受害人不会选择离婚和请求损害赔偿，而是选择忍受、沉默。但在忍无可忍、不能再忍时，有的女性就不理智地"在沉默中爆发"了，从而使她由受害人变成了犯罪人。

二、我国婚姻法对女性人身权保护的不足之处

女性人身权是有关女性人格、身份，不直接体现财产内容的一种民事权利。女性人身权涵盖了以下几方面的内容：女性享有独立的姓名权、名誉权、婚姻自主权；女性应该在学习、工作和社会活动其他方面与男子有平等的权利与自由；女性享有与男子平等的抚育子女权和计划生育的权利和义务。女性的人身权利"体现的是妇女的精神情操、价值观念、思想意识，权利行使的目的主要是为了满足个人的需要"。①女性人身权在最一般情况下是以其财产权为前提和基础的，在家庭中亦是如此，如果女性没有独立的财产权利，其独立、自由、平等就很难得到保障。当女性人身受到侵犯时，也会产生相应的物质损害和精神损害。

1. 对家庭暴力概念的外延界定狭窄

最高人民法院《关于适用〈中华人民共和国婚姻法〉若干问题的解释（一）》第1条规定"家庭暴力是指行为人以殴打、捆绑、残害、强行限制人身自由或者其他手段，给其家庭成员的身体、精神等方面造成一定伤害后果的行为。持续性、经常性的家庭暴力，构成虐待"。根本不适应现实社会的情况。现在社会家庭已经不是传统意义上的家庭了，而且现在同居也是常见的现象，这个界定远远没有包括现实的种种情况，不能满足保护女性人身权利不受侵害。

2. 对夫妻忠实义务的规定，缺乏可操作性

夫妻忠实义务主要指贞操义务，当代资本主义国家相关法律除了规定夫妻双方互守贞操义务之外，还规定了夫妻双方违反贞

---

① 巫昌祯主编：《妇女权利的法律保障》，中央文献出版社2002年版，第114页。

操义务的法律责任。一方通奸是构成他方离婚起诉最重要的法定理由，如日本民法典第 770 条就有此类规定。法国、日本等国家的法律还规定，第三人与有配偶者通奸属于对配偶他方的侵权行为，因此，既允许无过错方向另一方通奸的第三人提起中止妨碍之诉，又赋予无过错方向第三人要求损害赔偿的权利。① 我国现行《婚姻法》第 4 条只是很原则性地规定"夫妻应该互相忠实，互相尊重……"不但没有具体规定何为"忠实义务"，也没有规定违反忠实义务的法律责任，而且还在最高人民法院《关于适用〈中华人民共和国婚姻法〉若干问题的解释（一）》第 3 条中规定，如果当事人仅以婚姻法第 4 条为依据提起诉讼的，人民法院不予受理该诉讼；已经受理的，应裁定驳回起诉，致使夫妻忠实义务的规定完全没有了可操作性，形同虚设。

3. 没有规定夫妻同居义务

我国现行婚姻法只在总则中原则性地规定了夫妻双方应当互相忠实，但是没有规定夫妻互负同居义务。家庭法理论认为同居是夫妻间的本质性义务，是婚姻关系得以维持的基本要件，只允许在一定条件下暂时或部分中止同居。在性生活方面，夫妻互有作为性生活的义务和不为婚外性生活的义务，如日本民法典第752 条规定："夫妻应同居、相互协力、相互扶助。"②我国婚姻法没有规定夫妻同居义务直接导致夜不归宿的男人在外面"包二奶"、"养情人"无须承担法律责任，在家独守空房、备受家庭冷暴力摧残的女性维权无门。

4. 没有明确规定夫妻生育权，更没有规定妻子生育决定权优先于丈夫

目前我国《妇女权益保障法》第 51 条第 1 款规定"妇女有按照国家有关规定生育子女的权利，也有不生育的自由"，已将

---

① 参见巫昌祯：《婚姻与继承法学》，中国政法大学出版社 2007 年版，第 170 页。
② 巫昌祯：《婚姻与继承法学》，中国政法大学出版社 2007 年版，第 169 页。

生育权赋予了女性。最高人民法院《关于适用〈中华人民共和国婚姻法〉若干问题的解释（三）》第 9 条规定："夫以妻擅自中止妊娠侵犯其生育权为由请求损害赔偿的，人民法院不予支持；夫妻双方因是否生育发生纠纷，致使感情确已破裂，一方请求离婚的，人民法院经调解无效，应依照婚姻法第三十二条第三款第（五）项的规定处理。"该规定从实质上肯定了女性的生育权。但是婚姻法没有明确规定夫妻双方有生育权，对女性的生育权优先更没有涉及，生育权是公民在宪法层面的一项基本权利，婚姻法作为婚姻家庭关系的基本法当然应当对夫妻的生育权作出明确规定，而男女两性生理结构的不同及在生育过程中的不同分工决定了女性生育权的优先性。因为，在生育行为上，丈夫只负责提供精子，女性要用身体孕育新生命长达 280 天，而且痛苦甚至要命的分娩过程也是由女性独自完成的，女性独自承受了身体上的巨大痛苦的同时，还要在精神上承受包括工作压力、生存竞争压力在内的各种压力。正因如此，美国最高法院通过一系列判例确认了妇女的自由堕胎权，否认了丈夫对妻子流产的同意权，从而明确了女性生育决定权优先于男性。因此，我国婚姻法应规定，在生育子女问题上夫妻应充分协商，如果双方互不让步，达不成协议，可以离婚，另觅愿意生育的配偶，实现个人的生育自由权。但是丈夫绝不可以用强迫妻子生育子女或禁止妻子堕胎的方式剥夺女性的生育权，更不能认为女性不生育是对男性生育权的侵害。

三、修改婚姻法的建议

法律是实现人权的重要保障，婚姻家庭法是调整婚姻家庭成员之间、其他亲属之间人身关系和财产关系，保障公民婚姻家庭权利的重要民事法律，也是保障女性婚姻家庭权利最重要的法律武器之一。为了更有效地保障女性的权益，防治女性犯罪人被侵害，笔者认为婚姻法修改应注意以下八点：

（一）将社会性别分析方法纳入婚姻法修改中

社会性别是相对于生理性别的一个概念，它是指人们所认识到的男女两性生理差异之外的社会差异。美国历史学家琼·斯科特给社会性别的定义是："社会性别是基于可见的性别差异之上的社会关系要素，是表示权利关系的一种基本方式。"[①]而社会性别分析方法则是指把社会性别当作分析的关键范畴的理论框架或科研方法。我们用上述方法分析现行婚姻法，不难发现婚姻法存在的问题，修改婚姻法也应该引入这一分析方法。无论从受教育水平、就业机会，还是提升机会等方面分析，从全国整体来看，女性仍然处于弱势状态，在制定法律时如果不作任何性别分析，不对妇女作出特别保护，而只是一味强调所谓男女平等，就难免在实际上助长事实上的男女不平等的趋势。有一些看似平等的条款，却使女性在事实上处于与男子不平等的地位，使女性的婚姻家庭权利受到损害。例如，《婚姻法》第18条关于夫妻财产制的规定过于原则、粗略，最高人民法院《关于适用〈中华人民共和国婚姻法〉若干问题的解释（三）》第10条规定的夫妻一方婚前以个人财产支付首付款购买不动产并在银行贷款，婚后用夫妻共同财产还贷，不动产登记于首付款支付方名下的，人民法院可以判决该不动产归产权登记一方。这些条款的规定最典型地体现了立法者性别意识的缺失，反映了婚姻法浓厚的"强人之法"特点，忽视了中国当下依然是男权文化支配下的男权社会的现实，忽视了财产权的平等是男女平等的重要基础，忽视了财产关系是家庭关系的重要组成部分。抽象的平等的法律规定无法有效地保障实际处于弱势地位的女性的财产平等权，特别是离婚女性和丧偶女性的财产权。又如，家庭暴力根植于封建传统思想对女性在政治、经济上和社会、家庭中的种种歧视。《消除对妇女的暴力

---

① 林建军：《法律的社会性别分析及其意义》，载《婚姻法学专题研究》2007年卷。

行为宣言》和世妇会《行动纲领》中均针对暴力做了明确的说明，反对一切形式家庭暴力已是当今世界的共识。但是我国现行婚姻法对有关反家庭暴力的问题却规定得过于笼统，缺乏可操作性，而且所谓家庭隐私权的存在也妨害了对家庭暴力的揭露和防治。再如，婚姻法没有规定夫妻同居义务，对忠实义务没有规定法律责任等亦是没有考虑性别要素，从而使女性在家庭中的相应权利得不到有效保护。

（二）建立婚内损害赔偿制度

根据我国《婚姻法》第 46 条的规定，夫妻双方因一方过错而导致离婚的，无过错方有权请求精神赔偿。也就是说，无过错方只有在离婚时，才能对配偶方的过错行为请求损害赔偿。根据民法通则规定，民事主体在民事活动中，因实施了民事违法行为，一般情况下要承担债务不履行的民事责任或侵权的民事责任。而《婚姻法》第 46 条所规定的夫妻一方的过错行为符合应承担法律责任的民事违法行为的构成要件，理应获得相应的损害赔偿，而无须以离婚为代价。事实上，一方的过错行为并不必然导致夫妻感情的破裂，而是造成无过错方在心理和生理上的严重创伤。因此，我国应建立婚内损害赔偿制度，用以补偿和慰藉受害方，修复夫妻感情，建立和谐的夫妻家庭关系。

（三）增加婚前个人财产的婚后管理规定

最高人民法院《关于适用〈中华人民共和国婚姻法〉若干问题的解释（一）》第 19 条规定："婚姻法第十八条规定为夫妻一方所有的财产，不因婚姻关系的延续而转化为夫妻共同财产。但当事人另有约定的除外。"此规定对婚后如何管理和使用补未加规定。例如夫妻双方对一方婚前的房屋婚后管理和使用而支付了一定的费用，依法律规定，此时的房屋仍为一方的个人财产。这就违背公平的原则及权利义务相统一的原则，剥夺了婚姻另一方当事人对增值部分享有的合法权益，也不利于资源的有效开发和利用。

按照民法添附的理论，夫妻关系存续期间，非财产所有人的一方对配偶的婚前个人财产投入了一定的财产，从而使原财产与新投入的财产发生混合，形成一种不可分离的新财产，或一方投入劳动，对另一方的婚前个人财产进行加工改造，从而使原财产成为更具有价值的财产，则投入财产或劳务的一方对新财产享有一定的合法权益。因此，对夫妻一方婚前的个人财产，在婚后由夫妻双方共同经营、管理、修缮等活动而使该财产增值的，增值部分为夫妻共同财产，由夫妻双方共享其权益。

所以，应该在婚姻法中增加对婚前个人财产的婚后管理的规定，而不应将婚前一方财产笼统的永久的归一方个人所有。

（四）无效婚姻情境下增加对女性财产权的保障规定

无效婚姻当事人同居期间所得的财产，不适用法律有关夫妻财产制的规定；因共同生活和共同生产经营而形成的财产，双方协议解决，协议不成的，由人民法院根据照顾无过错方的原则判决。笔者认为此规定脱离了中国国情。目前我国，特别是广大农村、边远和少数民族地区不办理结婚登记而以夫妻名义同居生活的情况普遍存在，个别地区这种非法婚姻人数占结婚总人数的70%左右。我国婚姻法对非法同居财产作如此简单的规定，解决不了社会实际问题，使广大女性的财产权利处于保护不力状态，这是一种完全缺乏性别意识的表现。在这种无效婚姻中的女性往往是文化水平低，经济能力不高，缺乏维权意识和维权能力，按一般共有原则处理此类财产对女性的权益是极大的损害，不仅会造成她们经济上的贫困而且还会严重影响其婚姻自由权，极有可能产生该女性为生存再次陷入不幸的婚姻或铤而走险，直接走上犯罪道路。笔者认为，对无效婚姻同居生活期间双方共同所有的财产可参照夫妻共同财产予以规定，或区别不同情况作出更具体的规定。在分割财产时，应照顾女性利益，考虑财产实际情况和双方的过错程序，妥善分割，从而在实际上保护女性的权益。

（五）关注农村女性财产权益保障问题

我国以农业为本，农村人口众多。女性权益保护的重心应当落在广大农村女性权益的保护上。与城市离婚女性相比，广大农村女性的财产权益在离婚时更容易受到侵害。由于历史原因、经济文化原因，农村经济落后，开放程度低，仍旧保留着封建色彩的旧俗和思想，例如"父母之命媒妁之言"，"男主外女主内"等思想依然支配着农村人的头脑，指引着农村人的行为，这些造成了农村女性在事实上与男性的不平等，也给离婚案件中如何分割夫妻共有财产带来诸多问题。2011 年出台的最高人民法院《关于适用〈中华人民共和国婚姻法〉若干问题的解释（三）》着重解决关于城市离婚案件中分割房产等价值高昂不动产的问题。但在农村，土地作为价格高昂的不动产，是夫妻离婚时分割争议的焦点问题，婚姻法及其司法解释却未涉及。而且农村夫妻的共有财产带有浓重的男性色彩，女性的财产权益属于从属地位，这种事实上的不正义已经造成了农村女性的独立性差、社会地位低的严重后果。

广大农村地区目前普遍实行的是以家庭联产承包制为主的责任制，在这种经济体制下，夫妻共有财产的分割往往会涉及家庭利益以及集体生产利益。为了照顾家庭及集体利益，离婚时农村女性在财产分割时处于弱势地位，女性财产权往往成为被牺牲的对象。在离婚时，农村女性的土地承包经营权、宅基地使用权及财产补偿权等合法权益常常受到侵害。因此，婚姻法修改应注意增加对农村女性在这些权利上的保护性规定。

1. 农村女性很难享有土地承包权属

《物权法》第 124 条规定："农村集体经济组织实行家庭承包经营为基础、统分结合的双层经营体制。"我国《婚姻法》第 39 条第 2 款规定："夫或妻在家庭土地承包经营权中享有的权益等，应当依法予以保护。"但是，在实际分配土地过程中，女性享有的权益与男子享有的权益就产生了差异，特别是在女子嫁出、婚入、离异时表现明显，人走地不走，人来地不来。在离婚诉讼中，女方即使提出分割土地经营承包权的请求，在司法实践中也根本得不到保障。

农村承包土地是以家庭为单位，进行联产承包经营，而不是以个人为单位的。土地在分配时不会指明这块土地是承包给谁的，只明确每户承包多少土地，户主往往是丈夫而不是妻子，土地承包合同也是跟户主签订的。因此农村女性往往不是土地承包合同的当事人。土地承包权跟女性基本无缘，对农村女性来说承包权是可望而不可即的。女儿出嫁时离开原生家庭，父母绝不会让她带土地走，在结婚后，女性也仅仅是在男方所承包的土地上进行劳作。离婚时当女性提出要求土地补偿费或继续承包土地时必须先行明确土地权属。但是在受理离婚案件的法院是无法对此类使用权归属问题作出法律裁判的，因此女性的土地承包经营权无法得到保障，离婚就等于失去了土地，失去了劳动场所，失去了生存的基础。

我国对耕地的承包期很长，由最初的 15 年到现在的 30 年，其间人员不管如何变动，土地承包权不变。农村地方政府僵化执行土地承包政策，导致离婚妇女的土地承包权受侵犯。再者，耕地是属于村民集体所有的，每个村都有他们自己的集体土地。所以，农村就有了不成文的约定，女子结婚嫁到别的村后其责任田、口粮田应收回，对本村离异女性的土地承包和土地补偿费不予补偿等。这些约定俗成的内部规矩大大侵犯了农村女性的土地承包权。[①]

我国曾有几千年的封建历史，几千年沿袭下来的封建家庭父

---

① 参见赵敏：《女性土地权益保障的私法命题》，载《中国土地科学》2011 年第 3 期。

权制度，使得男性家长处于绝对统治地位。家庭是以父系血脉进行传承，女方出嫁后就落户在男方，成为男方的家庭成员，子女都随父姓。与城市家庭关系相比，农村的家庭关系带有更浓重的男性色彩。"嫁出去的女儿泼出去的水"，女儿对父母的财产没有继承权，现代农村仍然采取这样的家庭结合方式。这种方式从根本上就决定了农村女性在家庭中没有独立的地位，是从属于男方的。女子对家庭财产没有或者很少有发言权，观念上就对女子的财产没有认同。农村的夫妻共有财产是以男性为主导，男性处于支配和控制地位。而且我国婚姻法对于土地承包经营权是否作为离婚时夫妻共同财产没有明确规定。农村约定俗成的做法使得农村妇女合法权益受到损害，使得农村结婚多年的女性在离婚后无田可耕丧失生活来源。也因为此，广大农村女性宁肯忍受着家庭暴力、丈夫的不忠、嗜赌成性，甚至虐待、遗弃也不敢离婚。

综合上述情况，婚姻法应明确具体的规定土地承包权应作为家庭共同财产，离婚时应按照顾女性的原则予以分割。

2. 女性的宅基地使用权和房产权益需要保护

宅基地使用权指的是农村集体经济组织的成员依法享有的在农民集体所有的土地上建造个人住宅的权利。根据我国物权法的规定，宅基地使用权人依法对宅基地享有占有和使用的权利，有权利用该土地建造住宅及其附属设施。

农村宅基地在未建房前的权属证明就是宅基地使用证，农村宅基地使用证上的署名往往都是家庭中的男性家长，由于农村房屋管理体系的落后，这位家长也是此宅基地上所建房屋的所有权人。由此，使得本来就处于弱势地位的农村女性更难实现自己的房产权益。

农村女性嫁到男方，在男方落户，男方的宅基地使用权人一般都是男方的父亲，房屋所有权人就想当然也是男方家的父亲。现在农村房屋权属登记还属空白，即便是婚后小夫妻在宅基地上新建房屋、改建房屋、扩建房屋等，宅基地证上的使用人不变，房产权属又没有文字记载，离婚时对房屋进行分割时，法院无法认定房屋属于小夫妻所有。农村宅基地与房屋一证制和传统习惯损害了离婚妇女的房屋权益。

我国《婚姻法》第18条对夫妻共有财产的规定中表明，一方的婚前财产为夫妻一方所有。这一立法在追求男女形式上的平等的同时，无形中造成男女实质上的不平等，损害了农村女性的财产权益。我国农村的结婚传统是男方准备房屋，女方准备嫁妆，而房屋一般价值是升值的，但是作为日常生活用品的嫁妆只会贬值，有的很快消费掉。最后无论女方在婚后家庭中付出多少，在离婚时，女性都会面临无房可住的局面。而很多农村女性为了避免"居无所"局面的出现不敢离婚，宁肯忍受家庭暴力或丈夫的不忠。

（六）增加知识产权的期待权

知识产权是人的知识成果，智力财富，主要包括注册商标专用权、科技发明专利权和著作权，这些知识产权一般都具有很高的经济价值。随着市场经济的发展和社会的进步，知识产权作为一项财产权利已经进入家庭，成为家庭财产的一部分，在某些家庭中知识产权收入竟是主要的家庭收入，是家庭的支柱性产业。《婚姻法》第17条第3项规定，夫妻在婚姻关系存续期间实际所得的或者已经明确可以取得的知识产权的财产性收益属于夫妻共同财产。这一规定基本解决了知识产权的现实收益的归属，但对尚未明确可以取得财产收益的智力成果的归属问题没有作出规定。未明确可以取得财产收益的知识产权，不一定永远没有收益，比如一篇小说书稿，现在没有出版，没有实现其价值，但过一段时间可能会取得很高的收益。如果在分割财产时不考虑这部分财产的价值，可能对一方当事人（多数情况下是对女性）不公。因为，在婚姻关系存续期间，知识产权的形成一般会投入大量的夫妻共同劳动或共同财产，根据全国妇联2010年全国民众妇女保护意见调查报告内容显示，目前中国家庭中，家务活由夫妻共同完成的比例为40.1%，主要由丈夫做家务的仅为2.1%。除此之外，夫妻共同完成家务的，其中近一半的家务由妻子完成。从不同地域的家务分工来看，城市有50.2%的家务活由夫妻俩完成，而农村有41.1%的家务活由夫妻俩完成。另外，37%的城市家务活全部由妻子完成，农村这一比例高达49%。从这些数据中不难看出，目前女性仍然是家庭劳务的主要承担者。①

所以，笔者认为婚姻法应当规定知识产权期待权，即一方在婚姻关系存续期间形成的知识产权在离婚后产生价值的，另一方在该知识产权产生价值后一段时间内，有权要求予以分割。

（七）完善家务劳动补偿制度

2001年《婚姻法》第40条首次对家务补偿作出了规定："夫妻书面约定婚姻关系存续期间所得的财产归各自所有，一方因抚育子女、照料老人、协助另一方工作等付出较多义务的，离婚时有权向另一方请求补偿，另一方应当补偿。"这一规定意味着我国法律对家务劳动的价值给予了肯定，具有重大意义，可谓划时代的进步。但由于没有配套的法规以及相应的司法解释，对家务劳动价值的评估，也缺少明确的参考要素，使这一规定在实践中缺乏可操作性，只是一句空喊的口号和立法者的一种高姿态。因此，应从法律层面细化措施，进一步完善我国的家务劳动补偿制度。

1. 设立相应的家务劳动评估制度

在对家务劳动进行价值评估时，要着重考虑下列要素：（1）婚姻关系持续的时间。婚姻关系持续时间越长，从事家务劳动的时间相应也越长，家务劳动数量越多，应得的补偿也就越多。（2）夫妻双方的收入能力，即在可预见的时期内能够获得的

---

① 参见郑春燕：《论离婚案件中农村妇女权益的保护》，载《中外企业家》2011年第12期。

财产。受制于时间、精力的影响，较长时间从事家务劳动的一方一般而言提升自己社会价值的机会较少或者根本丧失了提升机会，相应的收入能力也就较低。比较而言，另一方因为从事家务劳动较少，有更多的时间和精力提高自己的收入能力，因此应该对从事家务劳动一方提供更多的补偿。（3）双方的现有财产状况，包括夫妻双方对婚姻财产的消费与贡献状况。除此之外，还应参考双方的身体状况、就业状况、工作能力等因素。[①]（4）请求补偿一方对家务劳动所作的贡献，即请求补偿一方所付出的家务劳动的总量。（5）补偿方获得的利益，包含现实获得的利益和期待性的利益，补偿方因对方的家务帮助而获得利益与补偿的金额应该成正比例关系。

2. 扩大对家务劳动补偿制度的适用

目前婚姻法规定家务劳动补偿制度适用于夫妻分别财产制，即在夫妻分别财产制情况下，一方做出较多家务劳动的，离婚时另一方补偿应当给予相应补偿。学术界公认的观点认为，家务劳动补偿制度不应仅限于适用分别财产制的场合，也应适用于共同财产制。此外，即便夫妻双方约定婚后财产部分各自所有或部分共同所有的，也应按照公平原则，当较多承担家务劳动一方明显少于另一方所获得的财产时，应该对其请求给予相应的补偿的权利予以保障。[②]

（八）明确规定夫妻同居义务，增加不忠的法律责任

我国现行婚姻法只在第 4 条原则性地规定了夫妻双方应当互相忠实，但是没有规定夫妻双方的同居义务。同居是夫妻间最本质的义务，是维持婚姻关系的纽带，夫妻关系存续期间，只允许

[①] 参见林云飞：《论我国家务劳动补偿制度的完善》，载《漯河职业技术学院学报》2011 年第 3 期。

[②] 参见康宁：《论家务劳动补偿制度的立法完善》，载《法治与社会》2010 年 6 月（下）。

在特殊情况下暂时中止同居。在性生活方面，夫妻互有作为性生活的义务和不为婚外性生活的义务，比照国外的立法规定，不仅规定了夫妻的同居义务，（如日本民法典第 752 条规定："夫妻应同居、相互协力、相互扶助。"①）还规定了停止同居义务的正当事由（如《德国民法典》第 1353 条规定）。我国现行婚姻法也应明确规定夫妻之间有同居义务、停止同居义务的法定事由和违反同居义务应承担的法律责任。

夫妻忠实义务主要指性忠实义务，当代资本主义国家相关法律除了规定夫妻双方互守性忠实义务之外，还规定了夫妻双方违反性忠实义务的法律责任。一方与他人通奸是构成配偶起诉离婚最重要的法定理由，如日本民法典第 770 条就有此类规定。法国、日本等国家的法律还规定，第三人与有配偶者通奸属于第三人的侵权行为，因此，既允许无过错方向通奸的第三人提起停止侵权之诉，又赋予无过错方向第三人要求损害赔偿的权利。②《婚姻法》第 4 条只是很原则性地规定了夫妻应该互相忠实，互相尊重，不但没有规定"忠实义务"的具体内容，也没有规定违反忠实义务的法律责任。而且最高人民法院《关于适用〈中华人民共和国婚姻法〉若干问题的解释（一）》第 3 条中规定，如果当事人仅以婚姻法第 4 条为依据提起诉讼的，人民法院不予受理；已经受理的，裁定驳回起诉。第 3 条的规定致使夫妻忠实义务的规定完全没有了可操作性，形同虚设。修改婚姻法应增加违反忠实义务的法律责任，比如对方可以要求离婚，也可以不要求离婚只要求损害赔偿等。

---

① 巫昌祯：《婚姻与继承法学》，中国政法大学出版社 2007 年版，第 169 页。
② 参见巫昌祯：《婚姻与继承法学》，中国政法大学出版社 2007 年版，第 170 页。

第四章　女性犯罪人被害化防治的司法建设

刑事犯罪案件，不仅要充分考虑行为人所犯罪行的严重程度，同时还应考虑其人身危险性的大小，考虑行为人的人格特征，在此基础上，决定是否判刑及最适合的刑种、刑度及行刑方式，鉴于此，笔者提出，针对女性犯罪，应建立品格调查制度。所谓品格调查制度，是指为了在刑事诉讼程序上对每一个犯罪人都能选择恰当的处遇方法，使法院能在判决前的审理当中，对被告人的素质和环境做出科学的分析而制定的制度。① 目前，品格调查在我国只适用于未成年人犯罪案件，司法机关在办理未成年人刑事案件时，由特定的社会调查主体（可能是司法机关以外的主体）就未成年犯罪嫌疑人、被告人的基本情况进行调查并形成报告，在刑事诉讼中作为办理案件的参考情节，以便对未成年犯罪嫌疑人、被告人区别对待，达到教育、感化、挽救的目的。② 全国各地许多省、市还发布了有关未成年人刑事案件中运用社会调查的规范性文件。如合肥市中级人民法院首家出台《社会调查员制度实施办法》，河南省淅川县制定《在办理未成年人刑事案件中推行社会调查制度实施办法》，重庆市高级人民法院制定《审理未成年人刑事案件社会调查工作暂行规定》等。各地对未成年社会调查的运用效果良好，在法学界和法学实务部门也被普

---

① 参见刘仁文、王桂萍：《哈佛法律评论》，法律出版社 2005 年版，第 22 页。
② 参见杨雄：《未成年人刑事案件中社会调查制度的运用》，载《法学论坛》2008年第 1 期。

遍认可。这是从未成年人的自身特点出发，贯彻"教育为主，惩罚为辅"的少年司法原则。但在其他犯罪案件中类似的品格调查是不存在的。"由于犯罪人具有多样性，如果定罪时不考虑犯罪人的品格、犯罪人的个人情况，仅仅考虑犯罪人的行为，根据行为人的行为定罪，我们就可能感受不到法律的正义。"① 因此，在我国，品格调查应该从未成年人犯罪案件扩大到其他犯罪案件。目前我国女性犯罪日益突出，犯罪群体逐年增大，有学者专家将其同经济犯罪、青少年犯罪并列中国刑事犯罪前三名。而女性犯罪同未成年人犯罪一样有特殊的心理、生理、社会等原因，同样需要给予更多的关注，在女性犯罪案件中适用品格调查有相当的必要性。因为女性犯罪往往是多种消极因素综合作用的结果。例如，众所周知的重庆不雅视频案女主角赵某某，化名周小雪。2007 年，赵某某经朋友介绍认识了已婚的重庆商人肖某某，之后成为肖某某的情人，2007 年末加入肖某某的永煌公司，成为肖某某等人拍摄官员性爱视频最成功的诱饵。当时肖某某对赵某某说，拍下视频后，对方会大量购买服装，而她也能够从中得到提成。"我太单纯了，太看重感情了。"赵某某后来回忆称，肖某某编好短信后，让她按照一个电话本上的号码挨个发过去，如果有回复的，肖某某会亲自指导她怎么回复，一步步发展到见面吃饭、开房等。可见，涉世不深的赵某某也是被蒙骗一步步滑向犯罪的泥潭，其本质并不坏。正是在综合考量的基础上，赵某某作为敲诈勒索罪的从犯，被判处有期徒刑 2 年，缓刑 2 年。在刑事犯罪中，女性犯罪嫌疑人、被告人因其特殊的性别表征，个体差异性尤为明显。

从各国刑事司法来看，在审前侦控机关采取措施的方式和强度上及在审中和审后的程序上都给予了女性嫌疑人、被告人特殊的"优待"，这体现了刑罚个别化的原则。当然，刑罚个别化要

---

① 翟中东：《关于将人格导入定罪活动的研究》，载《当代法学》2004 年第 5 期。

准确且公正的实现，不能仅仅因为犯罪的主体是女性就特殊对待，还涉及女性犯罪者的素质、性格、精神状态、知识水平、健康状况、悔改表现及生活环境、工作环境等情况，需要通过具体而详尽的调查形成确凿的证据材料才能真正在量刑中被考虑和采用。这一调查过程实际上就是前文所论及的品格调查制度。另外，从社会学的层面看，女性犯罪也可以有多个角度：从社会群体角度看，家庭结构的失衡、家庭关系的失和、家庭教育的失当、不良小群体的影响、犯罪团伙、学校教育问题等都可能诱发女性犯罪的发生；从社会变迁角度看，女性社会角色的变化、社会地位的分化、社会整合力的减弱、社会流动加速等影响女性的心理、精神等方面而出现行为异常甚至犯罪；从社会文化角度看，文化冲突、大众传媒等因其而作用于人的内在心理机制和外部文化氛围，对女性犯罪具有超政治、经济等因素的连绵性影响。因此，女性犯罪问题是复杂的社会学问题，要放在一个社会的大背景下去反思，同时，针对个案中的女性犯罪应考虑到该女性行为人所处的"小的社会环境"，通过对其进行品格调查，显示出其所处的"小的社会环境"所产生的正面与负面的影响。[①]英美法系国家中，品格调查制度适用于所有刑事案件，其调查主要涉及被告人的前科、居住情况，家庭及个人交往方面，工作、健康、教育情况，个人情绪、对保释的支持态度等，目的是为保释提供风险评估的依据，并在保释后承担教育和监督责任。但是，需要强调的是，外国的刑事审判定罪和量刑是分开进行的，法官在适用刑罚前都要对犯罪人的个人情况进一步了解，听取有关被告人的调查报告，甚至这种品格调查报告可以直接成为对被告人量刑以及执行刑罚的依据。我国刑事诉讼中，尽管定罪和量刑程序是合一的，但依然可以适用品格调查制度。立案阶段，进

---

① 参见钱洪良：《女性犯罪案件适用品格调查初探》，载《中国刑事法杂志》2009年第6期。

行品格调查可以决定是否对女性犯罪嫌疑人立案，立案后，品格调查有助于对女性犯罪嫌疑人适用妥当的强制措施；审查起诉阶段，品格调查制度有助于决定是否起诉；在审判阶段，品格调查制度对女性被告人是否应当判处刑罚，处以何种刑罚以及在执行阶段促使其回归社会都有重要意义。

第一节　侦查程序中对女性犯罪嫌疑人被害化的预防

在侦审阶段，女性犯罪嫌疑人与侦查人员有最直接的心理接触。由于她们已被司法机关拘押，处于一个被动防御的特殊情境中，其权利比起诉阶段的犯罪嫌疑人和审判阶段的被告人的权利更容易被侵犯。由于侦查程序的一项重要任务就是收集证据，为实现这一目标，有些侦查人员不惜以牺牲犯罪嫌疑人的合法权利为代价，损害诉讼程序的正当性；同时在我国的现行司法体制下，侦查阶段对侦查机关缺乏有效监督，侦查权力的运行基本处于不受限制的状态，使本已足够强大的侦查权过度膨胀，易被滥用。在这样的客观现实下，为了避免女性犯罪嫌疑人作为犯罪嫌疑人和女性的双重弱势遭到双倍的权利被侵犯的危险，从收集证据、强制措施等方面对其人权进行特殊保护就显得格外必要。

一、证据收集中对女性犯罪人的权利保护

女性犯罪嫌疑人情感丰富细腻，感情脆弱多变，喜怒哀乐无常，往往对一些微小的事情都很敏感，若涉及女性隐私的问题更是反应迅速。大多数女性犯罪嫌疑人对犯罪都有很重的羞耻感。因此在侦审过程中，要采用恰当的讯问方法，把握和进一步激发起她们的羞耻心理，促使她们悔罪交代。

（一）讯问过程中的保护

1. 人性化地布置讯问环境

女性犯罪嫌疑人通常具有情绪化、易被周围人和物所左右的特点，应采用人性化的讯问环境，这样有利于她们缓和情绪，感受到人道主义关怀而被感染，进而如实陈述案件真实情况。为此，应注重讯问场所的柔和性，张贴一些优秀女性的画像和反映家庭温暖和睦的宣传画，以唤起犯罪女性对美好生活的向往和对犯罪行为的悔恨。女性犯罪中大多是非暴力犯罪，加上女性体质较弱，爆发力不如男性等特点，人身危险性一般不大。因此讯问时应采用一些木制软化座椅，消除女性犯罪嫌疑人被讯问时的紧张心理，同时也照顾了其特殊生理特点。

2. 合理安排讯问人员

鉴于女性之间的沟通优势，对于涉及隐私的案件情况，女性犯罪嫌疑人往往难以启齿，这就需要安排女性侦查人员进行讯问，这样谈及隐私、家庭、恋情等问题时会比较自然，容易沟通，能够有效地对女犯罪嫌疑人进行思想开导，劝慰其放下心理负担和思想包袱，且由于同为女性，女侦查人员更能理解女犯罪嫌疑人的心理和设身处地体会她们的社会经历，知道哪些环节对查明案情特别重要，哪些情节和原因会诱使乃至直接促成女性犯罪，怎么挖掘能更有效率地接近事实真相。对此，有学者发表不同意见：囿于各种原因，涉案女性未必一定情愿向同性吐露真情，熟悉妇女问题和女性心理的也未必都是女性办案人，因此男性办案人也不必排斥在女性犯罪案件之外。[①]

笔者认为，针对这些情况，必要时可以安排男性侦查人员进行讯问，即在一般情况下由女性组成的讯问小组进行讯问，在个别长期打不开讯问局面的案件中，可以视案件具体情况转换思

---

① 参见郭峰：《北京首开犯罪嫌疑人控审男女有别之先河》，载《人权》2002年第4期。

维，选派经验丰富、熟悉女性犯罪和女性犯罪嫌疑人心理的男性侦查人员介入案件，避免采用由男女侦查人员混合组成讯问小组，以防止由于男性在场而破坏了女侦查人员与女犯罪嫌疑人就隐私方面进行沟通的普遍优势。在讯问方式上，针对大部分女性犯罪嫌疑人具有情绪化、容易感情用事的共同特点，宜采取迂回讯问的方法，先与她们以拉家常的方式聊家长里短等话题，这样容易让她们消除抵触情绪，同时，因为大部分女性犯罪是由家庭暴力、性侵犯和婚外恋引起的，激情犯罪多发，大多针对熟人作案，所以在聊完这些话题后，一般就能够挖掘出犯罪根源和犯罪动机。尤其是一些反家庭暴力的女性犯罪人，在犯罪之前长期受到家庭和社会的不公平对待甚至是压迫，养成了隐忍的性格，忍耐达到极限时突然爆发，冲动下采取了极端报复手段，触犯了法律。这种女性犯罪嫌疑人在实施犯罪后往往会异常恐惧和后悔，在讯问中表现出侦查人员还没有问话就开始歇斯底里、痛哭流涕，因此讯问方式不宜严厉、生硬，否则只能使她们愈发激动，阻碍双方交流。

3. 防止刑讯逼供的措施

《刑事诉讼法》第 121 条规定："侦查人员在讯问犯罪嫌疑人的时候，可以对讯问过程进行录音或者录像；对于可能判处无期徒刑、死刑的案件或者其他重大犯罪案件，应当对讯问过程进行录音或者录像。录音或者录像应当全程进行，保持完整性。"该条文被看作为打破讯问封闭状态，增加讯问程序的透明度最为有力的程序规定，但是在侦查实务中，录音或者录像完全操控在侦查人员手中，往往记录的是犯罪嫌疑人承认有罪或者有利于侦查机关的言行，也即侦查机关是"选择性"地进行录音或者录像。这种带有"选择性"的录音或者录像，不仅无益于防范侦查讯问权的滥用或异化，反而可能使刑讯逼供、指名问供、精神折磨等非法讯问行为得到合法掩饰和伪装。况且，该条文第 1 款使用的是"可以"录音或者录像，换言之，对非死刑和无期徒刑的犯罪，侦查人员是可以不进行录音或者录像的，而在整个刑事诉讼中，判处死刑、无期徒刑的比例还是比较小的。因此，应针对女性犯罪嫌疑人制定更为完善和严格的防止刑讯逼供的措施。犯罪嫌疑人的"如实回答"义务是司法实践中刑讯逼供存在的根源，因此消除刑讯的根本举措在于赋予犯罪嫌疑人沉默权，以从制度上提供预防性措施，这已是刑事司法理论界的普遍共识，毋庸多言。在此笔者要探讨的是沉默权尚未在我国作为立法被确立的前提下，侦查实践中如何结合女性犯罪嫌疑人特点采取具体措施，防止女性犯罪案件中的刑讯逼供，以维护女性被追诉人人权，并能从配套措施已经形成的角度推动沉默权立法的最终出炉。

第一，实行讯问全程同步录音录像制度。录制内容应当保证完整性，如果中途停止，必须在停止后由犯罪嫌疑人核对签字，同时说明原因。全程同步录音录像完成后，侦查人员将全程同步录音录像通知单、录制说明、登记表、委托技术协助书等统一装卷送交技术部门。英国有句格言："正义不仅应当得到实现，而且应以人们能够看得见的方式加以实现。"[1] 讯问过程全程录音录像的做法即是对这一格言很好的诠释。它打破了侦查过程的封闭性，是防止刑讯逼供并保护女性犯罪嫌疑人在被讯问过程中免受性侵害的有效手段，既具有监督和证明的效果，又能将这种监督和证明以物的形式加以有效固定。这一做法在我国香港特别行政区、英国及世界许多国家早已实行，在我国也已经不再局限于理论界的设想，而是在逐步的实践推广中。早在 2002 年，河北省廊坊市便在市看守所的提审室安装了摄像头，办案人员提审在押人员时，检察人员可以实时监控，如有刑讯逼供等违法行为，检察人员将会及时发现。[2]

第二，确立律师讯问在场权。律师讯问在场权是指从犯罪嫌

① ［美］赫尔曼：《法律与宗教》，梁治平译，三联书店 1991 年版，第 4 页。
② 参见《北京晨报》2002 年 10 月 20 日第 3 版。

疑人被侦查机关第一次讯问时或者采取强制措施之日起至侦查终结前，辩护律师在每次讯问时到场对侦查人员的讯问行为进行见证和监督的权利。[①] 英美法系国家一般规定，律师不在场讯问取得的讯问笔录不具有合法性，不能作为定案的证据使用，律师在场权是犯罪嫌疑人辩护权的重要内容之一。同时，律师在场是受委托履行辩护职责。我国现行的刑事诉讼法没有规定律师在场权，笔者建议，作为另一项既能防止刑讯逼供，又能保护女性犯罪嫌疑人免受性侵害的措施，律师在场权可与上文提到的讯问过程全程录音录像一起作为供被讯问者选择的措施，即赋予被讯问的犯罪嫌疑人选择要求律师在场还是全程录音录像的权利。实践中，甘肃省白银市警方已经作为试点对中国政法大学诉讼法学研究中心倡导的这一选择性制度进行了尝试，在犯罪嫌疑人选择后按其选择的方式进行讯问，如犯罪嫌疑人要求律师在场，其律师必须到达审讯现场，直至讯问终结。笔者建议作为补充措施，还应建立侦查讯问时律师间接在场制度：当犯罪嫌疑人选择了讯问时全程录音录像的方式时，应当允许律师在侦查讯问时观看经过消音处理的同步录像。

第三，对侦查讯问时间进行限定。修改后的刑事诉讼法将办案人员讯问犯罪嫌疑人的地点严格规定在看守所，这在一定程度上能有效防止办案人员的刑讯逼供，但实践中，还存在侦查人员对犯罪嫌疑人进行讯问无限延长，少则几小时十几小时，多则几十个小时，讯问过程中讯问人员轮换吃饭、休息，犯罪嫌疑人则根本无法正常作息，精力体力严重受损。女性犯罪嫌疑人身体较男性弱，更加无法承受这种以耐力消耗为方式的变相体罚。因此，必须通过立法或司法解释的方式，明确侦查讯问开始的时间以及两次讯问之间的间隔时间，增加不得在夜间进行讯问的规

[①] 参见马晓庆：《新刑事诉讼法视野下律师讯问在场权之再判断》，载《佳木斯大学社会科学学报》2014 年第 2 期。

定，增加对犯罪嫌疑人的救济程序规定以及对侦查人员不法行为的惩罚性规定。

（二）确实履行有关搜查和检查的规定

我国目前关于对女性实施人身搜查和检查的法律规定主要有三处：一是《刑事诉讼法》第 137 条第 2 款规定"搜查妇女的身体，应当由女工作人员进行"，第 130 条第 3 款规定"检查妇女的身体，应当由女工作人员或者医师进行"。二是 2012 年公安部颁发的《公安机关办理刑事案件程序规定》第 151 条第 2 款规定"对女性的人身检查，应当由女工作人员进行"。第 212 条第 3 款规定"检查妇女的身体，应当由女工作人员或者医师进行"。第 220 条第 3 款规定"搜查妇女的身体，应当由女工作人员进行"。三是 2012 年最高人民检察院颁布的《人民检察院刑事诉讼规则（试行）》第 213 条第 4 款规定"检查妇女的身体，应当由女工作人员或者女医师进行"。这些规定维护了女性犯罪嫌疑人在性和隐私方面的尊严和权利，防止个别男性侦查人员以人身搜查和检查为借口对女性犯罪嫌疑人性骚扰；同时避免了男性侦查人员在正当履行搜查检查程序时女性犯罪嫌疑人产生不必要的误解，甚至诬陷男性侦查人员，从这个角度看这也是一种维护侦查人员权利，保证侦查活动顺利进行的方式。

（三）增强强制采样过程中的保护

如前所述，刑事诉讼中的强制采样已经相当普及，由于在强制采样的过程中被采样人往往被迫暴露身体某些部位甚至是生殖器官，被迫让采样人从其身体上提取某些体液，这难免会让被采样人感到屈辱和羞耻，因此我们建议在涉及女性犯罪的案件中，需要对女性被追诉人进行强制采样时，由女性工作人员进行，并事先尽量征得本人的同意，在确实需要强制进行的情况下尽量使用对犯罪嫌疑人身体权和隐私权侵害性较小的方法。

二、强制措施中对女性犯罪嫌疑人的特殊保护

在刑事诉讼中，从重要性的角度看，强制措施是一种大多数刑事案件都要用到的、具有不可替代意义的侦查保障手段；从时间的量上看，强制措施适用于自刑事诉讼开始到判决发生法律效力交付执行前的全过程。因此，在女性被追诉的案件中，在跨越了从人身处于司法控制之下到诉讼结束这个相当长的时间段里，采取什么样的措施才能实现对女性被追诉人人权充分保护之目的显得格外重要。

（一）采用强制措施决定中的特殊保护

近年来，"比例原则"和"就轻避重"已经成为国际刑事司法领域对审前强制措施的基本适用原则，即是否采取刑事诉讼强制措施以及采取何种刑事诉讼强制措施，要同犯罪的轻重程度以及行为人的人身危险性程度相适应，尽可能适用比较轻微的强制措施，尽量避免严厉强制措施的适用。《公民权利和政治权利国际公约》第9条第3款规定："……等候审判的人受监禁不应作为一般规则……"人权委员会在它的第8总评论中再一次确认："审前羁押应是一种例外，并尽可能的短暂。"对于女性等弱势群体犯罪嫌疑人而言，尤其应当如此，许多国家已有相关规定。如意大利《刑事诉讼法》第275条指出，对于正在怀孕或哺乳子女的妇女，除非存在非常严重的防范需要，不得命令予以审判前羁押。① 在强制措施的采取上对有特殊情形的女性犯罪嫌疑人予以照顾，我国刑事立法中已经有明文规定。2012年刑事诉讼法在取保候审的条件中增加了"患有严重疾病、生活不能自理，怀孕或者正在哺乳自己婴儿的妇女，采取取保候审不致发生社会危险性的"和"羁押期限届满，案件尚未办结，需要采取取保候审的"

---

① 参见孙长永：《侦查程序与人权——比较法考察》，中国方正出版社2000年版，第200页。

两种情形。这两种情形属于确定性条件，因此一旦符合这些条件，司法人员一般就应当使用这些措施，而不需要再根据其社会危险性判断是否需要羁押。这样就免除了办案机关选择的尴尬，可以对符合法定条件的女性犯罪嫌疑人优先选择取保候审措施。同时，修改后的《刑事诉讼法》第72条单独规定了监视居住的适用条件，规定监视居住适用于符合逮捕条件，并且有以下五种情形之一的犯罪嫌疑人、被告人："患有严重疾病、生活不能自理的"、"怀孕或者正在哺乳自己婴儿的妇女"、"系生活不能自理的人的唯一扶养人"、"因为案件的特殊情况或者办理案件的需要，采取监视居住措施更为适宜的"以及"羁押期限届满，案件尚未办结，需要采取监视居住措施的"。这样，有利于促使司法机关把本该采取羁押措施的当事人改为监视居住措施，真正使监视居住成为羁押替代措施而减少羁押，体现了人道主义原则和对公民权利的进一步保护。在我国的实践中，不仅怀孕或哺乳自己婴儿的妇女可以按照法律的明文规定被取保候审，处于流产法定休息期的妇女也有可能被取保候审；取保候审可能有社会危险性而不宜取保的，则视情况采用监视居住等强制措施；对必须决定逮捕的，也应在羁押中予以特殊关注，改善羁押环境，增加饮食营养；对已经实施逮捕后在羁押中发现女性犯罪嫌疑人处于孕期、哺乳期或流产恢复期的，要及时变更强制措施，中止羁押状态。

（二）实施强制措施——羁押中的特殊保护

历史和现实的经验教训反复证明，在押的被追诉人是最容易受到来自官方的非人道待遇的一群个体，在一定意义上，这个群体从政府方面所受到的待遇如何，是一个国家或社会人权保障程度乃至文明程度的重要标志。同时，只有保证在押人员的人身安全万无一失，健康状况良好，心态情绪平和稳定，接下来的庭审才能顺利进行。在我国，超期羁押现象普遍是个不得不正视的客观存在，在这种弊端短期无法革除的前提下，必须严格规范落实看守所相关制度，保障审前羁押人员的权利。如若不然，一方面被追诉人被羁押的状态客观持续，另一方面却又不像行刑中的监狱在押人员那样有完备的权利保障制度，以致造成尚未被定罪的被追诉人比以被定罪的犯罪人处境更加恶劣的尴尬情况。为此，看守所对女性被追诉人的管理制度可以适当借鉴女监的管理经验。与监狱在押人员不同的是，审前在押的女性被追诉人不仅人身自由受到限制，而且正在等待审判，人生命运未定，加上女性易于情绪化的特点，往往思想更加不稳定，情绪极为焦躁，比监狱在押人员和男性被追诉人需要更多的关注和照顾。

1. 羁押环境方面的特殊保护

第一，女性被追诉人要与男性分开关押，由女性司法人员看守，男性司法人员不得单独将女性在押人员从看守房间提出。这主要是为了防止其他男性在押人员，特别是个别素质低下的男性司法人员滥用国家权力对女性被追诉人实施的性侵害，同时避免日常生活中由性别差异带来的不便，便于对女性被追诉人统一管理，采取特殊保护措施。

第二，针对女性特点实行人性化羁押。由于前述的女性的心理特点，世界各国对女性在押人员的监管都不像对男性那么严格而更加侧重于人性化和感化式监管，这样更有利于对她们的心理疏导，减少自伤自杀率，保证女性被追诉人身体健康、心态积极地参与到之后的审判活动中去。近些年，我国也在进行相关尝试：如北京市的女子监狱，以铁艺围墙代替了以往的高墙电网；卫生间的外墙采用条文磨砂玻璃，既有一定隐蔽性，保护了女性在押人员的隐私权，又能保证司法人员的正常监管；监舍的墙壁和家具都刷上了淡黄色和粉红色，墙上张贴了风景画，更符合女性的特点；并从保护女性在押人员身体健康的角度出发专门建立了妇科病房。

诚然，从我国目前的经济水平出发，马上在全国范围内为受到审前羁押的女性被追诉人建立设施齐备的专门羁押场所是不切实际的，关键是公安司法机关要先树立人文关怀的意识，在男女分开关押的基础上在女性羁押室率先开展抛弃铁窗、铁锁链模式的尝试，对女性在押人员进行必要的心理疏导，缓解其紧张情绪，掌握其身体情况，为处于经期及其他特殊生理期的女性提供坐垫及相应卫生物品，询问其有何特殊要求并对合理要求尽量予以解决，时时处处体现人本精神，让她们感到被尊重，进而被感化。

第三，在监控摄录方面应给女性在押人员留有一定隐私空间。《公民权利和政治权利国际公约》第 10 条第 1 款规定："所有被剥夺自由的人应给予人道及尊重其固有的人格尊严的待遇。"被追诉人作为一个人基本的人权、人格和尊严是司法程序无法剥夺、不能剥夺也不应剥夺的。因此，尽管笔者在前文中提倡在看守所中安装摄像头，对讯问过程实施全程录音录像，但从维护女性在押人员隐私权和人格尊严的角度出发，笔者同时认为实践中对日常生活起居的监控应做出适当变通：在洗手间、洗澡间等涉及身体隐私的地点不安装摄像头，由女性看守人员担任监控员，监控录像录制好后严格封存、非查明案情需要并经严格审批程序不能调出播放，等等。

2. 押解方面的特殊保护

实践中还经常出现对犯罪嫌疑人实行异地逮捕后押解回有管辖权的司法机关所在地的情形，如何保障女性犯罪嫌疑人在这种往往属于长途押解途中的人权，如何既能尽量为其提供生活上的便利又不给监管造成漏洞是执行押解的司法机关往往需要解决的问题，实践中已经在大量采用女性办案人员参与押解女性被追诉人的做法。因此，有必要将最高人民法院制定的司法警察押解规则中的相关规定引入侦查阶段，也以司法解释的形式明确规定由女性司法人员执行押解并在必要时与其他同程被押解男性分车押解。

3. 劳动方面的特殊保护

人本主义法律观认为，被审前羁押的人不应被强制劳动。[①]
2005 年公安部制定的《看守所组织在押人员劳动管理办法》第 5
条则规定"……犯罪嫌疑人、被告人在自愿基础上，可以参加劳
动"。可见，对审前羁押人员（无论男女），都不应强制其劳动，
但我国目前在实践中并不完全排除审前羁押人员在看守所内的劳
动，因此，探讨在审前羁押的劳动中应给予女性被追诉人哪些特
殊保护仍不失现实意义。《看守所组织在押人员劳动管理办法》
同时规定了对女性在押人员劳动时的一定照顾政策，第 7 条规定
"看守所组织未成年、女性在押人员劳动，应当充分照顾其心理
和生理特点"，第 12 条规定"犯罪嫌疑人、被告人以及女性在押
人员劳动必须在监室内进行"，第 16 条规定"女性在押人员劳动
时，应当由女性民警带领和监管……"然而，这些规定都比较笼
统，未能与"劳动"本身的特点相结合，特别是第 7 条，制定初
衷虽然是对弱势群体的保护，但只是原则性规定，实际操作性较
差。因此，笔者建议在审前羁押的劳动中如何给女性在押人员以
特殊保护的问题上，应站在被追诉人仍是未被定罪人的角度上，
将参加劳动的女性在押人员视为一般职工，借鉴国务院《女职工
劳动保护规定》和劳动部《女职工禁忌劳动范围的规定》，不能
因她们正处于被追诉的司法程序就安排她们从事超出对女职工保
护范围的工作。

三、冻结、扣押程序中对女性犯罪嫌疑人的财产保护

在我国宪法已经明确规定对公民合法财产予以保护。因此，
修改后的刑事诉讼法将保护公民的"财产权利"纳入其中，一方
面与宪法精神相一致，另一方面更有利于公民财产权利的保护。
由此可见，保护公民的合法财产权已成为我国刑事诉讼法的基本

[①] 参见李龙主编：《人本法律观研究》，中国社会科学出版社 2006 年版，第 319 页。

任务之一。并且我国刑事诉讼法的基本任务不仅仅是保护被害人的合法财产权，同时也包括犯罪嫌疑人的合法财产权，这也是我国刑事诉讼法的基本目的之一。在现实司法实践中，侦查机关超范围扣押嫌疑人或其亲属及其他案外人财产，甚至在案件尚未审判即将扣押财产拍卖的情况屡见不鲜。在吴某某集资诈骗案中，警方在立案后即迅速查封、扣押了吴某某及其公司名下 100 余套房产、相关公司、企业经营权、40 余辆汽车和大量珠宝。其中法拉利、宝马等豪车价值共计 2000 多万元，其中一辆二手法拉利吴某某在购买时就花了 375 万元。在吴某某案仍在审理期间，警方即将部分资产进行了拍卖，如本色概念酒店经营权及店内物品以 450 万元价格拍出；更为诡异的是，警方拍卖掉了扣押的 30 余台豪车，竟然只卖了 390 万元。[①] 而东阳警方，在吴某某的本色集团在法律上仍然存续的情况下，将公司股东排出在外进行清查核资，大量财产丢失，资产大幅缩水，并一度准备拍卖。[②] 无论出于何种动机，东阳警方的上述行为都涉嫌侵权，并且在判决尚未确定的时候随意处置被扣押财产，严重违反刑事诉讼法，暴露了监督机制和救济途径的严重缺位。

在我国，现行的刑事诉讼法所提到的强制措施只包括对人实施的强制措施，然而却将侦查机关中对物品的相关搜查及扣押等行为当作一般的侦查行为，很显然，这不很有利于犯罪嫌疑人的财产权保护，尤其不利于女性犯罪人的合法财产保护，因为在男权社会中，女性财富的获得往往比异性会付出更多的辛苦和努力。而在国际通行惯例中，人身权与财产权同等重要，比如德国法律中规定，人身权及财产权是宪法规定的基本权利，而强制措施正是针对基本权利被侵犯的情形，凡是有可能侵犯公民基本权

---

① 参见《吴英 30 辆豪车拍出 390 万元》，载《南昌晚报》2012 年 2 月 10 日。
② 参见陈小莹：《政府处置东阳富姐吴英财产被疑趁火打劫》，载《二十一世纪经济报道》2007 年 11 月 13 日。

利的侦查行为都被同等地纳入了强制措施的范畴之中；日本宪法第33条和第35条中规定，对物和财产的搜查、扣押，与对人身自由的限制一样，均同等地实行令状主义原则。在美国，经过第四次修订后，联邦宪法规定："人民的人身、住宅、文件和财产不受无理搜查和扣押的权利，不得侵犯。"第五次修订后该法案规定："无论何人，不经正当法律程序，不得被剥夺生命、自由或财产。"

由此可见，我们十分有必要学习与借鉴国外的相关立法经验，将我国的强制措施范畴中增加搜查、扣押等侦查行为，同时还需要严格控制以下两个方面：第一，程序上来说，必须由法官或者被授权行使司法权的官员决定财产的搜查和扣押，其他侦查人员无权对其进行以上强制措施。第二，在合理证明及相关标准下，法官或授权行使司法权的官员才可以签发搜查、扣押令状。以此同时，侦查人员在执行经过批准后的强制措施时，只能在批准的范围内执行。当行为违反以上所述两条时所执行的搜查和扣押，均为非法的搜查、扣押，追诉机关也将承担相应的不利后果。

第二节　起诉程序中对女性犯罪嫌疑人被害化的预防

在当今世界非犯罪化、轻刑化及刑罚个别化人性化潮流的影响下，近几年在我国现行宽严相济、轻轻重重的刑事政策的感召下，司法实践界更是广泛开展了对起诉便宜主义的尝试和摸索。所谓起诉便宜主义，也称追诉裁量主义，是指公诉方依据法律的授权，基于刑事惩戒的目的和权衡各种利益，对其所审查起诉的刑事案件，选择是否做出控诉以停止刑事程序的原则。[①] 1990 年联合国《关于检察官作用的准则》第 18 条规定："根据国家法律，检察官应在充分尊重嫌疑人受害人的人权的基础上适当考虑免予起诉、有条件或无条件地中止诉讼等程序或使某些刑事案件从正规的司法系统转由其他办法处理……"

笔者认为，在女性犯罪的案件中，起诉便宜主义的适用具有格外重要的现实意义。第一，从女性犯罪的原因看，常常是出于人身权自我保护失误，以致由受害人向犯罪人演变，报复型犯罪和激情犯罪多发，主观恶性较小，这与起诉便宜主义主要针对罪行较轻、社会危害性不大的罪犯这一适用范围相吻合；第二，从女性的性格特点看，女性较之男性更为感性，易被感化，适用起诉便宜主义终止对她们的追诉而不是移送审判机关判处刑罚，能使她们真切看到国家和社会对她们过去的错误行为的宽容，进而在感动中坚定不会再犯的决心，更能体现起诉便宜主义教育犯罪人、预防犯罪的出发点；第三，从女性的社会处境看，女性要在社会中找到自己的位置本来就严苛的道德要求，因此女性若在被科以刑罚后背上有"前科"的污名，将更加难以在社会上立足，容易在自暴自弃或走投无路中再次实施犯罪，起诉便宜主义能使过失、初犯、偶犯的女性早日从刑事程序中解脱出来并减轻"前科"带来的不良后果，更能体现起诉便宜主义保护被追诉人人权，推动其回归社会的目的。基于以上几点，笔者建议在女性犯罪案件的起诉程序中增加对起诉便宜主义的运用，检察人员在审查起诉工作中注重与女性犯罪嫌疑人交谈，充分了解案件情况及女性犯罪嫌疑人的个人具体情况，合理有效运用起诉裁量权，在案件具备法定起诉条件时应该综合全案各方面情况斟酌提出处理意见，选择不起诉或以其他措施替代起诉。

---

① 参见林山田：《论刑事程序原则》，载《政大法律评论》1999 年第 3 期。

一、对女性犯罪人放宽不起诉条件

修改后的刑事诉讼法及《人民检察院刑事诉讼规则（试行)》对法定不起诉、存疑不起诉都做了部分修改。修改后的《刑事诉讼法》第 173 条第 1 款规定，"犯罪嫌疑人没有犯罪事实，或者有本法第十五条规定的情形之一的，人民检察院应当作出不起诉决定"。由此可见，修改后的《刑事诉讼法》第 15 条规定的六种情形和犯罪嫌疑人没有犯罪事实的，都应当依法作出不诉决定，检察机关只需根据法律规定作出判断即可，没有自由裁量权的空间，从而使法定不诉游离于自由裁量权的范畴之外。同样，修改后的《刑事诉讼法》第 171 条第 4 款将原《刑事诉讼法》第 140 条第 4 款的"对于补充侦查的案件，人民检察院仍然认为证据不足，不符合起诉条件的，可以作出不起诉的决定"。修改为："对于二次补充侦查的案件，人民检察院仍然认为证据不足，不符合起诉条件的，应当作出不起诉的决定。"这就意味着，经过两次退补后，仍然证据不足的，检察机关"应当"作出不起诉决定，而不能不作出不起诉决定。可见，检察机关的不起诉自由裁量权仅体现在酌定不诉与附条件不起诉方面。

（一）适当扩大酌定不起诉制度的运用

修改后的《刑事诉讼法》第 173 条第 2 款规定："对于犯罪情节轻微，依照刑法规定不需要判处刑罚或免除刑罚的，人民检察院可以作出不起诉决定。"该条是酌定不起诉制度的法律依据。合理作出酌定不起诉不仅可以减轻监管部门的压力，而且可以减少对审判资源的占用。基层司法部门人力资源少，却承担着大量的轻微刑事案件，酌定不起诉的运用既能降低诉讼成本，提高诉讼效率，又能减轻司法工作人员的负担，满足诉讼经济的要求。但在实践中其适用情况却并不乐观。全国检察机关相对不起诉的适用率一直很低，2010 年仅为 2.5%，2012 年为 4.8%，2013 年为 3.7%，究其原因：

一是"犯罪情节轻微，不需要判处刑罚"的适用标准不明确。犯罪情节轻微，不需要判处刑罚只是立法的概括性规定，具体如何操作均未有明确的解释。由于适用标准不明确，因此，对于形形色色的轻微犯罪个案而言，有的一目了然容易达成一致性意见，有的则比较模糊，往往"公说公有理，婆说婆有理"影响不起诉或非犯罪化的适用。二是受追诉犯罪职能影响和制约。追诉犯罪是公诉机关的主要职能，不起诉等于放弃追诉职能，同时，不起诉还可能招致公安侦查机关或本机关内部自侦部门的不满和质疑，因此，"多一事不如少一事"的想法影响了不起诉的适用。三是程序烦琐。有些办案人员怕麻烦不愿意适用。根据法律和司法解释规定，不起诉案件需要提请检委会讨论决定，公安机关对不起诉决定有申请复议或提请上一级检察机关复核的权利，被害人对不起诉决定不服可以提出异议申请复议或者直接向人民法院提起自诉，被告人对不起诉决定不服具有申诉的权利，等等。这在一定程度上制约了不起诉的适用。四是受涉法涉诉的影响，有些案件虽然是轻微犯罪，但由于各种复杂因素的影响，当事人不依不饶，公诉机关一旦作出不起诉的决定，不能被当事人或社会公众理解。为减少对公诉机关的非议，迫不得已将一些案件提起公诉等。

笔者认为，应该更新司法理念，转变认为起诉犯罪越多打击力度越大的习惯性思维，弱化轻微犯罪公诉的提起。目前，全国司法机关已经逐步展开司法体制改革，进一步确立法院、检察院独立行使司法权的地位。随着司法改革的深入，部分改革试点地区已明确提出了"检察官依法独立行使司法办案、法律监督等职权，实行'谁办案，谁负责'，检察官对其所办案件质量终身负责"。检察机关应该顺势而为，将作出酌定不起诉的权力赋予检察官。就具体操作而言，要去行政化，减掉部门讨论、负责人审批等行政色彩浓厚的程序，甚至在条件成熟的时候，去除检委会讨论的程序，只需在检察官宣布不起诉决定前，报检委会专职委员或检察长备案。如果检委会专职委员或检察长认为作相对不起诉不当，完全可以将案件转移给自己办理，决定起诉。同时，修改后的刑事诉讼法在不起诉的条件上对犯罪的严重程度给予了足够的重视，而对被追诉人个人情况的考虑强调不足，排除了参照被追诉人主观恶性和人身危险性大小而适用不起诉裁量权的可能性，忽视了从某些被追诉人的个人情况出发，不起诉比起诉更能达到良好社会效果的情形。所以，笔者建议，应明确扩大酌定不起诉的适用范围，一方面，无论轻罪、重罪，只要属于"犯罪情节轻微"的均应包括在内，对可能判处 3 年有期徒刑以下刑罚的，犯罪嫌疑人没有前科，能够真诚悔罪，通过赔偿被害人损失或者积极采取补救措施减轻损害结果的，即可认定为"犯罪情节轻微"适用酌定不起诉，这与立法精神是相符的。在设计裁量因素时，还可借鉴《日本刑事诉讼法典》第 248 条的规定："根据犯人的性格、年龄和境遇，犯罪的轻重情况与犯罪后的情况，没有必要追诉时，可以不提起公诉。"笔者认为，女性犯罪一般情况下主观恶性较小，教育挽救的可能性大，而科以刑罚则可能在监禁过程中造成交叉感染，不利于犯罪人回归社会；从女性被追诉人的个人情况看，女性所扮演的社会角色使她们一般家庭负担较重，还往往有未成年子女需要照顾，一旦被追诉并判处自由刑，会导致家庭破裂，孩子丧失母亲的照顾。因此，在女性犯罪案件的起诉工作中，要充分运用酌定不起诉制度，结合她们的具体情况进行斟酌，对其中依法可以不起诉的尽量不起诉。

在刑事诉讼实践过程中可以发现，许多女性被追诉人在犯罪结束的那一刻就已经非常后悔了，这是因为女性犯罪多属于冲动情绪所导致的，因而对女性被追诉人采取酌定不起诉制度，免予刑事处罚可以很好地保护女性被追诉人的权益，但事情往往都有正反两面效果，这样做反过来又对被害人有失公允，而此时非刑罚处理方法就体现了良好的平衡效果，使用非刑罚处理让女性被追诉人向被害人赔礼道歉或者赔偿损失，不仅可以保护被害人的切身利益，也有利于女性被追诉人自身的悔过，对其回归社会具有积极的效应。根据《人民检察院刑事诉讼规则（试行）》第409条的相关规定，检察机关采取的非刑罚处理方法分为训诫或者责令具结悔过、赔礼道歉、赔偿损失以及移交其他行政主管机关进行行政处罚等。除此以外，在国外还有一种经常被运用的非刑罚处理方法，即无偿向被害人或社会提供服务的方法，在实践中表现为在一定时间段内向社区提供无偿服务的居多。此类方法虽未被我国法律明确采纳，但非常适用于女性被不起诉人或被暂缓起诉人，在实践中采取女性被追诉人在一定时间内向被侵害人提供一定无偿工作的方式，这样不仅在一定程度上使被害人的利益得到及时的补偿，对于经济条件低下的女性被追诉人及其家属减轻因赔偿带来的经济压力，从而更好地从实体上保护女性被追诉人的切身利益。

（二）拓宽附条件不起诉的范围

修改后的《刑事诉讼法》在第271条第1款增设附条件不起诉制度的规定：未成年人涉嫌刑法分则第四章、第五章、第六章规定的犯罪，可能判处一年有期徒刑以下刑罚，符合起诉条件，但有悔罪表现，人民检察院可以作出附条件不起诉的决定……从而针对未成年人这一特殊主体，在保留酌定不起诉的同时，进一步扩大检察机关的起诉裁量权，不仅使未成年犯罪嫌疑人能避免因起诉而受有罪判决的前科烙印，更重要的是使未成年犯罪嫌疑人依其自助的精神致力于自我的更生与自律，是一个值得推行和推广的理想刑事政策运作模式。基于此，笔者建议可以考虑进一步拓宽附条件不起诉的适用范围。我们不妨参看外国的相关做法，如《波兰刑法典总则》第八章第66条规定："如果行为的犯罪性社会后果轻微、实施犯罪的情节不存在疑问、此前未曾因为故意犯罪受过刑罚处罚的行为的态度、行为人的个人性格和犯罪之前的生活方式能让人合理地认为，即使不继续刑事追诉程序他也将会遵守法律秩序（尤其是他将不会再实施犯罪）的，法院可以附条件地终止刑事追诉程序。如果被害人和行为人已经和解、所造成的损失已经被赔偿、被害人和行为人已经就损失赔偿方式达成一致的，对于实施法定刑不超过5年剥夺自由的犯罪之行为人，可以适用附条件的终止刑事追诉。"① 波兰的做法值得我国借鉴，这种规定也符合我国宽严相济刑事司法政策的要求，能更好地实现审前程序分流，有效节约司法资源，体现刑罚个别化的思想和促使犯罪人回归社会。我国在司法实践中也做了有益尝试，江苏无锡市人民检察院在《关于探索开展轻微刑事案件附条件不起诉工作的规定》第3条第1项"系未成年人、已满十八周岁的全日制在校学生、盲聋哑人、正在怀孕、哺乳自己婴儿的妇女或者患有严重疾病之人、年老体弱之人"，其适用主体已不只限于未成年人。笔者认为，针对女性犯罪的特点，可以适当扩展附条件不起诉的主体范围及刑度条件，对于主观恶性不大、初犯、偶犯、应当判处刑罚在3年以下有期徒刑的犯罪以及反对家庭暴力的女性犯罪都可以考虑附条件不起诉。

总之，检察机关裁量权的行使应贯彻谦抑原则，在合目的性、必要性与比例原则的要求下，使酌定不起诉和附条件不起诉的严厉程度呈梯级衔接，构建绝对不起诉—酌定不起诉—附条件不起诉的阶梯式的起诉裁量机制。在不起诉裁量形态的选择上，应优先适用酌定不起诉，附条件不起诉次之。这样，在起诉裁量理念层面上更有利于对女性犯罪人的保护。

二、对女性犯罪人刑事和解的运用

刑事和解，又称为"加害人与被害人的和解"，是指加害人出于真诚悔罪而向被害人赔偿损失、赔礼道歉等方式获得被害人

---

① 陈志军：《波兰刑法典》，中国人民公安大学出版社2009年版，第28页。

谅解，双方签订刑事和解协议书，司法机关据此对加害人不追究刑事责任或从宽处罚的法律制度。刑事和解所追求的最高价值是社会冲突的化解和社会关系的和谐，旨在化解当事人双方的矛盾，修复被犯罪破坏的社会关系。在审查起诉阶段，通过检察人员对被害人与犯罪人双方进行说理、教育，达成和解，在这一过程中，相对刑事审判来说，往往有更多的社会普通民众参与。每一次调解，对被害人、犯罪人以及他们周围的人来说，都是一堂生动的法制教育课，这种亲身参与必然在每个人心中留下烙印，其意义不仅仅在于圆满地解决纠纷，而且让更多的人受到了法制教育，而刑罚则远离一般社会大众，其对社会公众的影响仅限于对犯罪人个人的惩罚。在现有的司法资源之下提高诉讼效率是当务之急，文化交融越来越频繁、深入的形势之下，恢复性司法、协商司法理念逐步为公众所接受时，努力结合我国各种社会组织仍不健全的现状，唯有提高个案诉讼效率，整合有效社会资源，节约司法资源。不得不承认，刑事和解的司法观呈现给世界的，是对公正与效率的终极追求。

（一）刑事和解的域外实践

梳理这一制度的发展历程，我们就会发现，英美法系国家刑事和解的适用范围大都从青少年犯和轻微犯开始，逐渐扩大到成年犯和严重犯罪，甚至死刑都可以刑事和解。学界一致将加拿大作为现代刑事和解制度的发源地，1974 年加拿大安大略省基秦拿县的"被害人—加害人"和解方案成为现代刑事和解的首创。到 20 世纪 80 年代末 90 年代初，加拿大社会上出现犯罪与滥刑的浪潮，为了遏制这股浪潮蔓延下去，1995 年，加拿大国会第 2 次会议决定放弃制裁惩罚犯罪的刑事政策，而采取对于高危犯罪严厉打击，对于低危犯罪则代替监禁刑的惩罚措施，也就是对那些悔罪、认罪或征得被害人谅解的加害人适用非监禁刑。这种政策最初仅适用于低危犯罪，后来逐渐渗透到高危犯罪中。其中被害人—加害人和解模式和家庭小组会议模式运用于青少年犯罪，只适用于审前阶段，量刑圈模式适用于重罪案件，在量刑阶段发挥作用。

19 世纪 70 年代，在美国的印第安纳州出现了第一个被害人与加害人的和解计划，这个和解计划，以及加拿大安大略省的和解计划一起成为了现代刑事和解程序的首创。后来世界上其他国家和地区的刑事和解制度都是沿用了这一计划并加以改进。1995年，美国实行恢复性司法模式的法律提案正式被审查批准，标志着刑事和解制度正式纳入美国刑事司法体系。此后，美国对恢复性司法的满意程序以及社会关系的修复率做了大量的研究。结果表明 59% 以上的被害人对于案件的和解表示满意，犯罪人的再犯罪率也远远低于未进行刑事和解的犯罪人。而未成年人犯罪的和解案件中，被害人的满意率达到了 79%。基于广泛的研究调查，美国的恢复性司法模式发展很快，而刑事和解制度也日益健全。现在在美国的刑事犯罪案件中，刑事和解的适用案件范围已经十分广泛。在适用案件类型上，并不限于轻微的刑事案件，重罪案件同样也可以适用。在适用对象上，也不再限于未成年犯罪，成年人犯罪案件也可以适用。具体来说，适用案件范围已经扩展到了故意杀人、抢劫、放火等严重人身危害性的暴力性犯罪。

大陆法系固有的全面稳定的特点致使其在刑事和解构建上晚于英美法系，在借鉴英美法系刑事和解经验基础上，秉承严密周延立法的天性，将刑事和解制度构建得更加全面。大陆法系的刑事和解制度均由成文法加以规定，对刑事和解的适用犯罪、对象以及程序启动主体均明确规定。例如，德国刑事和解制度的发展虽然晚于英美法系国家，但是成为刑事和解制度规定最全面的国家。20 世纪 90 年代以来，德国在"犯罪人—被害人"和解运动推动下，刑事和解制度发展异常迅速，先后在实体法、程序法和少年法中正式确立刑事和解制度。1990 年《德国少年法院法》率先将犯罪人—被害人刑事和解制度引入刑事立法，少年犯检察官可以依职权直接终止刑事追究，对少年犯采取教育措施，少年犯与被害人协商、和解、赔偿损失等恢复性司法行为包括其中。随后在《犯罪防治法》和《刑事诉讼法》相继确定了刑事和解制度。检察官在取得法院同意的前提下，自诉和公诉的轻微案件适用刑事和解并给以加害人观察性负担。倘若加害人在规定的时间内完成恢复性负担或指示，则该行为不再作为犯罪追诉，否则恢复追诉和审判。目前德国对于刑事和解案件的范围从简单到复杂、从小到大，从最初的简单财产案件、一般伤害案件，逐步向名誉犯罪、性犯罪、严重暴力犯罪等案件发展；立法方面也是经历了从少年法到刑法再到程序法循序渐进的过程。[1]

从整体上看，世界各地由于经济条件和社会制度的差异导致各国在刑事和解制度适用范围上存在差异。即使是同一国家或地区在不同的历史时期，也会有截然不同的适用范围。大陆法系以成文法的形式明确规定刑事和解的适用范围，相比英美法系，大陆法系在适用范围上更广，规定更明确。大陆法系国家的刑事和解既可以和被害人和解，还可以和没有被害人的案件和解，即通过捐款和公益活动同国家和解。因此，大陆法系更加注重犯罪人的悔罪表现和补偿行为，并不以被害人谅解为必要条件。据统计，截止20世纪90年代末，欧洲共出现了500多个刑事和解计划，北美也多达300个，世界范围内的刑事和解则达到1000多个。在一些地方，刑事和解已经进入刑事司法的主流。[2]

（二）建议将受虐妇女犯罪案件纳入刑事和解范畴

我国修改后的刑事诉讼法将部分公诉案件纳入和解程序，并在第五编特别程序中用专章对刑事和解制度作了特别规定。根据《刑事诉讼法》第279条的规定，双方当事人一旦达成和解并签

---

[1]　参见徐永生、庄敬华：《德国刑法典》，中国法制出版社2000年版，第89页。

[2]　参见刘仁文：《恢复性司法简论》，载《和谐社会语境下的刑事和解学术研讨会文集》，第67页。

订刑事和解协议，在侦查阶段的，公安机关可以向检察机关提出从宽处理的建议；在审查起诉阶段的，检察机关根据不同的案情作出不同的处理：犯罪情节轻微，不需要判处刑罚的，可以作出不起诉的决定；需要判处刑罚的，在向人民法院提起公诉时，可以向人民法院提出从宽处罚的检察建议。根据《刑事诉讼法》第277条："在公诉案件中，犯罪嫌疑人、被告人真诚悔罪，通过向被害人赔偿损失、赔礼道歉等方式获得被害人谅解，被害人自愿和解的，双方当事人可以和解：（一）因民间纠纷引起，涉嫌刑法分则第四章、第五章规定的犯罪案件，可能判处三年有期徒刑以下刑罚的；（二）除渎职犯罪以外的可能判处七年有期徒刑以下刑罚的过失犯罪案件。犯罪嫌疑人、被告人在五年以内曾经故意犯罪的，不适用本章规定的程序。"

笔者认为，修改后的刑事诉讼法根据犯罪性质和严重程度来限定刑事和解的适用范围，这是考虑到公诉案件的国家追诉性质和刑罚的严肃性，防止出现新的不公正，显示了立法者对建立这一新的诉讼制度所持的谨慎态度，但这种态度却把另外一些适用刑事和解程序，能够取得更大司法成效及社会成效的案件排除在外，比如家庭暴力引起的女性犯罪。

在此，笔者介绍以下被学者评为"2013 年度性与性别事件"之一的李某某案。[1] 该案是一名叫李某某的四川籍妇女，于 2009 年 3 月再婚嫁给曾三次离婚的谭某某，2010 年 11 月 3 日，维持了 20 个月的婚姻终于走到了尽头，但谁都没想到是以女方杀死男方的这种让人惊叹又心酸的方式来结束这段婚姻的。据媒体报道，李某某自从嫁给谭某某都是长期在家庭暴力中度过的，虽然也曾多次找过妇联、村委会、警察局等组织机构求助，但总是被"家务事"、"夫妻之间的事"等理由劝慰或者回绝，并没有得到

---

[1] 参见庄庆鸿、苏孟迪：《学者评出 2013 年度十大性与性别事件》，载《中国青年报》2013 年 12 月 25 日第 3 版。

有效的解决。2010 年 11 月 3 日当天，丈夫谭某某酒后又像往常一样对李某某实行无理家暴，并以气枪射击李某某臀部来对其威胁，不堪受辱之下，李某某抢来气枪用枪管重击谭某某的后脑勺从而致其死亡，悲剧终于还是在家暴的一次又一次残忍的重复中上演了。待李某某清醒过来后，便打电话让人报警，她也在家中等着警方来抓捕。该案一审判决于 2011 年 8 月下达，法院以受虐证据不足，杀人情节恶劣的理由对李某某以故意杀人罪判处死刑立即执行，并剥夺政治权利终身。二审裁定由四川省高级人民法院于 2012 年 8 月 20 日做出，维持原判。2013 年 1 月 25 日，最高人民法院作出核准死刑的决定。百名律师、学者和 NGO 组织还有一些社会人士发起了"刀下留人"的呼吁。2013 年 1 月 3 日，北京、上海、广州、成都等八个城市都有年轻女志愿者身裹白布象征绝境中的受虐妇女，并在各自当地法院门前表演行为艺术，声称自己不要做下一个李某某。同时如美国的《纽约时报》等多家国外媒体以案件争议性颇大报道了此案。于是受虐妇女犯罪案的罪行认定和量刑又引起了各界广泛的讨论。

可见，由家庭暴力引发的女性犯罪在案情和犯罪原因上区别于普通的女性犯罪案件，也区别于普通的重罪，而此类案件不处理好，很容易使得案件当事人的权利得不到充分保障，以及导致社会群众感情遭到伤害。因为她们走上犯罪道路往往是因为长期遭受家庭暴力，在长时间的精神和身体双重受到极度摧残的情况下，求助无门而选择的无奈之举，却未料到仍然是从一个火坑跳到了另一个火坑。在法律上对此类案件合理处置的阙如，不禁让人觉得对于此种恶劣的家庭暴力困境中的女性似乎退也死，进也死。另外，在这样家庭，父亲被母亲手刃，母亲却锒铛入狱，而剩下老弱的家庭无人照料。所以，对此类案件的女性犯罪人，在法治的视野中掬一捧同情的司法之泪，更能彰显现代社会的文明和公正。鉴于此，笔者建议，检察机关在处理此类案件时，可以主动启动刑事和解程序，案件双方当事人自行或者在检察院的主持下达成和解协议，同时检察机关应当对该结果记录在案，在起诉意见书中向法院作出量刑建议。因为受虐妇女"以暴制暴"案中大多数的法定刑比较偏重，所以在这个阶段检察机关仍然要继续提起诉讼，但是应当连同当事人所做的《刑事和解协议》和《适用恢复性司法意见书》一同移交给法院，并且建议对此类案件从轻或减轻处罚。

在刑事和解中多为采用的是"被害人—加害人"和解模式，但对于家庭暴力引起的女性犯罪案件，此种模式似乎并不适用，因为此类案件被害人大多已经不在了。那么转而能够进行和解的便是被害人的家属与加害人了。在这种模式中，被害人家属和加害人进行充分沟通，经过协商达成书面协议，司法机关并不介入双方协商，但是司法机关应该履行告知义务、联系双方的义务以及监督履行的义务。同时，笔者建议还可以引入量刑圈这种圆桌式的讨论方式对于此类受虐妇女杀夫案件或可更为合适。因为受虐妇女杀夫案其实不仅仅是一个法律问题了，它折射的更多的是一个社会问题。为什么家暴如此之久，也没有相关机构采取措施阻止进行，同时受虐妇女为什么多方求助，却毫无效用。这无不反映出女性作为弱势群体的保障缺失。对悲剧的酿成，社会和法律不得不负一定的责任。量刑圈则是将包括双方家属、社区居民、相关人士在内的人都汇聚一起，提出意见，更有利于此类案件的立体剖析，得到一个更为公正的处理方式。采用量刑圈的方式，由于受虐妇女"以暴制暴"案属于重罪，所以中立方的角色应当由专业的司法机关相关人员来充当，让各方相关人士都参与协商，达成一个合理有效的处理方式。

当然，根据法律规定，对于犯罪情节轻微，不需要判处刑罚的，已达成和解协议的女性犯罪人，检察机关可以作出不起诉的决定。需要说明的是，司法实践中应进一步细化和解不起诉的适用条件，保障刑事和解的统一适用。因为检察机关的不起诉处理和法院判决免予刑事处罚的处理实际上存在实质性的差异，不起诉实质上是作了无罪处理，而判决免予刑事处罚却只是定罪免刑，为了更好贯彻法律面前人人平等的原则，有必要通过司法解释的形式对和解不起诉的条件进一步细化，具体可以作出如下规定：检察机关在综合考虑犯罪嫌疑人的主观恶性、人身危险性和所犯罪行的轻重后，对于犯罪情节轻微，依照刑法规定不需要判处刑罚的，应当作出不起诉的决定，如此一来，不但可以保障刑事和解的统一适用，而且契合了"有利于被告人"原则的精神。

第三节　审判过程中对女性犯罪嫌疑人被害化的预防

党的十八届四中全会通过的《中共中央关于全面推进依法治国若干重大问题的决定》明确提出要推进以审判为中心的诉讼制度改革，这为完善诉讼制度，保证司法公正指明了方向。我国修改后的《刑事诉讼法》第12条也明确了审判是决定被告人是否有罪的关键阶段，即规定"未经人民法院依法判决，对任何人都不得确定有罪"。在某种意义上可以说，我国在立法上已经确立了审判在刑事诉讼中的中心地位。审判中心强调法庭不能简单地接受侦查、起诉机关所移送来的证据材料及其作出的结论，而是用更加民主、公正的程序对审前阶段所取得的成果作出独立的审查和自己的判断，从而有效防止审前程序权力的滥用，使审判真正成为维护社会公平正义的最后一道防线。

一、尊重女性被告人的着装权

任何人在法院依法确定有罪之前，一律被推定为法律上无罪。无罪推定不仅仅是一项原则，更需要辅之必要的诉讼仪式方能彰显其丰富的理性内涵。英国法学家边沁将法庭比拟为"司法的剧场"，法庭里进行的司法过程是一出"司法剧"（judicial drama），法官、原告、旁听人、庭吏、书记官等都是剧中登场的演员（performer），在这个剧场里，不同的人身着不同的服饰，不是为了赢得尊敬所用的道具，而是区别身份的手段，表明根据他们在司法中所起作用的不同，以特殊的服饰加以区别。^① 从社会一般意义上讲，每个法官、原告、旁听人、庭吏、书记官等都是剧中登场的演员团体，每个组织或社会都发展了一种独特而又能为成员所共享的价值观或认识，这些价值观或认识是如此与众不同，许多组织为了让这种思想上的差异性能够通过视觉的方式表现出来，而采用了制服这种方式。穿上制服的个体，就被赋予了一种特定的"角色集体"，在高度社会化的时代，表现团体性外观最突出的方式就是制服，社会组织期望通过制服，将其独特的价值观复印到特定人员的身上。在奉行有罪推定的法律制度下，国家、社会及其成员将那些被认为是犯了罪的人，即便是在未被判决有罪之前，也要通过一定行头与其他社会成员区别开来，使其形成一种气氛，被告人因自己的行头而觉得低人三分，从而对犯罪产生认同感，法官和检察官面对形象猥琐的被告人也更确信了指控的正确性以及对有罪判决的倾向性。为了保证法官审判的客观公正，避免先入为主或受环境气氛的外在影响，不仅需要法官着装无差别的符合公平、正义的仪式要求，也需要被告人法庭上的行头符合无罪推定原则特定仪式的要求，并且将这一仪式平等地赋予所有被告人。^② 美国宪法第十四修正案中开宗明义地指出了对于公正审判的重要要求，即不经正当法律程序，不得剥夺任何人的生命、自由或财产，也不得拒绝给予任何人以平等法律保护。作为公正审判的基本构成要素，在宪法第五修正案中又明确列明了不得在任何刑事案件中被迫自证其罪的原则。因此，刑

---

① 参见周伦军：《司法剧场化随想》，载《法人》2004 年第 2 期。
② 参见孙燕山：《论被告人权益保障的平等性——从被告人的着装、发型、戴械具谈起》，载《河北学刊》2009 年第 2 期。

事审判应严格遵循无罪推定，在被告人被法院最终认定为有罪前，都应被视为是无罪的，其他配套制度的核心或基本出发点，也都往往是基于对被告人的合法权利的保护。于是，任何可能在未经审判前就会误导裁判者认定被告人有罪的情况都应当被避免。[①]

《看守所条例》规定了在征得办案机关同意和取得公安机关批准的情况下，被羁押的人员可以和其近亲属会见，且经过看守人员的检查后，被羁押人员近亲属可以为其送去物品。该条例同时规定了被羁押人员应当自备衣服、被褥，只有在确实不能自备的情况下，由看守所来提供。《监狱法》要求对于罪犯的被服应由监狱统一进行配发。在 2004 年施行的《监狱服刑人员行为规范》中又明文规定了犯人必须按照监狱的要求一律穿着囚服，并且佩戴统一标识。法庭上的被告人并非监狱里的罪犯，被告人未被最终定罪前，当然应被视为是无罪的人。但在实践中，各个看守所在自己的日常管理规定中往往都强制要求着装统一，而仿照监狱的囚服，在其号服上印上"某某看守所"等字样，在被告人出庭受审时又不为其换穿便装，使得被告人遭受到了罪犯一般的不公正的且不应有的待遇和歧视，不得不穿着囚衣式的号服出席对自己的审判，这是漠视被告人人权的表现。

女性被告人一般会对自己的衣着、发型格外在意，尤其是以被告人身份出现在法庭上，情绪就更为敏感。以季羡林旧居失窃案为例，在开庭前，被告人王某某拒绝穿上看守所统一的橘色号服，并在法庭门口一把脱掉号服，同时情绪激动，工作人员不得不花费时间安抚，从而导致开庭时间被延迟。因此，建议羁押场所在将被告人交付审判前应告知被告人可以换上便装出庭，被告人不同意的，羁押场所应当对此作出记录，经被告人签字后将记录交付法庭。被告人同意的，则为其换去号服，如有被告人家属

① 参见王吟：《被告人出庭着装问题的反思》，载《鄂州大学学报》2015 年第 2 期。

送来的便装，对于不属于奇装异服等不严肃的服装，经检查后应准许被告人换上。如被告人没有便装，应为其准备。2015 年 2 月 26 日，最高人民法院公布了《关于全面深化人民法院改革的意见》，其中明文禁止让刑事在押被告人或上诉人穿着识别服、马甲、囚服等具有监管机构标识的服装出庭受审。此规定的出台，对于心思细腻的女性被告人无疑增加了一层人格尊严的内涵。

二、保障女性被告人充分行使辩护权

刑事诉讼被视为一场国家与个人之间的斗争，由于追诉犯罪的权力掌握在国家的手中，公诉方较之被追诉方具有天然的强势地位，因此在限制和规范控方权力的同时，必须有效地强化和保障被追诉方的诉讼权利，特别是起关键作用的辩护权，从而保证处于弱势的被追诉方与处于强势的控诉方实现实质意义上的控辩平等。孟德斯鸠在《论法的精神》一书中就曾指出，"一个人，即使最卑微的人的生命也应受到尊重，国家在控诉他的时候，也必定要给他一切可能的手段为自己辩护"。[①] 然而在刑事诉讼中，由于被追诉人往往不具备法律相关的知识和素养，加之其本身身陷囹圄，人身自由受限，不便或难以进行为辩护所需的相关工作，减损甚至丧失了辩护的基础，因此辩护权的有效行使就只能依靠律师辩护制度。可以说，审判中心只有在有律师辩护的刑事案件中才能真正地得以实现。刑事诉讼法对辩护制度作了较大范围的修改，充实了辩护权的内容，强化了辩护权的保障体系。然而，当前的问题在于，制约辩护权有效展开的因素依然存在，如辩护质量不高，侦查阶段律师是否享有调查取证权界定不明等，最为突出的问题则表现在刑事辩护率不高，特别是法律援助辩护的范围太窄。法律援助制度确保了公民在司法程序中平等地行使权利，有力地维护了诉讼参与人特别是被追诉犯罪人的合法权

---

① 孟德斯鸠：《论法的精神（上册）》，北京商务印书馆 1982 年版。

益，彰显了良法中的"善"的本质，体现了社会的文明进步，正因为如此，有人将法律援助视为"自第二次世界大战以来法律方面最重要的革命"。① 联合国《关于律师作用的基本原则》第 6 条规定："任何没有律师的人在司法需要情况下均有权获得按犯罪性质指派给他的一名有经验和能力的律师，以便得到有效的法律协助，如果他无足够力量为此种服务支付费用，可不交费。"在西方，英国、美国、意大利等国家通行以国家经费或公共经费为无力自行聘请辩护人的被追诉人指定辩护人的做法，其中英国对于被追诉人的法律援助资金甚至远远超过国家投入检察机关的资金。

　　然而，我国现行法律援助的适用案件范围有限，我国修改后的《刑事诉讼法》第 34 条明确规定：犯罪嫌疑人、被告人因经济困难或者其他原因没有委托辩护人的，本人及其近亲属可以向法律援助机构提出申请。对符合法律援助条件的，法律援助机构应当指派律师为其提供辩护；犯罪嫌疑人、被告人是盲、聋、哑人，或者是尚未完全丧失辨认或者控制自己行为能力的精神病人，没有委托辩护人的，或者犯罪嫌疑人、被告人可能被判处无期徒刑、死刑，没有委托辩护人的，人民法院、人民检察院和公安机关应当通知法律援助机构指派律师为其提供辩护。由此可见，我国刑事诉讼法并未明确单列出除这些人以外的其他明显缺乏辩护能力却没有委托辩护人的被告人也可以指定辩护的规定。

　　从我国目前的现实状况而言，自行辩护仍是被追诉人进行辩护的最重要途径。值得关注的是，在这比例占大多数的因各种因素，主要是经济因素和意识因素未委托辩护人、在审判中进行自行辩护的被告人中，有相当一部分是本身明显缺乏辩护能力的，但法院却因他们既不是盲、聋、哑人也不是未成年人，缺乏法律明确规定的指定辩护条件而未对其指定辩护，致使这部分人既不

---

① ［英］丹宁勋爵：《法律的未来》，刘庸安、张文镇译，法律出版社 1999 年版。

能靠自己的能力有效辩护，又得不到辩护人的帮助，无法有效参与到庭审中行使自己的辩护权利，他们的辩护权在事实上几近落空。此类情况在女性被告人中表现得尤为突出。女性由于长期受传统社会分工影响，从总体上讲，女性被追诉人的文化层次普遍较低、法律意识较为淡薄，特别是在边远地区，加上大多女性有情绪易激动的特点，因此在庭审这种决定其未来命运的场合中，受自身利害驱动，常常会不知所措，难以正确理解控辩双方纷争的实际内容和意义，无法顺畅表达，发言偏离中心而纠缠于问题细枝末节，甚至有时候会因为自己的错误理解而产生答非所问，似是而非的情况。表现出这些状况的女性被告人大多处于社会底层，自行委托辩护人对她们来说一是经费有限，甚至为零的法律常识使她尽管被告知可以委托辩护人代为辩护，也并不能真正了解辩护人和有效辩护对诉讼的重要意义，因而即使经济条件勉强能够支付聘请律师的费用，也不愿意花这份钱。也许是封建社会中女性社会地位低下进而导致文化层次低、辩护能力弱的特点更为突出的缘故，虽然目前我国没有对女性被告人指定辩护的规定，历史上却曾经有过：清末司法改革在我国法制史上首次倡导了法律援助制度，这一阶段编制的《大清刑事诉讼律草案》中便规定，"被告人系妇女……审判衙门可依职权或检察官之请求指定辩护人"。尽管这一条款从某种意义上体现了当时男尊女卑的思想和社会现实，但在女性并未真正实现与男性完全平等的背景下，客观上确实能够起到对女性被告人权利的维护作用，有一定借鉴意义。

因此，笔者认为在对待女性被追诉人时有必要加强对指定辩护制度的运用，即在案件的被告人为女性时，在开庭前的准备中应格外注重对女性被告人文化层次的审查了解，对于合议庭认为有必要由辩护人提供辩护帮助的，可以为其指定辩护，以体现对女性的司法关怀。至于"必要"的限度，在实践摸索阶段可以由合议庭把握，但从长远考虑，为了杜绝随意性，防止司法机关为免除麻烦而规避责任，应在经摸索得出规律性经验的基础上由法律从案件的复杂程度、被告人可能被判处刑罚的轻重、被告人的文化水平和经济条件等方面加以明确规范，其具体标准本文暂不予探讨。

从表面上看，增加对指定辩护制度的运用势必加大司法成本的消耗，但稍加分析就会发现，为辩护有困难的被告人指定辩护律师，提高被告人的辩护能力，不仅是对被告人合法权利的维护，而且能够避免被告人本人因不得辩护要领而纠缠于案件细枝末节，使控辩紧密围绕与定罪量刑有关的犯罪构成因素和案件争议点展开，进而提高审判效率，这恰恰在无形中节约了司法资源。

三、有效组织法庭审理

法庭审理过程是指人民法院在控辩双方及其他诉讼参与人的参加下，审核各种证据、查清案件事实并审查如何正确适用法律的过程。这一过程直接关系到控辩双方、特别是辩方观点能否顺利表达和被采纳，关系到最终裁判结果是否具有公正性和客观性，关系到惩罚犯罪、保护人权的刑事诉讼目的能否实现。为了保证法庭审理的有效率开展，庭审要在以审判长为核心的合议庭组织下有条不紊地进行。由于前文提到的女性被告人总体而言具有文化层次低、法律知识知之甚少、易激动等特点，在庭审中容易表现出无法理解控方和法庭问话，发言词不达意，甚至情绪失控、对公诉人或其他诉讼参与人进行人身攻击等行为，因此在审理被告人为女性的案件时，审判人员需要特别注意以下几点：

（1）注意用语的准确性和通俗易懂性，对被告人确实听不懂的问话耐心做出解释，这既能提高讯问效率又能增强被告人的参与性和自我辩护能力。（2）担负起主动调节法庭气氛的职责，关注女性被告人心理状态，缓和她们易激动、易紧张的情绪，及时制止她们对公诉人或其他诉讼参与人的人身攻击性言行。（3）在法庭调查、法庭辩论和被告人最后陈述的过程中加强居中引导，引导女性被告人紧紧围绕控辩双方争议焦点及与定罪量刑直接相关的犯罪构成要件等实质性问题进行发言，保证她们能够充分和尽可能高效的陈述。

四、区别对待受虐妇女犯罪案件

据统计，2013 年云南省玉溪市女性故意杀人案中，因家庭暴力而导致犯罪的占 50%。2009 年，王俊、王东萌两位学者对云南省某女子监狱共 223 人做了调查，这些人都是故意杀人和故意伤害的暴力型罪犯，其中有 173 名犯罪是因为针对家暴的反抗，反家暴案件占总数的 77.6%。2008 年福州市妇联对女监重刑犯也做了调查，发现 80% 的女子是因为家暴而采取的杀人、重伤害等犯罪。2007 年，陕西省妇联对女子监狱做了一次调查，因"以暴制暴"而杀害丈夫进入监狱的占因婚姻问题入狱的案件的 95% 以上。可见，受虐妇女反家暴的犯罪案件在女性犯罪中占有相当高的比重。综观案件来看，家庭暴力的实施者和"以暴制暴"行为人，一般都是家庭主要成员，承担着家庭养老抚小的重任。"以暴制暴"的结果，往往导致家庭暴力实施者死亡或伤害的后果，而"以暴制暴"者也需接受法律的制裁，客观上造成家庭中老人和子女生活困难、子女缺乏监护的情形，无形中增加了社会的负担。长期的家庭暴力侵害，是女性"以暴制暴"行为发生的主要原因，但这不能成为受虐女性剥夺他人生命和健康权利的免责金牌。女性"以暴制暴"行为，应在正视行为人长期遭受家庭暴力、身心受到严重摧残的事实下，完善刑事立法与司法，通过采取合理化的措施，进行科学的刑法规制。

（一）合理适用法律规定，维护受虐妇女权益

在女性"以暴制暴"案件中合理适用"情节显著轻微"、"情节较轻"、缓刑的相关规定，既符合罪责刑相适应的原则，也

能体现刑事法律宽严相济的精神。例如，长期遭受家庭暴力侵害又无法得到有效救助、心理上绝望无助的女性，为反抗家庭暴力而实施的"以暴制暴"行为，如果其造成的伤害为轻伤，在法律上可以认定为"情节显著轻微"，不认为是犯罪；因长期受虐，为自保或保护家人而反抗家庭暴力杀人未遂的，可以认定为"情节较轻"，根据法律规定处刑。2010 年 10 月 1 日在全国法院全面试行的《人民法院量刑指导意见（试行）》指出，因被害人的过错引发犯罪或对矛盾激化引发犯罪负有责任的，可以按被害人的过错程度，减少基准刑的 10% ~30% 以下，这对因遭受家庭暴力而实施"以暴制暴"行为案件，具有重要的现实意义。此外，符合缓刑条件的"以暴制暴"犯罪女性，应尽量适用缓刑。随着"受虐妇女综合症"理论①在西方国家司法实践中的应用，我国一些学者也提出要将其纳入我国的司法实践，作为女性"以暴制暴"案件中正当防卫的依据。该理论在我国的探讨说明了社会性别理论在我国的传播，使人们开始用社会性别的视角审视男女两性的生理差异及由特定社会文化造成的社会性别差异及其对人的行为的影响。但是，由于受理论研究现状、鉴定技术的限制、正当防卫关于防卫时间的要求等的限制，在现阶段完全引入"受虐妇女综合症"，贸然将其作为女性"以暴制暴"行为的无罪依据并不现实。结合女性"以暴制暴"的动机，根据女性遭受家庭暴力侵害的实际程度及其对女性心理和生理的影响，将存在特定的家庭暴力行为确认为法定的从轻或减轻情节，是可行的方式。

（二）统一女性"以暴制暴"案件的量刑标准

妇女因不堪忍受丈夫的暴力引发的杀人案、伤害案在人民法

---

① 受虐妇女综合症（Battered Woman Syndrome）原是一个社会心理学名词，指长期遭受丈夫或男友暴力虐待的妇女所表现出来的、针对施暴人的特殊的行为方式。最早由研究家暴问题的先驱、美国临床法医心理学家雷诺尔·沃柯博士提出，后逐渐演化成法律概念，于 1987 年用于加拿大的司法实践。

院受理的案件中占一定比例。对此类杀人或伤害案件的处理，因承办案件的法官对家庭暴力行为认识不同，执法也不尽相同，量刑各异：从死刑立即执行、死刑缓期 2 年执行、无期徒刑、有期徒刑 10 年以上到 5 年有期徒刑，量刑幅度相当大，情节却很相似。这种同案不同判的情形大量存在，主要原因在于没有统一的量刑标准。法官、检察官对家庭暴力的不同认识、各地对于女性"以暴制暴"案件法律援助的力度、社会舆论对该案件的关注程度等都成为影响案件量刑的重要因素。为维护司法公正，统一该类案件的量刑标准已刻不容缓。尽管 2010 年《人民法院量刑指导意见（试行）》中对于量刑有了较为详细的指导意见，但因"以暴制暴"案件的特殊性，我国可以在总结近些年女性"以暴制暴"案件审判经验的基础上，根据案件的不同情形进行合理分类，对不同案件类型的量刑出台专门性的指导性意见。2015 年 3 月 4 日，最高人民法院、最高人民检察院、公安部和司法部联合发布《关于依法办理家庭暴力犯罪案件的意见》，明确提出制止家暴可认定为正当防卫，对于长期遭受家庭暴力后，在激愤、恐惧状态下为了防止再次遭受家庭暴力，或者为了摆脱家庭暴力而故意杀害、伤害施暴人，被告人的行为具有防卫因素，施暴人在案件起因上具有明显过错或者直接责任的，可以酌情从宽处罚。对于因遭受严重家庭暴力，身体、精神受到重大损害而故意杀害施暴人；或者因不堪忍受长期家庭暴力而故意杀害施暴人，犯罪情节不是特别恶劣，手段不是特别残忍的，可以认定为《刑法》第 232 条规定的故意杀人"情节较轻"。在服刑期间确有悔改表现的，可以根据其家庭情况，依法放宽减刑的幅度，缩短减刑的起始时间与间隔时间；符合假释条件的，应当假释。被杀害施暴人的近亲属表示谅解的，在量刑、减刑、假释时应当予以充分考虑。这作为我国首份反家暴刑事司法指导意见的发布，无疑体现了法律对于弱势的受虐犯罪妇女温情的一面，但最高法同时发布的 5 起典型案例中没有一起是有关受虐妇女反家暴的案件，不能不说是一个遗憾。

（三）确定家庭暴力的证明适用推定原则

女性家庭暴力犯罪不是一般的犯罪行为，而是女性受害者对于家庭暴力的一种反抗。如果家庭暴力的证明只能通过直接证据来证明，那么现实生活中家庭暴力的存在很难被证明。笔者认为，认定家庭暴力可以使用间接证据，甚至可以适用推定原则。在不违反法律的基本原则的前提下，在司法实践中可对家庭暴力的审判涉及的证据的采信、证明标准、举证责任、司法鉴定等方面的规定进行灵活运用，适当减轻受害者的举证责任。这样做克服了家庭暴力自身隐蔽性强、举证难的特点，同时也体现了法律的正义，体现了法律对弱者的关怀。

在收集证据时要讲究方法、要及时，要选择多种途径，例如多依靠当地居民委员会、派出所、医院取证；要注意动机、原因方面的证据，提取证人证言要讲究方法，并要区别于其他案件对人证的要求，只要确实亲历见闻，无论有无亲属关系仍可担任证人：对不愿公开姓名，身份的控告人，检举人应当为其保密，对其中需要加以保护的，应采取妥善的安全措施予以保护。对于严重的家庭暴力侵害，应对受害人尽快进行伤情鉴定。目前有不少地方成立了家庭暴力法医鉴定中心，如北京市高级人民法院法医学鉴定室于1995年专门开设了国内第一家专门从事家庭暴力伤害的法医鉴定门诊，专门为家庭暴力的受害者提供法医鉴定，使得家庭暴力的受害女性，在法律上取得有利主动的地位，同时也可以提高家庭暴力案件审理的效率。

（四）充分利用减刑与假释制度

"以暴制暴"犯罪的女性首先是是家庭暴力的受害者，其犯罪的主要原因在于自保或保护家人，社会危险性不大，因此在刑罚执行的过程中，应积极贯彻宽严相济的刑事政策，考虑"以暴制暴"女性特殊的犯罪背景及其对家庭的重要作用，适用人性化的刑罚执行制度。在刑罚执行过程中，应酌情加大减刑幅度，最大限度地适用假释制度，既可以减少不必要的刑罚执行成本，也有利于"以暴制暴"女性早日回归社会，履行赡养老人、抚育孩子的责任，缓减社会压力，促进社会的和谐稳定发展。

第四节　刑罚执行中对女性犯罪人被害化的预防

我国刑罚的目的是预防犯罪。把犯罪人改造成从善之人、自食其力之人、对法律敬畏之人、重新回归社会之人是对其最根本的人权保障，也是刑罚的目的使然。传统观念把犯罪完全归咎于犯罪者个人并对其严刑峻罚，这对犯罪人来说显失公允。西方有法谚云：法是善良和公正的艺术。笔者认为，刑罚也应如歌德在"马哈德，大地之主"中所说："他应惩罚，他应宽容；他必须以人性度人。"随着人为本理念的渗透，现代刑法的人性基础逐步得以确立。与此同时，刑罚轻缓化也已成为世界潮流，这种趋势更多体现在对特殊群体的关照。所以，在刑罚执行过程中，加强对女性犯罪人刑罚的宽缓和人道，更加符合现代法治文明的意蕴。

一、充分运用行刑制度，促进"以暴制暴"女性回归社会

女性反家暴犯罪大多具有恶逆变倾向，即先是受害人，后转为加害人。其犯罪的主要原因在于自保或保护家人，社会危险性不大。如河北女子监狱服刑人员马某某，24 岁时同丈夫结婚，丈夫脾气暴躁，性格乖戾，品质恶劣，经常打架滋事，回家就对妻子打骂。尤其在妻子连续生了两个女儿以后，丈夫的暴行就更厉害了，当马某某第三胎生了儿子后，马某某并没有母以子为贵，

打骂妻儿更变本加厉。马某某从没有想到利用法律的武器保护自己，终于作为目不识丁的家庭妇女，马某某在忍受了丈夫 27 年的摧残虐待后，郁积在胸中的愤怒和屈辱爆发了，在儿子的协助下，马某某用一条绳子勒死了丈夫，而她因故意杀人罪被判处有期徒刑 6 年。因此在刑罚执行的过程中，应积极贯彻宽严相济的刑事政策，考虑"以暴制暴"女性特殊的犯罪背景及其对家庭的重要作用，适用人性化的刑罚执行制度。前文所述的"两高"、"两部"的意见也明确规定，对于反家庭暴力的犯罪妇女在服刑期间确有悔改表现的，可以根据其家庭情况，依法放宽减刑的幅度，缩短减刑的起始时间与间隔时间；符合假释条件的，应当假释。因此，笔者认为，在司法实践中，应酌情加大减刑幅度，最大限度地适用假释制度，这样既可以减少不必要的刑罚执行成本，也有利于"以暴制暴"女性早日回归社会，履行赡养老人、抚育孩子的责任，缓减社会压力，促进社会的和谐稳定发展。

许多受虐妇女是在投诉无门、维权无望的绝望心理下铤而走险走上犯罪道路，因此，在家暴案件中，建立多机构合作机制，采取及时、有效措施，妥善处理，不吝是对家暴维权的受虐妇女的强心剂，也避免使受虐妇女在"退一步是被打死进一步是进牢房"的深渊中难以自拔。可喜的是，2015 年 3 月 8 日，河北省家庭暴力危机干预专家指导委员会正式成立。该委员会由全国妇联权益部、省妇联、省公安厅、省法院等相关部门组成，此举措对于统一省内的执法标准，完善部门间无缝转接的工作机制，搭建了很好的平台，同时也便于在处理家暴问题等方面建立畅通的沟通联系渠道，转介处理渠道，发挥各方面的积极性，优势互补，形成维护受虐妇女权益共推共管的合力。

二、关注女性犯罪人，适当加大减刑幅度

以女性职务犯罪为例，有相当一部分是"被动型犯罪"。这些人的犯罪诱因是纷繁复杂的。因情所扰、受人利用，"糊涂的

爱"、"错位的爱"、"权力欲望膨胀缺乏有效约束"等，人性都是共通的，中国女性受中国传统文化影响至深，体现出一些独有或者更为强烈的特质。

我们再以"三鹿毒奶粉案"为例，在这次三鹿奶粉事件中，虽然我们习惯于把相关责任推向三鹿集团，但从另一方面来看，也反映了政府及相关质检部门工作不到位。在三鹿奶粉事件曝光之前，国家有关食品安全监管部门出具的检测报告一直声称三鹿奶粉合格。而奶农在牛奶中掺入三聚氰胺，竟然一路闯关送到销售者手中，有关食品安全部门的检测形同虚设。三鹿事件的发生，只不过是挤破了中国业内的脓包。（当时全国22家奶粉厂家69批次产品检出三聚氰胺。）三鹿只是推倒了中国食品安全的多米诺骨牌。笔者想说的是，在社会转型时期，企业在追逐利润的同时加强业界良心，政府在发展经济的同时加强制度监管是法治社会所必需的。试想一下，三鹿集团在2008年8月初就自检发现生产的多批次奶粉中被不法奶农掺杂了三聚氰胺，封存了库存产品并上报了有关部门。三鹿走向末路尽管有其管理层决策严重失误的原因，而政府的不作为是否也该为三鹿集团的覆灭承担责任呢？众所周知，三鹿集团原董事长田某某因"三聚氰胺"事件于2009年1月被石家庄市中级人民法院以生产、销售伪劣产品罪一审判处无期徒刑，剥夺政治权利终身。目前在河北省女子监狱服刑。服刑期间，该罪犯能够认罪服法，遵守监规纪律，积极参加学习教育和劳动改造，先后获得考核记功奖励3次，被评为2010年度狱级改造积极分子，确有悔改表现。2011年11月，河北省高级人民法院裁定将其刑期由无期徒刑减为有期徒刑19年，剥夺政治权利改为6年。减刑后，田某某因改造表现较好，陆续获得多次记功等奖励，且无违规违纪行为，2014年5月，石家庄市中级人民法院裁定对其减去有期徒刑1年9个月。从功利理念上看，刑罚是对犯罪人犯罪行为的否定，也是预防犯罪人再犯罪的方法，其既注重于报应，也注重于预防，更注重对犯罪人的改善，使其成为完整的"社会中的人"。

笔者认为，在刑罚执行过程中应遵循刑罚个别化原则，"刑罚执行的个别化不仅要考虑罪犯的矫正表现，而且还要考虑罪犯所判刑罚、犯罪性质、罪犯人格状况等。刑罚执行过程中的个别化不仅是刑罚期限与罪犯的个别化，而且包括刑罚期限在内的刑罚要素，如管理、教育、心理矫治等与个别的罪犯的个别化"。[1]故此，鉴于这些女性犯罪人的具体情况，可以考虑在法律允许的范围内加大减刑幅度，展现刑罚的善念也未尝不可。

三、提高女性犯罪人社区矫正比例，降低再犯率

社区矫正作为我国刑事执行的一项重要制度，于 2011 年和 2012 年写入《刑法修正案（八）》和新修订的《刑事诉讼法》，这一制度的实施，体现了刑事政策的宽和与人道。据统计，社区矫正试行 10 余年来，全国各地累计接受社区服刑人员 166.5 万人，累计解除矫正 100.7 万人，截至 2014 年，全国社区服刑人员在矫正期间重新犯罪率为 0.19%。以最早开展试点工作的杭州市为例，2007~2011 年期间，看守所刑满释放人员的重新犯罪率为 9.7%，监狱刑满释放人员的重新犯罪率为 7.59%，完成社区矫正人员 2007~2011 年的重新犯罪率分别为 2.03%、1.58%、0.83%、1.46%、0.99%。笔者在 2014 年 10 月至 2015 年 4 月进行了为期半年的社区矫正调研。其中，上海长宁区司法局截至 2014 年 10 月在矫人员 257 人，再犯率为 0，佘山镇司法所 2014 年的再犯率也为 0，这表明，作为非监禁方式的社区矫正更有利于预防和减少重新犯罪。

笔者认为，在社会管理创新的时代背景下，作为一种国家权与社会权有机结合的刑罚执行制度，社区矫正符合"以人为本"的现代法律观，在我国有着广阔的发展空间。所以，笔者建议在

---

[1] 翟中东：《刑罚个别化研究》，中国人民公安大学出版社 2001 年版，第 206 页。

总体放宽服刑人员矫正比例的基础上，适当提高女性服刑人员的比例完全必要，也是完全可行的。一方面，女性的心理、生理特点不同于男性，女性犯罪基数大大低于男性，社会危险性相对较小。另一方面，对女性犯罪人进行社区矫正也能充分整合、利用社会资源，提高矫正质量和效率，增大社会效益，促进家庭关系和谐与稳定。

当前，我国女犯实施社区矫正的比例依然较低，以笔者调研的石家庄市新华区为例，截至 2015 年 4 月 30 日，社区矫正服刑人员共 154 人，其中女性 26 人，但凡是适用社区矫正的女性刑释人员，基本都能弃旧从新，遵规守纪，社区矫正对促进服刑人员顺利回归，减少犯罪，作用凸显；同时实践中，"三制"（阳光救助机制、法律援助机制、就业指导机制）平台的建设，给予过渡期的女性回归人员及时提供资源支撑，帮助其顺利融入社会。北京市的"阳光中途之家"和上海市的"中途驿站"等模式的探索也为社区矫正积累了较好的经验，例如，对于无家可归、无业可就、暂无能力自谋职业、人均收入低于最低生活保障线的女性矫正对象，矫正机构可帮助其申请民政部门的社会救助；对已参加过失业保险的矫正人员，在尚未就业前，政府可发给失业救济金；社区各部门关注女性矫正对象的疾苦，提供法律、心理、婚恋、就业等方面的咨询服务，开办各类免费职业培训班等，鼓励她们接受继续教育，提高就业和再就业能力，因此，扩大女犯矫正比例，让更多女性服刑人员提前与社会接触，减轻"监禁人格"的消极影响，对有效巩固监狱教育改造成果，完善行刑社会化，减少和预防重新犯罪能够收到良好效果。

第五章　女性犯罪人被害化防治的社会环境建设

第一节　完善女性权利保障机制

一、女性权利概述

人类历史上第一个女性权利宣言是 1791 年法国著名女革命家阿伦普·德·古杰发表的《妇女和女公民权利宣言》，标志着妇女向社会公开提出了女性权利的政治要求。1948 年 12 月 10 日，联合国大会通过第 217A（Ⅱ）号决议并颁布《世界人权宣言》，其第 2 条指出人人不分种族、肤色、性别、语言、宗教等有任何区别。但妇女人权这一概念第一次正式出现是在 1993 年第二届世界人权大会上通过的《维也纳宣言和行动纲领》，其规定："妇女的人权是普遍性人权当中不可剥夺和不可分割的组成部分。"这表明妇女人权同普遍性人权没有本质的区别，所有普遍性人权的内容都是妇女人权的基本内容，普遍地适用于妇女。①
1995 年的第四次世界妇女大会进一步强化和发展了"争取女性权利从特别针对妇女的举措向社会性转变，确保性别平等观点成为社会各个领域的主流"的理念，标志着确认了妇女权利是人权

---

① 参见邢晓玲：《妇女人权的国际保护》，载《黑龙江省政法管理干部学院学报》2011 年第 6 期。

的组成部分，是所有人权和基本自由的一个不可剥夺、不可缺少的重要组成部分。

（一）女性权利的定义

女性权利必然包含了人权的普遍性权利，所以谈女性权利必然得先谈人权的内涵。人权，是指人享有或应该享有的自由、平等和体现人类尊严的权利。《联合国宪章》把"对于全体人类的人权及基本自由的尊重"规定为联合国的宗旨之一。从那以后，人权问题不仅成了国际法规范的一部分，而且成为国际法的基本原则。女子作为人类整体的一部分，应该享有和男子同等的权利。因此，笔者认为"女性权利"是指所有女性享有的与男性无差别的人权，是女性有尊严、有地位地立足于社会的基础。这就意味着，女性权利是特殊的人权，它的内涵具有特殊性，包括女性基于生理特征和所承担的繁衍人类的任务而特有的权利，例如在经期、孕期、产期、哺乳期等应当享有的特殊权利，这些特殊权利是维护女性作为人的尊严和价值所必需的，因此也属于妇女人权的内容。① 这并非女性的特权，而是为了实现女性与男性实质上的平等所必须给予女性的权利，以保障女性自由、平等、幸福地与男性共同生活在人类世界中。

（二）女性权利的内涵

女性权利的内容应包括两方面，一方面是实现男女的形式平等。女性权利作为基本人权内容，其权利主体具有普遍性，所有女性与男性拥有均等的意志自由，其权利能够得到同等水平的保障，这是平等权的实现前提。基于这样形式上的平等，才与自由联结在一起②。追求形式平等是为了保障男女两性在社会生活中享受到与其自身发展水平和社会程序相当的尊重与对待的前提。

---

① 参见徐显明：《国际人权法》，法律出版社 2004 年版，第 363 页。
② 参见大须贺明：《生存权论》，林浩译，法律出版社 2001 年版，第 32～33 页。

另一方面更为重要的一点，即实现男女两性的实质平等。男性与女性因社会分工模式的不同导致社会生产中男女地位及作用不同，这种现象是客观存在的。法律条文中形式上的平等，没有真正落实到现实生活中，事实上对妇女的歧视依然普遍存在。这也是造成大部分女性权利受到侵害的真正原因，更是女性被害化现象存在的真正原因。

（三）女性权利的具体内容

根据相关国际条约的有关规定以及中国的《妇女权益保障法》等有关保护女性人权的法律法规，笔者认为女性权利的具体内容主要为以下五个方面：

1. 与男性平等的生命健康权

生命健康权是人生存的最基本的权利，也是其他一切权利的基础。《公民和政治权利国际公约》第 6 条第 1 款规定："人人拥有固有的生命权。这一权利应受法律保护，不得任意剥夺任何人的生命。"第 7 条规定："任何人不得受到酷刑或残忍、不人道或有侮人格的待遇……"第 9 条第 1 款也规定："人人有权享有……人身安全。"[①] 因此，作为女性，应享有与男性同样的生命健康权，任何人不得剥夺女性的生命，不得侵害女性的身体。女性的生命健康权只有得到与男性的生命健康权同样的尊重，才可以真正地拥有获取其他权利的前提。

2. 与男性平等的受教育权

受教育权是一项基本人权。通过接受教育，人类才会获得生存技能、价值观念、生活艺术，才会不断提升自己的智慧，让自己不仅仅独立自主地生存在世界上，更重要的是拥有追求优质的生活、幸福地享受生活的能力。因此，女性若要获得与男性平等的社会地位，通过接受教育，具备一定的科学文化知识是必不可

---

① ［加］丽贝卡·J. 库克：《妇女的人权——国家和国际的视角》，黄列译，中国社会科学出版社 2001 年版，第 368 页。

少的。因此，女性的人权中必然包含与男性享有同等的文化资源和学习机会，并且这种机会和权利不受阶级、身份等条件的限制。①

3. 与男性平等的政治生活参与权

妇女与男子有同等的人格和尊严，同等的权利和地位，也应当享有同等的政治权利。妇女进入决策和管理领域，与男性平等地占有社会政治资源，是妇女解放在政治领域中的具体体现。②《消除对妇女一切形式歧视公约》特别重视妇女参与公共生活，《消除对妇女一切形式歧视公约》在序言部分指出："阻碍妇女与男子平等参与本国的政治、社会、经济和文化生活，妨碍社会和家庭的繁荣发展，并使妇女更难充分发挥为国家和人类服务的潜力。"《消除对妇女一切形式歧视公约》第7条和第8条分别从保证妇女的选举权和被选举权，参加政府工作制定和执行，以及代表国家参加国际组织等国际性活动。其他一些公约、宣言和国际人权文件如《世界人权宣言》、《公民权利和政治权利国际公约》、《妇女政治权利国际公约》也都十分重视妇女参与国家政治和公共生活，并制定了有关平等的国际标准框架。③

但是，由于长期以来，女性一般从事家庭领域的事务，主要是生儿育女，操持家务，很少参与政治生活。加之长期的男尊女卑、三从四德等习俗及其他因素的影响，妇女真正参与政治公共生活的权利在行使方面仍旧面临重重困难。

4. 与男性平等的劳动权

马克思曾说，"只要妇女仍然被排除于社会生产劳动之外而只限于从事家庭的私人劳动，那么妇女的解放、妇女同男子的平

---

① 参见李雪：《新时期完善我国妇女保障权益的问题与对策研究》，2011年渤海大学硕士学位论文。

② 参见张正红：《国际妇女人权保护及障碍评析》，2006年山东大学硕士学位论文。

③ 参见张爱宁：《国际人权法专论》，法律出版社2006年版，第385～387页。

等，现在和将来都是不可能的。妇女的解放，只有在妇女可以大量地、社会规模地参加生产，而家务劳动只占她们极少的工夫的时候，才有可能"。劳动权的获得是女性取得经济独立的基础，而经济独立势必有利于取得真正的身份独立。因此，应当保障女性享有与男性平等的劳动权，这是女性人权中必不可少的内容。

然而，针对性别的就业歧视，一些女性由于结婚、怀孕被解雇等劳动权益被侵害的现象依旧屡见不鲜。课题组通过调查研究认为，女性被害化的主要原因来自于女性不能与男性同等条件下参与社会活动。只有充分保障甚至提升女性在劳动市场中的竞争力，从而促使女性真正发挥自身的劳动潜能，才能促使她们无论从心理上还是事实上都能够感到与男性的平等。

5. 与男性平等的婚姻家庭权

女性平等参与婚姻家庭权利是一项国际最低标准，平等地参与婚姻家庭，是预防女性被害化现象的途径之一。对女性来说，即享有婚姻自主权，拥有结婚、离婚、复婚自由，不受父母之命、媒妁之言的影响；享有家庭事务决定权，不依赖于男性，拥有独立做主的权利；享有生儿育女的自由，不受男性控制。在家庭暴力事件中，由被害人转变为加害人的女性，其原因往往是来自于无法平等地参与家庭关系造成的。在婚姻关系中无法与男性平等对话，甚至遭受暴力，是造成家庭中女性被害化的首要诱因。

二、女性被害化的根本原因

女性生理特征决定着女性承担着绵延子嗣的责任，但当今社会仍然有封建思想将女性看作繁衍后代的工具，从而忽略了女性平等参与社会的权益。男权文化刻意推崇和颂扬女性无我的奉献精神，诱使女性下意识地主动居于男性的阴影之下，甚至失去自我，形成了女性整体呈现出被动性、依赖性和顺从性，进而造成远离社会公共领域，致使社交能力、公共活动能力上缺乏自信。[①] 中国具有两千多年的封建历史，形成了君君、臣臣、父父、子子的等级森严的尊卑观念，"男尊女卑"是其中的一项内容。封建伦理道德虽然已经废除，但依旧影响着男女两性在社会中的地位，男女有别的思想仍然约束着女性的自由，对女性人权的维护形成了障碍。[②] 长期生存于这种环境和受到这种文化熏陶引导的女性，在权益受到侵害的时候，很难拿起法律武器保护自己的权益。因此，女性被害化也就比较容易理解了。

我国历来高度重视女性合法权益的维护，形成了以《宪法》为基础，以《妇女权益保障法》为主体，包括国家各种单行法律法规、地方性法规和政府各部门行政规章在内的一整套保护妇女权益和促进性别平等的法律体系。[③] 广大女性的人身权利、政治权利、劳动权利、文化教育权利、婚姻家庭权利等各方面都得到某种程度的保障，社会地位也有所提高。但是，由于传统文化、政治经济发展状况以及有关法律制定的不够具体、可操作性不强等因素，加上绝大部女性本身的文化素养不够高、维权意识不够强等方面的因素，使女性在激烈的社会竞争中往往处于劣势，合法权益被侵犯的现象仍然时有发生，女性并没有取得与男性真正平等的社会地位，其人权并没有得到全面的、有效的保障。我国在女性权利保护上仍然存在某些缺陷，主要表现在以下三个方面：

（一）立法内容不够具体

我国宪法规定，"中华人民共和国公民在法律面前一律平

---

① 参见李方：《社会性别视野下的差异平等——聚焦女性婚姻家庭权利》，载《东南学术》2010 年第 4 期。
② 参见刘海年：《国际人权公约视野下的妇女权利保障》，载《南都学坛（人文社会科学学报）》2011 年第 31 卷第 2 期。
③ 参见刘豫：《浅议我国维护妇女合法权益的现有问题及反思》，载《妇女研究》2013 年第 4 期。

等"。"中华人民共和国妇女在政治的、经济的、文化的、社会的和家庭的生活等各方面享有同男子平等的权利。""国家保护妇女的权利和利益，实行男女同工同酬，培养和选拔妇女干部。""婚姻、家庭、母亲和儿童受国家的保护。""禁止破坏婚姻自由，禁止虐待老人、妇女和儿童。"笔者认为宪法已经在宏观上给予女性与男性的平等权，以及对女性的劳动权益、政治权益、婚姻家庭权等给予强调，其他法律法规应当就宪法的精神将对女性权益的保护进行具体化，使其具有可操作性，让妇女明确地知道自己的哪些权益是得到法律保障的，让全国公民知道侵犯女性的何种权益将会受到法律的惩罚，会受到何种制裁。

然而，当前的《妇女权益保障法》、《母婴保健法》等专门保护女性权益的法律，并没有详细地写明侵犯女性的合法权利会受到怎样的惩治。同样《婚姻法》、《民法通则》、《刑法》、《劳动法》、《民事诉讼法》等虽然就女性的个别权益进行了特别保护，但是依然没有清楚、明晰地予以规定。我国法律对女性权益的保障措施、惩罚力度等缺乏具体化，致使女性的权利在司法中得不到实质的维护。

（二）女性实体权利遭受侵害的现象时常出现

就实体权利而言，女性并没有实现与男性的平等，其合法权益仍旧遭遇侵凌。比如，在生命健康权方面，依然存在"性骚扰"、"家庭暴力"等现象；在受教育权方面，在偏远的山村等贫困地区，受"重男轻女"的传统思想观念以及收入微薄、家庭贫困的影响，女童的失学、辍学比率高于男性；在政治生活参与权方面，女性的参政意识、参政规模、参与程度远低于男性；在劳动权方面，一方面，择业中存在"性别歧视"，另一方面，职业中，女性的社会保障以及劳动保护等被忽视或落实不到实处；在婚姻家庭权方面，女性处于劣势地位，无法完全行使婚姻自主决定权、家庭决策权等。

(三) 保护女性权益的部门不够完善

《妇女权益保障法》第 6 条规定,"各级人民政府应当重视和加强妇女权益的保障工作。县级以上人民政府负责妇女儿童工作的机构,负责组织、协调、指导、督促有关部门做好妇女权益的保障工作。县级以上人民政府有关部门在各自的职责范围内做好妇女权益的保障工作"。通过分析可以发现,该条款并没有赋予政府部门具体的职责,更没有对玩忽职守的政府人员的惩罚机制,这在一定程度上就削弱了政府保护女性合法权益的力度。第 7 条规定,"中华全国妇女联合会和地方各级妇女联合会依照法律和中华全国妇女联合会章程,代表和维护各族各界妇女的利益,做好维护妇女权益的工作。工会、共产主义青年团,应当在各自的工作范围内,做好维护妇女权益的工作"。可是,妇联从其性质上来说并没有行政职能,也没有独立的诉讼资格,加上妇联的工作人员的整体素质偏低,最终导致妇联的社会地位较低,妇联的作用不够显著。

三、完善中国女性权利的保护机制

(一) 让更多女性参与立法

当前,我国法律的制定者更多的是男性,女性参与者太少,因此,法律不能充分地体现女性的基于生理状况以及社会传统影响而应受到特殊保护的权益,不能充分地体现女性追求的男女实质平等的愿望,不能充分体现女性的觉察力。因此,让更多女性参与立法,保障女性在法律中提出自己的特殊价值,展现女性的思维方式,在法律中融入女性的特殊感受和特殊经验,让法律真正体现正义、公平。另外,在法律中注入女性的视角,让女性自由地表达自己的法律观、价值观,由此可以提升女性的话语权,让女性树立与男性同样的社会地位。

（二）增强妇女权益保护措施的可操作性

若要真正落实法律对妇女性权利益的保护，让妇女权益落实到每一个妇女个体身上，需要法律具有可执行性、可操作度。第一，让广大女性清楚地知道自己的何种权利受到保护，受到何种保护，即当自己的合法权利遭受侵害时，寻求何种救济途径，如何寻找。第二，明确有关权力机关的职责，权责明确，各司其责，避免当女性寻求救济时，出现"踢皮球"等现象，从而让受害者及时得到保护，让损失降低到最小程度。另外，也使负有保护妇女权益责任的有关部门若违反了法律规定，将会得到具体的制裁，如此一来，将会提升妇女权益保护的权力机关的负责度，同时增强了法律的威信力。

（三）在全社会普及女性权利保障理念

社会环境对人们的行为方式、心里意识总会潜移默化地发生作用。在全社会进行女性权利教育，一方面，有利于培养全社会民众的男女平等意识，形成保护女性的社会文化，从而消除男尊女卑的观念，摒弃男主外女主内的陋习，让男女平等地合作，共同建设国家，共同谋求幸福。另一方面，有利于提升女性自身的法律素养和维权意识，让女性掌握法律法规的具体内容，学会运用法律武器保护自己。同时，有助于女性形成自信、自强、自立的信念，敢于挑战有关男女不平等等封建思想，勇于通过提升自身的实力来取得全社会对女性的肯定。因此，从小学就要开始对女性进行有关女性权益保障的法律知识的传授，让女性明确自己享有的权利范围，维护自身权利的渠道。同时，应当通过媒体宣传、派遣学习法律的志愿者进入百姓生活等多种方式，尤其是边远的贫困山区，宣传保护女性的有关法律。

（四）充分发挥妇联以及民间组织的作用

妇联是我国维护妇女权益的重要组织，因此，完善妇联，提升妇联的社会地位，对于为妇女性权利益提供一层保障具有重大意义。另外，由于妇女人数众多，分布于全国各地，因此，民间组织是保护妇女的必不可少的组织。所以，充分地发挥民间组织的作用，将会更有效地打击侵害妇女权益的现象。

在当前，一要提高妇联以及民间组织的工作人员的权力意识，让她们真正代表女性，发出女性的声音，真正地帮助女性提高法律水平，丰富法律知识，让受到侵害的女性最快地得到补偿；二要明确妇联和民间组织的权力范围和承担的责任，从而促使其积极地维护妇女性权利益；三要加强对妇联和民间组织的管理，给予政策和资金上的支持，让其高效率地维护女性权益；四要赋予她们独立的诉讼能力，使其可以代表女性提起公益诉讼。

第二节　加大对女性的法制宣传教育力度

一、扩大女性受教育范围、普及法律知识

（一）提高女性文化水平，加强其辨知能力和自我控制能力

毋庸置疑，一个人的知识文化水平决定其理解事物的能力、辨别能力和控制能力，女性罪犯中虽然不乏高知犯罪群体，但占绝大多数比例的依然是那些未接受过基础文化教育或者文化水平较低的群体。在平时的生活中，由于无知和愚昧，她们往往早已养成了逆来顺受的性格。当代社会的社会规则比起过去简单朴素的社会生活要复杂很多，这些规则除了为社会生活的人增加各种约束，同时也赋予了他们各种各样的利益和权利，相对与男性而言女性对社会的了解一般比较肤浅，这不仅仅源于女性受教育水平较低，还主要因为作为社会弱势群体她们不知道从何种渠道去

获取自己的权利和利益，当权益受伤时更不知从何处去维护自身的权益，而当生活的压力或者男性的压迫一旦突破了她们自我承受的限度，她们想到的不是通过正当的途径解决问题，而往往无法理性思考而采取极端手段走上了犯罪的道路。甚至现在在一些落后地区依然认为"女子无才便是德"，认为女性知识学多了就会不安分、就无法作好贤妻良母。从现代社会文明来看我们当然清楚这种想法是极其谬误的，恰恰相反提高女性的受教育程度可以帮助女性了解自身的特点，使她们充分了解自身的社会地位和社会责任，更进一步知道如何更好地完成自己的社会角色，如何做一位好妻子、好母亲。因此，只有提高女性受教育水平才能帮助她们协调好各方关系，增强其获得社会认可和幸福生活的机会。因此，扩大女性受教育范围是预防女性犯罪的最主要的途径之一。

自改革开放三十多年以来，我国十分重视对女性的知识文化教育工作，中国女性自我提高和自我解放意识明显提高，女性受教育范围扩大、文化水平普遍有所提高。但是，农村女性受教育程度和受教育范围依然令人堪忧，无论是与农村男性受教育情况相比，还是与城市女性受教育现状相比，她们仍然是整体国民教育体系中最薄弱、最边缘化的一个群体。

在社会历史发展过程中，无论东西方，相比男性而言，女性的社会地位以及社会提供给女性的发展机会要少很多，女性如果想要得到自我价值的社会实现是一件难之又难的事情，恐要付出比男性多得多的努力和辛劳。即便在强调男女平等的当今社会，法律上的平等不能代表全面的平等，还有很多隐性的不平等的因素存在。[①] 在当今许多农村地区，特别是教贫困的偏远地区，依然盛行女性上学无用论。女孩子被认为是没有必要接受教育的，

---

① 参见彭淑媛、邓晖：《论教育与幸福追求——对中国女性教育的思考》，载《四川教育学院学报》2010 年第 4 期。

女性的角色一开始就被定格为丈夫的附属品。很多人认为女孩子长大了就是嫁人生子，读书是没有意义的。而且，目前我国农村家庭还存在重男轻女的旧思想，对男性的期望普遍高于女性，当家里困难无法保证每个孩子都能上学读书的时候，就会优先考虑送男孩子入学。目前文化水平较低的女性依然延续着幼年辍学—未成年外出打工—成年后嫁人—生儿育女这样一种生命轨迹，而可悲的是这种生命轨迹还是大多数农村女性共同的命运。因此在我国目前辍学、失学儿童中，女童较之男童的失学风险要高得多，女童的教育权利要么被忽视，要么被剥夺。如果这一现象不能被及时纠正的话，可以想象，不能接受正常教育的失学女童必将会成为新一代的文化薄弱者，甚至未来文盲的主体。

重视女性教育问题，不仅要重视对她们文化知识的传播，尤其要注意加强她们的思想道德品质，要有针对性地对她们进行社会公德教育，鼓励她们学习和发扬艰苦奋斗精神；要对她们进行职业道德教育，鼓励她们做自强、自立、自尊的新女性；要对她们进行家庭美德教育，鼓励她们做尊老爱幼、有文化有知识的新时代女性。通过思想道德教育，使她们克服传统观念的束缚和影响，努力树立正确的世界观、人生观、价值观和婚姻观。提高女性受教育程度、扩大女性受教育的范围，其真实的目的不止在于文化水平的提高，更重要的在于不断提高广大妇女的道德自律意识和道德修养。在完善女性人格意识、培养女性道德责任感，让她们能够自觉抵制各种腐朽思想的侵蚀。也只有这样，才能培养她们自觉抵制"黄、赌、毒"社会丑恶现象的能力，才能使她们严格行为规范，在关键时刻不会走上犯罪的道路。努力培养女性树立正确的美与丑、善与恶、正义与非正义、守法与违法的评价理念，努力在她们的思想上筑起一道"防火墙"。因此，加强女性教育尤其是加强女性道德思想教育，是预防女性犯罪的重要手段和必经之路。

（二）有针对性地加强对女性的法制教育，增强其法律意识和自我保护意识

该课题组在走访女性受教育情况的实践调查中发现一个现象，女性的法律知识、法律意识、法律行为间有很大的不对应性。课题对随机选择的女性调查问卷中，基本能体现上述三个方面问题的数据资料。第一个问题是"你认为在法院打赢官司主要靠什么？"有58.6%的女性选择了"法律的正义和法官秉公执法"；第二问题"你是否赞同电影《秋菊打官司》中女主角秋菊的维权做法？"有16.6%的女性认为"做得也有些道理"，40%的人选择"非常值得"；第三个问题是"下列哪种情况下您会选择去法院诉讼？"选择"受外人殴打致重伤"是25.5%，"被丈夫虐待"仅为9.6%。因此，不难发现，通过我国近30年的普法教育，女性已经知道法律的重要性，也对法律的公正性有信心，应当说这是我国对女性普法教育的巨大收获。但女性法律知识的增加、法律意识提高，并不必然意味着她们敢于拿起法律武器保护自己。特别是当问题情境和自己发生联系时，比率急剧下降。

需要说明的是，对女性的普法活动有对象的特殊性，不同于对一般人群进行的宣传活动，而且也不仅是对女性进行法律的说明、解释，必须要通过教育提高女性的法律素质，只有这样才能养成依法行事的法律意识，有了法律意识才能塑造依法行为的习惯。对女性进行普法教育也不同于一般的教育活动，其对象有女性的特征，而且还要对象着眼于女性长远法律意识的形成和守法行为的重新塑造。另外，对农村女性开展的普法更有其自身的特殊性。第一，普法对象的特殊性，这体现在农村女性的接受能力普遍比城市女性更低，而且其群体的构成更加多元化，不容易对其进行归纳教育；第二，普法环境更为复杂，这主要是由于农村环境对于普法教育本身就是一种挑战。这些因素决定了对女性普法的活动仅遵循一般普法规律是远远不够的，还要遵循女性自身

特有的规律，有必要针对女性的普法宣传作大力的研究。

第一，应进一步加强对女性法律常识的教育，通过对妇女宣传法律法规，培养女性的权利意识。所谓权利意识，是指人们对权利义务的认知、理解及态度，是人们对实现其权利的方式的选择，以及当权利受到损害时，以何种手段予以补救的心理反应。[①]近些年来，我国制定并修改了许多法律，其中有和女性全体密切相关的法律，面对庞大的法律体系，我国的普法教育的重点一直都是放在让社会公众知道、了解这些法律之上，即法律的文字层面。加强对女性法律常识的教育，应当有针对性地采取女性喜闻乐见的方式普及与她们生活、工作相关的法律法规，如《治安管理处罚法》、《妇女权益保障法》、《婚姻法》。通过媒体宣传、知识竞赛等方法做好对女性的普法教育工作，不仅使她们了解法律的内容，更重要的在于通过对法律的宣传让女性具有公民权利意识。使广大女性能够了解自己应有的权利和应尽的义务，并向妇女们宣传能够保障她们合法利益的机制，使她们了解可以表达诉求的合法途径，当其权利受侵害时能够拿起法律武器保护自己的合法权益，让女性真正做到知法守法。

第二，设立妇女法律援助中心，及时向妇女提供法律服务和法律咨询，加强法律意识。目前能够为女性提供直接帮助的主要是妇联，而且实践表明妇联在拯救被虐女性、解决被虐女性等方面确实发挥了极大的作用。但是妇联的机构设置和人员配备决定了它发挥作用是有限的。更为重要的是，妇联对于女性的帮助往往是"事后帮助"，也就是说当妇女权益被侵害的事实发生之后，通过妇联的协调作用和帮教功能，为妇女提供帮助。事后的帮扶固然重要，但是对女性的普法教育应扩展到为妇女提供法律咨询与法律服务方面。通过对女性的法制教育，力求使女性了解到哪

---

① 参见曾坚：《对我国"普法"目标取向的法理学思考》，载《当代法学》2001年第 7 期。

些行为是合法的、哪些行为是违法的，什么权益是受法律保护的，什么行为是法律禁止的，什么行为是犯罪，什么行为不是犯罪，从而促使她们逐步养成守法意识；为女性提供事前的法律咨询与法律服务，可以使她们懂得依靠法律手段来处理各种矛盾、纠纷，学会运用法律来维护个人的合法权益，依法律己，而不是采取极端手段行违法之事而走上不归之路。

（三）加强女性的心理素质教育，重视女性的心理引导和教育

与男性相比，女性所承担的心理压力更大。女性长期以来在社会各方面受到歧视和不公平待遇，我国女性过去更是饱受封建思想的毒害，尤其是夫权、父权、族权、神权的思想压迫。但是，我们必须提高警惕的是，由于当今社会经济文化尚不均衡，在我国有些偏远地区依然存在严重的重男轻女思想，对女性的固执偏见使得在很多方面还不能做到真正的男女平等。由于这些封建思想的残留，女性在生活中往往很难受到公正的对待，在这种环境里生存的女性，如果自身的感情比较脆弱、自卑心理严重，在处理矛盾事情时往往会走上极端。在受到社会上不良环境的影响的情况下，这些极端的女性不会也不懂得运用法律武器去保护自己，她们想不到与犯罪分子作斗争，反而要么是自暴自弃、要么是自己报仇疯狂报复男性，更有极端案例中本来是被害人的女性与犯罪分子同流合污。因此，加强对女性的心理健康教育非常关键，务必通过心理疏导使其学会用法律思维维护自己权益，遇事时宽容大度地对待、处理问题，提高辨别是非和控制能力，强化自我保护和自立自强的能力。尤其要重视以下三种女性的心理引导和教育：

第一，未成年女性。未成年女性的心理引导和教育一直是个重要课题，未成年人的辨别能力和控制能力没有成年人那么强，正确的人生观、价值观还没形成，容易产生自私、虚荣等不良的

心理，极易受社会上不良风气如"黄、赌、毒"的影响，因此引导未成年女性树立健康的心理状态是预防女性犯罪的重要一环。引导未成年人的心理健康发展，要从根本做起。除了对未成年女性加强法制宣传教育以外，作为基层的社区、学校、家庭要善于观察和沟通，对未成年女性更加关怀和爱护，当她们遇到挫折时要及时进行疏导，及时纠正其不良心理想法，将危险状态扼杀在萌芽里，以此避免因心理因素引起的女性犯罪。

第二，农村女性。农村女性的受教育程度普遍较低，造成一些女性的心理健康状况令人担忧，自私、贪婪、压抑、迷信、空虚是这些女性心理状况的缩影。农村女性由于所受教育水平有限、见识面也受到限制，因此心理上往往比较封闭，性格一般较自私、偏激和狭隘，在遇到矛盾和冲突时，不能冷静处事而易采取极端的方式。据调查，我国农村家庭较城市家庭暴力频发，文化水平低的人在遇到事情时容易冲动，易用蛮力来解决问题，在解决家庭问题时易使用暴力而不是用沟通来解决矛盾。而大多数遭受家庭暴力的农村女性在最初的时候，往往抱着"家丑不可外扬"的心理，打掉牙往肚里咽，只能自己默默承受选择了隐忍。然而，研究表明，有家庭暴力倾向的男性一般都有心理上的倾向性，也就是说有了第一次暴力，就会有第二次、第三次，而这个时候女性的隐忍和纵容只能让施暴者更加有恃无恐。家庭暴力的损害是巨大的，它不仅带来肉体的伤害同时带来精神上的压力。如此下去，日复一日，当女性受到的侵害已超过她的承受范围使其感到忍无可忍的时候，长期压抑会让女性瞬时间爆发，她们往往选择更加疯狂和暴力的方式去反抗，比如故意伤害、故意杀人。因此，对于农村女性一定要加强心理健康的辅导和疏导工作，加强农村村委会的基层作用，在农村村委会配置专门的女性心理疏导员，以便及时发现女性的心理变化。当发现有不良苗头时，通过走访的方式与她们谈话、聊天积极解决她们的困难，使她们及时走出不良的心理状态。

第三，职业女性。现实生活中女性要想在事业上取得一定成绩，往往要比男性同行付出更多的努力，造成这种现象的原因是多方面的，包括性别歧视、女性生理特殊性、社会资源不平衡等多方面的原因。少数女性在日常的工作中容易产生心态失衡，认为自己的付出与所得不相称，从而产生吃亏心理。当有这样心态的女性有了一定的职业经验、职业背景和职权之后，往往通过一定的手段对自己进行补偿，从而诱发了犯罪。同时，还有相当一部分女性对职务犯罪心存侥幸，认为女性利用职务上的便利实施犯罪一般不容易被发现，即便被发现也可以凭借女性是弱势群体的优势，用眼泪和忏悔求得同情。再加上违法成本低的客观事实强化了她们侥幸、冒险心理，使得其敢于以身试法，利用职务之便谋取私利。经调查，这种侥幸、失衡、冒险、不能吃亏的心理是诱发女性职务犯罪的主要因素。因此，应加强对职业女性的心理疏导，适当给职场女性减压、调整，使她们能够正确面对职场中的竞争，以平常心态、合法手段为自己争取利益。

二、全社会关注女性生活状况

（一）了解女性生活压力

根据 2013 年《女性生活蓝皮书》对北京、上海、广州、宁波、成都、长沙、哈尔滨、兰州、青岛、大连 10 个大中城市女性开展的调查显示：96.4％的被调查女性感到有工作压力。其中，50.6％的被调查女性表示自己"能承受"工作中的压力，45.8％的表示"勉强能承受"；46.7％的被调查女性对现在的工作感到满意，其中 4.7％的被调查女性表示"很满意"，42.0％的表示"比较满意"；另有 13.9％的被调查女性对现在的工作表示"不满意"。被调查女性对目前工作不满意的三大原因分别是："工资低于期待值，福利待遇差"（61.4％），"经常加班，可自由支配的时间太少"（23.9％），"升职困难"（21.5％）；其他原因还有

"人际关系难以处理"、"专业不对口,无法充分发挥自己的能力"等。被调查女性日平均工作时间为8.4小时。从事自由职业或者个体经营的被调查女性日均工作时间最长,为9.1小时。其中,职场竞争激烈、工作任务指标高,难以完成以及事业和家庭难以平衡占据压力来源前三位,"职场竞争激烈"是被调查女性工作压力的首要来源(39.1%),第二是"工作任务指标高,难以完成"(31.9%),第三是"事业和家庭难以平衡"(27.7%);其他工作压力来源还有"单位效益不稳定,担心裁员"和"工作不稳定"等。

通过数据分析可以得出结论,现代女性的生活压力比男性还要大。在古代,传统女性的环境主要是在家庭,其扮演的角色主要是为人妻、为人母,结婚、生育、家务等传统的任务使她们的生活相对简单和枯燥,女性主要沿袭了中国传统女性以家庭为重的生活价值观。现代社会,强调男女平等和女权运动的兴起使女性也和男性一起走向了社会,以平等的身份参加工作,于是现代女性并没有完全褪去传统的身份,反而有了双重身份——传统女性和职业女性,这也就是为什么现代女性压力巨大之所在。现代女性在照顾家庭、丈夫、孩子的同时,也一样与男士承担着生活的压力、养家的压力,能否处理好这二者之间的关系是现代女性必须要面对和处理的焦点问题。2013年《女性生活蓝皮书》的调查显示,令女性感到生活幸福的前三条原因分别是"家人健康"、"家庭和睦"、"孩子健康成长",而让女性最为焦虑的三个主要原因是:"物价上涨"、"买不起房"和"家庭收入低"。可见,现代社会对女性的解放使得她们扮演双重的身份,而双重的身份并没有能够为女性减压,反而使她们的压力较以前更大。

(二)提高女性生活质量

女性自立、成熟,对下一代和男性的影响显而易见,女性从内而外散发着成熟而温和的气质,在近处受益的是她的家庭,长

期来看受益的是整个社会。当每一位女性能有精力和能力来关注
自己的生活、提高自己的生活质量时，她们才能积极参与到社会
工作中来，通过参与社会活动而获得社会地位。从上述女性所承
受生活压力来看，现代社会女性的生活质量并不必然随着生活条
件的改善而提高。相反，由于女性在社会中所扮演的角色越来越
重要、参与的方式越来越多元、承受的压力越来越重大，女性
的生活质量并没有得到大幅度提高。在新社会结构情况下，社
会已经产生新的伦理关系，这就促成了整个社会对女性的要求
不再仅仅局限在家庭。因此，社会工作也同样占用了现代女性
的绝大部分精力，只有在家庭生活美满和谐、社会工作硕果累
累时，女性的幸福指数才能得到体现。反过来，家庭和社会的
双重要求对女性也提出了更高的标准，无论是城市还是乡村，
关照家庭、努力工作都是每位女性生命中不能缺少的两件事，
并且在竞争激烈的现代社会中，独立的经济能力给予了女性更
多的保障和更强烈的安全感，因此工作对女性的影响力也显得
越来越突出起来。

　　提高女性生活质量并不是只有我国才关注的问题，西方国家
也一直通过制度的改革来达到这一目的。从西方国家对女性生活
态度的关注和生活质量供给来看，不同的国家制度对于女性生活
质量的影响具体措施并不尽相同，制度供给的动力机制和强弱程
度也都存在差异。如在美国，在缺乏官方正式制度和由上而下推
动力的状况下，逐步形成了一套依靠非政府、非官方的民间组
织，这种非官方的组织对于美国女性生活质量的改进起到了较大
的作用。这种非官方非政府组织所采取的方式主要是通过团结社
会各界女性，最终迫使政府作出提高女性社会地位的制度改革。
特别是进入 20 世纪 90 年代以后，美国对女性生活质量的关注不
在局限于女性的基本权利的保护，而是向各个方面延伸，目的在
于大规模提高女性的生存状况和生活质量。如美国克林顿政府时
期出台的 The Personal Responsibility and Work Opportunity Reconcil-

iation Act，对女性的社会福利进行了相关规定，如规定医疗保险项目必须设计到女性的医疗费用，特别是怀孕的女性也可以享有同样的医疗保险等。这些具体的措施都极为有效地提升了女性的生活质量。[①]

相比之下，英国在提高女性生活质量方面做得比较细微具体，表现在改善家庭环境和提高工作条件两方面。在英国，如果女性愿意从事社会工作，除了法律和政府部门作为基础和必需的支撑以外，国家还设有行业专业培训机构，这些培训机构的作用是对愿意走入社会的女性开展免费的职业技能培训，并设立特殊津贴以鼓励女性再就业培训。因此，政府鼓励各种有利于女性身心健康、技能培训和信息服务的中介机构和女性团体。为了便于女性参加工作，英国政府对工作进行了类型划分，分为全职工作、非全职工作、家庭从事工作和短期工作，鼓励女性根据自己的具体情况选择适合自己的不同类型的工作，并针对不同类型的工作制定相应的保障法规和规章。另外，在女性的家庭生活方面，英国政府同样做得体贴入微并且具体有效。在90年代初期，英国本是家庭暴力频发的国家，据调查有1/4的女性曾经受过家庭暴力的虐待，每周都有2起谋杀和达到10起的自杀是由于家庭暴力引发的。[②] 针对日益多发的家庭暴力现状，英国政府出台了正式的制度进行法律约束，以防止由于女性畏惧心理或遮丑心理导致家庭暴力的泛滥。例如，英国政府曾经推行的"摄像头计划"，在警察的帽子上安装微型的数码摄像头，其目的是方便为遭受家暴的女性及时搜集证据，这一计划对于遏制当时的家暴起了极其重要的遏制作用。

同英美等西方国家相比，我国女性生活质量的提高似乎更加

---

① 参见黄璐：《英美女性生活质量改进及制度供给的现状与特点》，载《贺州学院学报》2014年6月。

② http//wwwx：hinajComx：n/world/txt/2007－03/23/content_ B004061. htm.

困难，这是由于我国经历较长的封建时期，无论是女权运动的发起、女性权利保障、女性维权意识的健全都落后于西方国家，三从四德、夫为妻纲等传统封建思想的留毒，阻碍了我国女性权利维护的现状，也阻碍了女性社会地位的提高。虽然我国有自身的特点，女性权利的维护和生活质量的提高不能完全照搬西方国家的轨迹和模式，但是借鉴国外女性生活质量提高的模式及制度构建，对我国女性生活质量的提高有积极意义。就目前而言，主要应当通过以下两种方式来提高中国女性的生活质量：

第一，进一步解放女性特别是农村女性的思想，对于"夫为妻纲"、"妻子是丈夫的附属品"等封建思想应该大力抵制和消除，从思想上做到男女真正平等。当女性的权益受到损害时，要敢于用法律维护自己的合法权益，而不应该任凭别人的摆布。需要注意的是，提高女性生活质量与追求物质享受是两个问题，在提高女性生活质量的同时，要努力戒除女性爱慕虚荣、攀比炫耀的心态，不能因为生活水平的提高却促使一部分女性一味追求物质享受，这并不是提高女性生活质量的本质和初衷。

第二，进一步加强制度性建设。没有法律法规的保障，一切权利都是空谈，要进一步完善女性保护的法律法规，切实将保护女性权利落到实处，而不是空谈。目前关于女性权益保护的基本法律体系在我国基本构建，我们应更加重视具体问题的具体解决方法和创新机制的完善。

（三）加强女性权益保障

1. 当前法律对女性权益的保障现状

（1）《宪法》对女性权益的保障

新中国成立以后，我国通过了一系列法律法规来保障妇女的基本权益，它们的制定与颁布已经起到了一定的对性别平等的指引作用，首先作为根本法的《宪法》中就有不少这样的规定。如《宪法》中第33条第2款就明确指出："中华人民共和国公民在法律面前一律平等。"这个条款是"平等"条款，其立法的意图在于明确社会中人们地位的无差别平等。无差别平等的内涵当然包括性别平等，任何公民在法律面前不应因性别不同而地位不同。《宪法》第 34 条随即列出了具体的情形："中华人民共和国年满十八周岁的公民，不论民族、种族、性别、职业、家庭出身、宗教信仰、教育程度、财产状况、居住期限，都有选举权和被选举权；但是依照法律被剥夺政治权利的人除外。"可见，在该条款中性别被明确列出，女性作为性别中的弱者受到了法律更多倾向性的保护，女性权益通过法律的明文规定摆脱了劣势地位而与男性处于同等的地位、享有同等的法律赋予的待遇。

（2）《妇女权益保障法》对女性权益的保障

《妇女权益保障法》作为妇女权益的专门性法律规范，更加具体、更加详尽、更加全面地从实现男女平等、消除性别歧视、保障女性权益等方面做出规定，为维护女性在社会生活中能够顺利取得其政治权利、财产权益、人身权利、受文化权利、劳动和社会保障权利等做出了努力和贡献，因此《妇女权益保障法》的价值取向在于全方位对女性权益进行保护。

《妇女权益保障法》第 1 条规定："为了保障妇女的合法权益，促进男女平等，充分发挥妇女在社会主义现代化建设中的作用，根据宪法和我国的实际情况，制定本法。"通过分析该条文可以了解到，立法目的在于保障女性合法权益和促进男女平等，这也是充分降低和减少女性犯罪被害化现象的主要途径。《妇女权益保障法》通过不同的角度倡导女性享有同男性同等的权利，特别是在劳动权益方面规定了"同工同酬"条款："实行男女同工同酬。妇女在享受福利待遇方面享有与男子平等的权利。"这一点是值得肯定的，因为同工同酬是体现男女平等的现实标准，也是落实女性权利保护的具体措施。因此，《妇女权益保障法》对女性权利保护还是全面的。

（3）《婚姻法》对女性权益的保障

《婚姻法》的立法主旨明确婚姻法律关系中的权利和义务，从而为婚姻家庭提供保障。《婚姻法》的设定也是从各个角度为婚姻中的弱势——女性在处理婚姻问题时提供更大的法律保障，如第34条对特殊时期禁止男性提出离婚的规定，从另一个侧面来分析是赋予了女性在行使离婚权利的时候较男性有更大的自由度："女方在怀孕期间、分娩后一年内或中止妊娠后六个月内，男方不得提出离婚。女方提出离婚的，或人民法院认为确有必要受理男方离婚请求的，不在此限。"不仅如此，如果婚姻的破裂是属于《婚姻法》第32条第3款规定的几种情形导致离异："重婚或有配偶者与他人同居的"；"实施家庭暴力或虐待、遗弃家庭成员的"；"有赌博、吸毒等恶习屡教不改的"；"因感情不和分居满二年的"；"其他导致夫妻感情破裂的情形"，无过错方可以向过错方请求损害赔偿。而在现实生活中，由于男性参与社会生活的机会和范围更多更广，因此以上几种导致婚姻解体的情形大多数出自男性的过错，女性多为婚姻中的无过错方。因此，这一条款可以视作是对婚姻关系中处于社会地位劣势的绝大多数女性的保护，使她们在由于第32条规定的几种情形离异后，能够通过法律的手段维护自己的权益，从而使离异女性的权益得到切实有效的保障。另外，《婚姻法》还充分照顾到婚姻一方因抚育子女、照料老人等付出较多的，在离婚时也有权得到补偿。一般情况家庭中女性对家庭的直接贡献更多，即在家务劳动、抚育子女、照顾老人等方面多由女性直接负责，因此男性在婚姻家庭关系中本应承担的那部分责任往往已部分甚至全部转移到女性身上，女性在家庭中的责任更重。因此，当婚姻关系解除时，这一条款应该成为大多数女性申请适当多分得一定财产的保障性法律规范。

2.进一步加强对女性的权益保障

对于女性权益的保障，虽然我国法律的宏观规定已经做得比较全面，但是在微观方面还是不太尽如人意。很多女性由于经济上并不完全独立，所以在地位上并没有达到与男性的完全平等。再加上一般情况下，女性承担家庭的责任要大于男性，女性的生活更应该得到更大的保障。从微观方面关注加强女性生活保障，应当从以下三个方面入手：

第一，加大公共资源对女性生活保障的支持。各级妇女组织应关注女性发展的公共资源支持问题，比如在基层社区建立女性资料室、阅读室，为妇女制订切实可行的培训计划，为女性提供各种学习机会等，从而来从妇女本身提高素质，使她们能在充满机遇和挑战的现代社会中具有竞争能力，以便她们能够为自我的发展掌握方向。

第二，社区应进一步发挥其服务性功能和作用。社区是人们女性生活的主要场所也是她们获得发展机会的主要来源，社区妇女组织应尽其所能为女性的发展提供更多信息的支持和帮助。帮助社区女性重返社会，社区应"想为她们所想、急为她们所急"，为社会女性普遍面临问题的解决出谋划策，包括建立幼儿园等公共设施、建立保洁服务公司等，既要对女性的日常生活有足够的敏感度，也要有总揽全局的大视野。同时，女性的生活圈子较小，生活范围也受到限制，为了帮助社区女性扩大视野，社区应该举办丰富多彩的联欢会、联谊会等各种文化活动，为女性的正常社会交往创造条件，通过交流使其改变价值观，实现思想上的转变，这样亦可丰富女性的娱乐休闲生活、不再局限于狭小的生活圈子，又可以促进整个社区文化生活的发展。

第三，社区应鼓励女性参与社会实践工作，引导她们社会参与意识和参政议政意识。社区不仅要充分认识女性在经济生活中的重要性，也要引导和鼓励女性在政治领域中争取地位的确立。为女性完成其角色扮演创造最优的环境，发挥社区内居民的积极作用，培养女性主角意识。

3. 改善女性就业状况

改革开放以来，虽然女性的就业形势有了良好的改善，但依然不尽乐观。自进入 21 世纪，我国也开始关注女性的就业率和就业困难问题。根据 2001 年发布的《第二期中国妇女社会地位抽样调查主要数据报告》提供的数据来看，中国男女两性社会地位的总体差距和分层差距仍然存在，主要表现就是女性就业率降低、就业困难。统计结果表明，至 2000 年年末，18 岁至 64 岁的城乡女性在业比例为 87%，比男性低 6.6 个百分点；与 1990 年相比，城镇男女两性的在业率均有下降，男性从 90% 降至 81.5%，女性则从 76.3% 降至 63.7%，与男性相比，女性的下降幅度更大。2005 年国家统计局发布的《中国就业报告》更表明，女性就业率比男性低 11.4%。而且女性失业比重有向年轻化发展的趋势。

近些年，女性大学生就业难的问题不容乐观，在大学生毕业招聘会上，"只招男生"、"男生优先"的牌子比比皆是，导致女大学生毕业就业往往四处碰壁。在谈到这些问题时，这些招录单位总是振振有词，有的拿出自己的工作不适合女性的理由，其实主要是由于女性特殊的生理特征，女性就业后怀孕期、生育期、哺乳期会适当休息或休假，对用人单位造成一定的影响。女大学生就业时受到的不公正待遇归纳起来主要有以下四种情况：

第一，就业机会男女不平等。有研究数据统计表明，目前在我国高等学校就读的学生中，女生比例已高达 44%，但是女性就学率与就业率相比较，出现了极为不平衡的现象，也就是说读书的女性多但是能够就业的女性比例少，在就业机会方面女性的机会要远远低于男生。在女性求职过程中，用人单位的性别偏见主要来自女性怀孕、生育和哺乳的特殊时期，这些阶段往往要花去二到三年的时间，用人单位觉得从经济成本来核算是不划算的，这种落后迂腐的传统性别偏见使有些用人单位将女性拒之门外，使得性别歧视成为女性毕业生就业途中难以绕开的绊脚石。

第二，岗位性别隔离。岗位性别隔离的形成多是由于受到传统工业和传统观念的影响，用人单位出于惯性思维和传统做法，基于性别对求职者进行挑选，从而明显形成男性有男性的工作、女性有女性的工作，女性不能从事男性的工作。女性的工作往往是劳动强度较小的工作，甚至大多是家庭角色的延伸。对于那些劳动强度较大的工作或者是高精尖性的工作，人们潜意识中就认为女性是做不来的。

第三，男女同工不同酬。同工同酬是我们进入现代文明社会中一致倡导的结果，但是在现实生活中，同样的岗位、同样的工龄、同样的学历，仅因为性别不同而造成的男女收入不同的现象比比皆是。在不同的行业中，男女同工不同酬成为一种残酷的现实。从科学角度讲，决定收入水平的关键性因素除了教育水平以外，应该是个人的能力，而绝不应该是性别差异。女性的自律、勤奋、耐心绝不比男性逊色，因此升迁、增资的机会也不能比男性差。性别绝不可以成为造成男女同工不同酬的借口，无论男性还是女性，只要他们通过自身的劳动为社会创造了同等的社会价值，就应当得到同等的回报。

第四，退休年龄及退休金待遇不平等。国外无论是发展中国家还是发达国家，大都是实行男女同龄退休制度。新中国成立以来，我国各项法律规定的男女不同年龄退休是客观存在的，我们不能否认在男女退休年龄差异上，其制度的初衷是对女性的照顾，也一度被认为是保障妇女权益的象征。但我们同样也不能否认，硬性的规定不能完全适应社会的需要和发展，这一规定已由原来的权利保障变为义务性的限制。2015年3月，中组部和人力资源社会保障部联合下发的《关于机关事业单位县处级女干部和具有高级职称的女性专业技术人员退休年龄问题的通知》中及时修订了这一规定，党政机关、人民团体中的正、副县（处）级及相应职务层次的女干部，事业单位中担任党务、行政管理工作的相当于正、副处级的女干部和具有高级职称的女性专业技术人员，年满 60 周岁退休。可以说，通知及时洞察了社会的需求和发展的不平衡状态，将高等知识分子和管理位置的女性延迟退休，体现出了社会的平等理念，同时也可以充分发挥女领导干部和女性专业技术人员的作用。

总之，女性应进一步转变观念，并通过相关的劳动技能培训提高自己的竞争能力。无业或失业女性应积极参加各种技能或者职业培训，努力实现再就业。在全社会减少对女性就业歧视的同时，女性也应该忘却自己性别的弱势，努力参与到社会生活，务必遏制"好逸恶劳"的思想。在参与社会生活的时候，要戒除自己是女性就要获得别人的同情和照顾这一错误思想，以平等的姿态参与社会竞争，树立起正确的价值观。通过自己的劳动为自己创造物质财富，丰富自己的生活。从社会层面来讲，国家也应继续加大女性无业人员的技能培训力度，尽可能减少女性社会闲散人员。对于那些既无技术专长且文化水平偏低的女性无业人员，应该动用社会资源和社会福利对其开展免费技能培训，力争让女性无业人员拥有一技之长，能够找到合适的就业岗位。

4. 树立文明新风、关注女性

减少女性犯罪，要从创建良好社会风气开始，净化社会环境，树立全社会尊重女性、关爱女性的文明风气。

第一，要进一步净化文化市场、清除精神污染。"精神毒品"的毒害是潜移默化的，它对女性不良心理的形成起着重要的推动作用，甚至在一定条件下能够促成犯罪。为了清除"黄、赌、毒"等精神毒瘤，社会、学校、家庭要联合起来一致抵制，对于有害精神世界的思想和潮流坚决予以打击，从而创造有利于女性的氛围环境。司法机关要严厉打击"黄、赌、毒"等社会的丑恶现象，消除滋生犯罪的土壤。对淫秽的书刊、画册、音像要坚决清除。

第二，社会的主流导向也非常重要。对于内容积极向上、弘扬主旋律、讴歌先进女性人物的优秀精神产品，文化主管部门不仅要大力推新，而且要积极引向市场。精神引导的作用是巨大的，它们可以正确引导女性青少年的世界观和人生观，通过使她们获得健康的精神食粮而指导他们正确行事。这是因为优秀精神作品在满足精神文化需求、提高文化品位与文化素养的同时，可以使人们的思想境界也得到净化、提高，进而使其自觉抵制不良文化的腐蚀，远离低级趣味、远离犯罪。随着社会的发展、东西方社会的不断交融，人们追求精神生活的多元化，如果缺少积极健康引导，个人崇拜替代了理智选择，一些武打凶杀情感为主的作品充斥人们的视线，看似纯娱乐消遣的游戏影视作品，实际上误导了人的思想。因此绝不能忽视优秀精神作品对社会文化的影响作用、绝不能忽视优秀精神作品对女性作为的引导。

第三，全社会要树立男女平等的思想观念。当前，重男轻女思想在一定程度上依然存在，一定要消除歧视女性思想对社会的不良影响。政府部门要为妇女维权保驾护航，一旦发生妇女权益受到侵害的事件，政府部门要充当妇女的"娘家人"来保障妇女的合法权益，女性也应以法律思想武装自己的头脑，学会用法律保护自己的权益，以主人翁的姿态积极投身社会主义现代化建设，充分施展聪明才智。

第四，女性应树立自尊、自强、自立的人生态度。随着市场经济和知识经济的挑战，女性具有较高的思想素质，掌握一定的科技知识和具备参与社会竞争的能力。广大女性要树立终身学习的理念，把学习作为实现自身价值和自我发展的自觉行动，加强科学文化知识和劳动技能的学习，优化综合知识结构。

第三节 建立家庭、集体、社会对女性的保护网络

一、保护女性从家庭做起

（一）严厉打击家庭暴力行为

关于家庭暴力的概念，是有法可依的。根据最高人民法院《关于适用〈中华人民共和国婚姻法〉若干问题的解释（一）》对家庭暴力的概念作了明确的解释：婚姻法所称的"家庭暴力"，是指行为人以殴打、捆绑、残害、强行限制人身自由或者其他手段，给其家庭成员的身体、精神等方面造成一定伤害后果的行为。因此家庭暴力，是指发生在家庭成员之间的，以殴打、捆绑、禁闭、残害或者其他手段对家庭成员从身体、精神、性等方面进行伤害和摧残的行为。在课题组的走访调查中发现，至今家庭暴力行为仍然是女性被害化的主要因素之一，是女性从受害人变为加害人的恶逆变犯罪的首要因素。一些真实的案例中，原本懦弱善良的女性由于长期遭受丈夫的虐待、毒打，在忍无可忍中采取了杀人、伤害等违法犯罪手段。这是因为，生活在充斥着暴力家庭中的女性，心理总是沉浸于紧张、悲观的情绪中而造成性格的封闭孤僻，由于自身的悲惨而不愿意与人沟通使得人际关系冷淡。因为自身总是遭受暴力，因此也总是幻想通过暴力来解救自己。当今文明社会，家庭暴力仍然还是一个不可避免的社会性问题，它破坏了女性所享有的人权和基本自由，阻碍了人类社会实现平等、发展与和平的目标。

在人们的传统观念中，只有愚昧无知的人才会打老婆，认为家庭暴力一般多发生在农村。其实并不然，在高知男性中依然存

在男尊女卑的思想，李某某家庭暴力案就是个很好的例证。2011年8月，疯狂英语创始人李某某的妻子在微博曝光受伤的照片，称遭到李某某的家庭暴力而要与李某某离婚，而李某某也非常坦诚地承认对妻子有打骂行为，但李某某的内心并没有认为这是对女性极大的伤害和不尊重，他认为男人就应该把生活的重心放在事业上，女人就应该持家或者说就是弱势群体。这种中国典型大男子主义唯吾独尊的心态使得很多男性将婚姻看得很随便，可以坚持也可以放弃。他们把家庭看得很淡薄、把女性看作男性的附属品，对他们而言女人就应该承受丈夫的这种宣泄，并不觉得打骂妻子给妻子造成的伤害是巨大的、给孩子的影响是可怕的。

近些年，一个新的词语逐渐频繁出现于新闻、报纸或人们的交谈中，那就是"家庭冷暴力"。"家庭冷暴力"是指夫妻双方产生矛盾时，并没有发生肢体上的冲突，没有打骂、捆绑、虐待，而是对对方不理不睬、漠不关心。夫妻间的冷暴力，其方式主要是通过精神上的折磨使对方痛苦不堪，如夫妻间没有正常的语言交流甚至不理不睬，拒绝同对方发生性关系，不给对方物质上的帮助等。总之虽然没有暴力手段表示抗议或不满，但其目的是用精神折磨来摧残对方。从本质通过精神层面的虐待使婚姻关系处于一种极不正常的状态，这种精神上的折磨和摧残，甚至比肉体伤害更可怕。长期遭受冷暴力侵害的一方往往因精神极度压抑而产生各种身体方面的疾病。课题组走访中查明，由于男性参与社会生活较频繁、社会关系网络也较为丰富，婚姻关系中遭受冷暴力虐待的以女性居多数。女性本来就多以家庭为主，很少机会能向外界倾诉，如果再处于家庭冷暴力，长期下去这样的女性多有委屈感、被控制感，心理上处于孤独状态、感情变得脆弱易激动，从而行为往往较易走极端。

无论是家庭暴力还是家庭冷暴力，对受害人的伤害都是巨大的。正所谓最大的伤害来自于最亲近的人，家庭暴力使得人最基本的亲近和伦理毁于一旦，因此受害人的精神伤害往往比遭受其他人的暴力侵犯的伤害还要大，从而使很多受害人产生对生活的绝望。长期处在家庭暴力痛苦煎熬中的女性，有的在受尽凌辱之后失去理智而走上了犯罪道路，有的甚至失去生存的勇气走向绝路。因此，维护女性权益、防止女性被害化现象的产生，必须严厉打击各形各色的家庭暴力，倡导婚姻中两个人的平等，提倡互相理解、互相尊重、互相包容的家庭婚姻关系。

（二）消除家庭的不良示范

从教育学和心理学的角度来讲，家庭的示范作用是巨大的。在对女性罪犯的调查中发现，绝大多数的女性罪犯年少时期没有受到过良好的家庭教育的熏陶，或者家长之中本身就有不良的失范。要么是父母受教育程度不高、文化水平较低，对孩子不管不问或者放任自流；要么没有良好的教育方式，对孩子专制压迫、动辄打骂，让孩子从小就生活在打骂之中。课题组通过数据调查发现，60%以上的罪犯出身于父母有犯罪纪录的家庭，更为惊人的是，母亲如果有犯罪纪录，其孩子犯罪的可能性更大。可见母亲对孩子的影响是更大的。反过来分析，在女性青少年罪犯中的案例中，其家庭成员中有劣迹和因违法犯罪受到公安、司法机关处罚的比例普遍高于男性未成年人罪犯的家庭。可见，女性犯罪人受幼时没有受到良好家庭教育的影响较大，而反过来当母亲犯罪比父亲犯罪对子女的影响更甚。这就如同走进了一个怪圈，不良的家庭教育会影响女性幼时的健康发育，而女性一旦成家有孩子后犯罪就又会耽误了一代人的成长。因此，消除不良家庭示范作用对于女性的健康成长意义重大。

（三）减少异常结构的家庭

结构异常的家庭主要是包括离异家庭、非婚家庭以及留守家庭。离异家庭因婚姻的变故对女方以及孩子的影响是巨大的，受伤害者往往是女性和子女。近些年，中国离婚率一直呈现持续走高之势，离婚女性和家庭儿童逐渐增加。婚姻的不幸福首先对女性的心理产生巨大的伤害，当今社会中由于男性的遗弃、背叛、虐待而导致婚姻破裂的比例更是居高不下，这样的事实会使女性心理严重受挫。长期下去，在无法通过正常途径表达自己诉求、获得自身利益的情况下，或者在超过了心理承受范围之后，有些女性就会走向极端而打击报复，铤而走险违法犯罪。课题组调查中发现，此种原因犯罪的女性占相当大的比例。

另外，从心理学角度研究，完整的家庭对孩子的成长至关重要，孩子的健康成才需要一个具有保障机制的完整的家庭。心理学角度来讲，一个人的世界观和价值观是在小时候形成的，因此幼时生长环境对一个人的影响至关重要。正常的孩子在父母亲共同的爱抚和教育下，心理能够获得安全感，这种安全感有利于孩子的自然正常发展。研究表明，离异的家庭对女孩子的影响较男孩子更大。女孩子内心往往丰富而敏感，家庭的变故造成父爱或母爱的缺失对她们的内心往往是强烈的刺激。在这种刺激的作用下，如果没有适当的精神引导和心理疏导，她们会产生严重的心理失衡、自暴自弃的心态，再加上疏于管教，就会引发她们的违法犯罪行为。在课题组调查中发现很多自己婚姻不幸的女性，其原生家庭中父母也是离婚的。从小生活在不幸婚姻中的女孩，内心深处对男性的不信任和对婚姻的怀疑往往是比较根深蒂固的。这种偏见以及对家庭的强烈的不安全感，往往会驱使敏感的她在婚后通过各种蛛丝马迹去证明自己婚姻的不安全和不可靠。

非婚家庭是和社会主义精神文明社会相违背的畸形家庭结构，包括未婚同居、外遇同居等。与传统婚姻家庭相比，非婚家庭由于不受法律的保护，男女双方相互依赖和约束较少，极为不稳定。在非婚家庭中，女性的地位更加不牢固，女性的侵犯更容易受到侵犯。例如，未婚同居家庭中，未婚同居者中的女性往往是年轻的未婚女性，不懂得如何用法律维护自己的权益。当同居的男性不能很好保护自己而心生不满、失望、绝望之时，极易产生不平衡的心理或者怨恨心理，从而引发因情故意伤害、甚至杀人等违法犯罪。另一种形式的非婚家庭——外遇同居是对现代文明社会的一夫一妻制的公然挑战，这种婚姻关系是违法的、必须给予禁止和制裁。因为其本身就是违法的，外遇同居的"二奶"家庭缺乏稳定性和牢固性，外遇男性常常缺乏责任感而对女性打骂、虐待，这种非正常的家庭关系是造成女性被害化的主要原因之一。同时这种家庭对合法家庭造成严重破坏，激化家庭矛盾，极易引发合法妻子的行凶报复行为，这又是另一个侧面的女性犯罪被害化。

二、对女性犯罪人的教育与挽救

（一）搞好入监教育、分类教育和个别教育

1. 重视入监教育

刚刚失去人身自由、不能享受自由自在生活的罪犯，会产生各种各样难以预料的心理疾患，有的失去希望、萎靡不振，有的破罐破摔、自暴自弃。对于女犯来说，其生理和心理的特征使得入监教育更为重要。很多女犯心理上无法接受自己成为罪犯的事实，难免陷入痛苦的心理矛盾之中，有失落、悲观、恐惧孤独、憎恨焦虑以及自卑绝望心理。尤其是入狱前在社会上有些社会地位或较高文化修养的人以及心理素质较差的人，当看到每天在一起的人素质参差不齐，回想起原有的社会地位和亲人的关爱，心理波动就会较大，容易出现情绪上的不稳定，不能投入正常的改造中去。入监教育在帮助女犯尽快了解监狱的各种规章制度的同时，最主要的是针对女性心理脆弱的心理特点向其宣传法律关于减刑和假释的特点，促进女犯尽快认罪悔罪、重新做人，激发女性洗心革面的信心。因此，入监教育最关键的在于使女性犯罪人员能尽快恢复对生活的自信心，积极接受国家和人民的惩罚，使她们通过入监教育形成较为稳定的精神性动机，从而能从内心真诚悔罪、从行为上积极改造。

2. 搞好分类教育

对女犯的教育改造与对男性教育改造相比较，更要注重分类教育的重要性，要坚持"因人施教、突出重点"的原则，根据女犯的不同性格、女犯的不同罪犯等，作出分类汇总，一一对应实施分类教育。针对不同性格的女犯，要采取不同的教育方法。比如对于敏感、内心脆弱的女犯，要鼓励她们树立正确的人生观，重新燃起新的希望；对于顽固不化、执迷不悟的女犯，要严格管理、不能手软。对于极个别态度不端、屡教不改、错误不断的监管对象，要尤其注意教育的方式方法，不能强压硬管，要深入其内心打动她、软化她、说服她，进而最终改造她。针对不同犯罪类型的女犯，由于其行为特征不同也应有不同的教育手段。比如有财产型女犯懒、馋、占、贪、沾；淫欲型女犯放荡、懒、馋；暴力型罪犯野蛮、残暴、冒险、冲动。

因此，对女犯的教育和改造，分类教育就更为重要。应当根据各类女犯的犯罪性质、恶习深浅、文化程度、改造表现等多个角度实施分类教育，将法学、心理学、行为学、伦理学、哲学等有关做人的道德融于一炉，将监管、劳动、教育、娱乐汇为一体。对各种不同类型的罪犯进行系统分析和矫治。

3. 加强个别教育

女犯的个体差异性比较明显，要想很好地教育改造女性，不能搞"一刀切"的教育手段，应当针对女犯的个体差异去选择不同的教育改造内容，采取不同教育改造措施。对女犯的改造和教育也需要提倡教育的针对性，对不同性格、不同原因入狱的女犯采取针对性的改造方法，以提高改造效果。如有的女犯产生了自卑心理而抵触改造，应对其进行耐心的说服教育和法制宣传，鼓励其燃起生活的希望；如有的女犯生活懒散、消极怠工，可以制定监狱改造的奖惩制度，对于积极参加劳动的女犯可以让其多见家人等方式加以鼓励；如有的女犯自我约束能力较低，经常因琐事与其他服刑人员争吵，应当对其进行亲情教育和道德教育。特别教育可以尽快使犯人端正改造态度、坚定改造信心。

（二）加强女犯监区文化创新

监狱是相信人类本性可受改化的特殊教育机构之一种，它隶属于以促进典范为目的的社会改良规划。[①] 教育在现代化的监狱中体现的不应当仅仅是惩罚，而更应该是对罪犯社会化欠缺的矫正，所以在监狱中推行的现代多元化教育是近代中国监狱文化创新趋向现代化的推动力量之一。

监狱的特殊功能决定了监狱是与社会高度隔离的封闭环境，高墙电网、武警站岗、关卡林立、戒备森严，这样的装备除了出于安全防范的需要外，还出于一种心理震慑的需要，监狱的形象应该给人一种威严、神秘又压抑的印象。正是这种高警戒度的氛围才能给服刑人员造成心理上的震慑。但另一方面来说，仅有震慑并不利于罪犯的分类处遇和再社会化，也不符合监狱文明国际化发展的趋势，尤其是对于女性服刑人员来说，并不符合女性犯人的生理结构和心理特点。长时间处于封闭压抑的环境，不能及时了解监区外面翻天覆地的社会变化，会给她们未来顺利融入社会带来很大障碍。加强监区文化创新、组织种类丰富的活动不仅有利于女犯了解社会、互相联系，也有助于她们对社会发展的了解。加强监区创新文化建设的主要作用，是可以调剂女犯的日常生活，陶冶她们的情操，对她们的精神世界改造起到潜移默化的作用，让她们戒除自暴自弃的心态、对出狱后的生活充满信心。

然而，目前我国一些地方对女性监区文化建设还存在认识上的不足，监狱只注重对女性服刑人员的劳动改造，而忽视了文化建设。课题组通过调研发现，实践中能够积极主动参与监区文化生活的女性服刑人员并不占多数，只有极少数女性服刑人员人主动参与监区文化建设，积极接受优秀文化的熏陶、加快改造的步

---

① 参见张东平：《近代中国监狱的感化教育研究》，中国法制出版社 2013 年版，第 322 页。

伐，而大多数女性服刑人员对主流文化态度冷漠，缺乏主动参与积极创造的热情，因此加快女性监狱的创新文化建设是我国监狱文化建设的重要内容和必然需求。

开展女性监区文化创新建设，首先应当通过开展多种形式的文化活动，比如除了学习文化的正课外，可以搞一些知识竞赛，让接受改造的人在竞赛活动中既学到知识又调动他们的积极性，达到身心轻松对生活充满希望的目的。

其次，要为女性服刑人员搭建监区文化建设平台。为了达到这一点，监狱应当充分利用电视电教、广播、报纸等多种传播媒体的方式，使监狱中服刑的女性虽然身在监狱但还是能够迅捷及时地了解外界的信息，让她们能够与外界保持一致而不至于被社会淘汰。应当采取适当手段对女性开展文化知识普及活动，如开设多个图书馆，在女犯中开展板报比赛等多种形式的文化活动。充分发挥女性热爱文娱活动的特点，办好监狱文艺队，通过这些调动她们的群体性和凝聚力，增强女性服刑人员间的联系以及集体合作能力。因此，健康文化活动的引导可以起到依法施教、文明管理的作用而大力改善教育改造环境，寓教于乐、营造和谐协调健康向上的女性监区文化氛围。

（三）加强对女犯狱警的业务培训

担任女犯改造工作的警察自身文化素质的程度也很重要。因此，在对女性服刑人员的教育矫正过程中，要切实贯彻"子师以正，孰敢不正"的原则，教育者本人一定要以身作则，狱警要求罪犯做到的，自己必须首先做到。只有监狱警察具有较强的文化自觉和较高的文化修养，才能以自身服人，才能以自身人格魅力潜移默化地影响服刑人员，达到教育矫正服刑人员的最终目的。监狱警察要时刻树立"人本管理思想"，不仅将其融入各项制度和规范中，而且要植入自己的日常管理工作中。切实把握不同层次罪犯的需要，充分尊重罪犯的选择性、自主性和能动性，采取各种激励与约束措施，充分调动罪犯参与活动的积极性。使服刑人员的被动管理改为自觉自愿的改造，引导罪犯自觉投入文化建设中去，逐步形成罪犯自觉改造机制。

目前，我国监狱警察的来源主要是通过国家招录公务员的渠道择优录用，因此狱警的知识结构主要来源于学校学的理论知识。实践经验来自于从事监狱工作后的积累。因此，对大多数警察而言，普遍存在监狱业务知识和所从事的岗位专业技术知识与当前监狱工作发展的形势存在严重的不适应。警察在入职以后，在思想观念、执法理念等方面与现实监狱工作的需要有较大的差距。因此，加强对狱警业务的培训势在必行，应结合狱警工作需求而有目标性地丰富其培训内容，更新专业知识，提高职业素养为重点，广泛组织开展刑罚执行、狱政管理、教育改造、罪犯心理矫治、狱侦业务技能、警体技能等专业知识与技能培训。

由于女犯的年龄、文化程度、犯罪性质、犯罪原因、刑期长短、改造表现、个性特点等与男犯有很大差异，对女性狱警的培训就更加的必要且特殊。如果采用"一刀切"的手法，以对待男犯的教育方法来改造女犯，势必会影响对女犯的教育效果，甚至起到反作用。因此，改造女性罪犯应当有不同的手段和措施，必须遵循女性的心理行为特点，做到对症下药、辩证施教，春风化雨、润物细无声。新中国成立以来，我国积累了大量的女犯改造工作经验，这些经验需要系统总结，上升为理论，并用以指导今后的女犯改造工作。[①] 对女性狱警的培训要坚持科学安排课程、灵活培训形式。根据女性警察教育培训时间的安排和要求，结合工作任务重、单位人手少的实际，以支部为单位深入开展女性警察岗位练兵活动，大力推行"战训合一、轮训轮值"的岗位练兵模式，实现"执法培训岗位化，岗位练兵常态化"。促进女性警

---

① 参见杨木高：《论建立一门新的学科：女犯改造学》，载《江苏警官学院学报》2012 年第 5 期。

察进一步加强对专业知识、岗位业务技能以及警体实用技能的学习与熟练程度，不断增强女性警察队伍履行岗位职责，胜任本职工作的能力。

在对女性警察培训内容的确定和选择上，要把与监狱工作密切相关的法学、监狱学、警察管理学、社会学、教育学、生产经营管理等专业知识培训作为基础，以提高岗位履职能力为重点。要把对女性服刑人员的法制教育作为教育改造工作的重点，积极开展道德教育活动。在对女警的培训队伍上，要加大培养师资力量，增强对硬件和软件投入建设力度，充分整合监狱现有资源，由专职教育干警团队承担起法制教育、道德教育的教学任务；同时积极依托社会优质教学资源，开展法制教育和道德教育的培训工作。应针对女性服刑人员的心理特征，进一步强化女性警察的心理学、管理学、信息学的培训，并加强处理狱内突发事件的能力、培养女性警察的谈判技巧以及西方国家监狱管理比较研究等学科的培训，尤其要强化实战性科目的配置，进一步开阔女性狱警的视野，拓展工作思路、优化知识结构，进一步增强工作能力，为女性服刑人员的早日改造贡献力量。

三、对女性犯罪人的社会宽宥

监狱教育改造的最终目标是使犯罪分子洗心革面、重新做人，最终还是要让他们回归社会的。在普通民众当中，老百姓对于罪犯的厌恶、憎恨、鄙视、甚至强烈的复仇欲是一种可以理解的心态，这种情绪普遍存且不易消除。特别是对于女性犯罪分子，由于我国传统文化的影响，社会对于女犯更是很难接受。在重刑主义传统浓厚、重视因果报应、传统男尊女卑思想遗留等在我国表现尤为明显，女性服刑人员出狱后在社会上难免遇到歧视，这种歧视会造成女性自暴自弃的心态，使其无法早日改造回归社会中重新为人。并且，这种歧视还有可能挑起或加重女性出狱人员的反社会情绪，从而再次引发重犯。因此，一个良好的社会氛围，是促进女性出狱人员积极回归社会的客观因素，有助于帮助她们重建生活的信心，帮助她们顺利回归社会。提高全社会对女性犯罪分子的宽宥，可以激发她们投入改造的热情和积极性，提高其个人素质和修养，在今后的社会生活中更加有能力分辨对错、善恶、丑美，成为一名自尊、自爱的新女性。

第一，要促进家庭对女性出狱人员的宽宥。根据上文的研究可见，女性犯罪出于家庭原因的占很大比重，女性罪犯出狱后很容易与家人关系紧张、沟通不良而造成心理上的再次伤害。因此，要着力帮助社区女性出狱人员修复家庭关系、融洽家庭氛围，对其家庭进行走访和调查，通过说教、开导等方式，促使其家庭重新接纳女性出狱人员。对于已经离异或丧偶女性出狱人员，在条件合适的情况下帮助她们组建新的家庭，用家庭的和谐与关爱感化她们。社区基层组织应该通过一些实质性的工作帮助她们切实改善家庭环境，比如帮助推荐女性出狱人员再就业，开展"特殊对象未成年子女关爱行动"，为女性出狱人员的未成年子女提供各种各样的关爱和帮助，比如为他们提供学费资助，课余时间为他们进行作业辅导，加强对孩子们的心理辅导，注重对他们的特长培训等。这些方法的宗旨是为了服刑女性能够放心服刑，也能够帮助她们融洽家庭关系，从而恢复和激发她们的家庭责任感，从而促使她们树立起重新融入社会的愿望。

第二，努力为女性出狱人员营造一个平等、接纳、宽容的生活小环境。社会大环境是一个方面，但小环境才是人生活和活动的主要场所，为了帮助出狱女性尽快重返社会，要加强女性出狱人员生活的社区对她们的帮助和宽宥。女性服刑人员出狱之后，普遍存在相当长时间内的茫然和不知所措感。这个时候，大力发挥基层社区组织的帮扶作用就显得尤为重要，可以引导她们尽快适应社会、融入社会，提高她们对社会生活的适应能力和适应程度。大力发挥基层社区组织作用的形式是多种多样的，一是可以积极开展多种形式的职业规划咨询，了解出狱女性的生活需求和心理需求，为女性出狱人员进行针对性减压调适，提高其克服困难、适应生活的心理素质。二是可以通过运用社区的社工力量对出狱女性开展人性化的帮教服务，充分发挥帮教志愿者的作用，让出狱女犯感受到来自生活环境的非家庭成员的关爱。三是要大力挖掘出狱女犯自身的能力，激发她们自己甘愿为社会服务之心，通过引导女性出狱人员在居住地附近参加公益劳动，让所在社区的居民见证她们的悔过之心。以上手段可以帮助社区服刑人员培养社会主人翁的内心自我感受，激发他们重新融入社会的勇气和信心。

第三，努力营造宽宥的大环境。社会各大媒体应进行适时的舆论宣传，在全社会范围制造有利于女性出狱人员回归社会的大氛围。大的社会范围对个体的回归是至关重要的，全社会都秉承宽宥之心，可以引导社会民众对女性出狱人员的社会接纳，使得全社会对女性出狱人员的社会回归树立一个客观的认识。为此，应当向全社会宣传女性出狱人员回归社会的重要意义，特别是在较偏远的落后地区，一定要消除对女性出狱人员的歧视和偏见。通过一些生动的个案，向公众宣传女性出狱人员回归社会的理念、意义、目标，让社会民众对于宽宥女性出狱人员产生心理上的共鸣。使得全社会形成一种宽宥、接纳女性出狱人员回归社会的共同意识，使得社区群众不仅在日常生活中愿意为女性出狱人员提供帮助，而且愿意与她们正常交往。

第四节　加大律师对女犯的法律帮助

一、加大律师对女犯提供法律帮助的重要性

及时有效的法律援助能够极大地促进审判的平衡性和公正性，在刑事司法中甚至还意味着保障嫌疑人和被控刑事犯罪者的

生命权。在国际性法律文件中，"获得律师的法律帮助"是犯罪嫌疑人、囚犯等一项基本且重要的权利。1990年在古巴哈瓦那召开的第八届联合国预防犯罪和罪犯待遇大会通过的《关于律师作用的基本原则》。《关于律师作用的基本原则》第2条明确规定："各国政府应确保向其境内并接受其管辖的所有的人，不加任何区分，诸如基于种族、肤色、民族、性别、语言、宗教、政治或者其他见解、原国籍或社会出身、经济或其他身份地位等方面的歧视，提供关于平等有效地获得律师协助的迅速有效的程序和机制。"该联合国文献还在关于"刑事司法事件中的特别保障"中强调："任何没有律师的人在有司法利益需要的情况下均有权获得按犯罪性质指派给他的一名有经验和能力的律师，以便得到有效的法律帮助，如果他无足够力量为此种服务支付费用，可不交费。"此外，2012年5月联合国经济及社会理事会下属的预防犯罪和刑事司法委员会在维也纳召开了第二十一届会议，会议通过了首份《联合国关于在刑事司法系统中获得法律援助机会的原则和准则》。该原则和准则认为，法律援助是以法治为依据的公平、人道和高效的刑事司法系统的一个基本要件。运作良好的法律援助制度可以减少监狱人口、不当定罪、监狱过分拥挤和法院拥挤的现象并减少重新犯罪和再次受害。该原则和准则强调国家应当把提供法律援助视为其义务和责任，确保毫无歧视地向所有人提供法律援助，特别要保障最弱势和边缘化群体获得司法公正。

囚犯在监狱执行刑罚阶段中，无论是监狱接受执行刑罚通知、具体执行刑罚，还是在执行中变更执行方式等活动，都是司法活动。既然是司法活动，就应当允许律师为囚犯提供法律帮助。从上述的国际性法律文件的规定中可见，执行刑罚阶段中的囚犯接受律师的帮助是同样重要的。因此，犯罪嫌疑人在侦查、起诉到审判一直到刑罚执行阶段都有权利得到及时有效的法律援助，将其所受权利侵害的可能性降低到最低程度。这一点对女犯来说就更加的重要。《联合国关于在刑事司法系统中获得法律援助机会的原则和准则》中第 32 条特别指出："应当采取特别措施以便确保妇女、儿童和特殊需要群体享有获得法律援助的有意义的机会……"这是因为女犯是一个特殊的群体，本身具有伤害化和被害化的双重特征，保障女犯正当、合法权益不受侵害是预防和减少她们再次受伤和再次犯罪的重要措施。

由于女性犯罪嫌疑人被害化现象普遍存在，女性犯罪嫌疑人在司法程序中自责自怨的情形就更加明显，因此加强对女性犯罪嫌疑人的法律援助就尤为重要。例如，2003 年曾受广泛关注的河北省刘某某毒死丈夫张某某案，是律师援助女性犯罪嫌疑人维护权益的典型案例，凸显了律师在援助被害化女性犯罪嫌疑人方面的重要作用。

刘某某是一位典型的被害化女性犯罪嫌疑人，她的经历既可怜又可悲、既是偶然的同时又具有必然性。1991 年 7 月刘某某生下第一个孩子。在刘某某的记忆里，与儿子同步降临的是自己被暴打的命运。儿子出生后 3 个月，刘某某和张某某离开宁晋到山西平定做面粉生意。去后不久的一天，张某某在运面途中遇到大雨，两吨面粉被雨淋透无法再用。受不了这个打击的张某某，回到家便没来由地对妻子一顿拳脚。这是刘某某第一次被打。从那以后张某某越发暴躁起来。他对刘某某说，就是因为娶了她日子才这么不顺。在至案发长达 10 余年的期间内，暴力愈演愈烈，从拳打脚踢发展到抓住什么工具就用什么工具打，12 年里，刘某某经受过这些东西的毒打：木棍、竹棍、铁棍、皮带、椅子、铁锹、斧子、搓板、叉子、擀面杖，刘某某 12 岁的儿子说，"从来没有见过妈妈还手，有时候可能是太疼了，就喊一声，大多数时候就是受着。"而且张某某打时不分什么部位，多次致伤刘某某，甚至用铁锹猛砸刘某某的要害部位——头部，伤口需缝合十余针。面对张某某的残暴行为，刘某某凭体力无法抗衡、终日操劳无法感化、默默忍受和苦苦哀求也不能稍减张某某的凶焰；她曾求助于张家的长辈、亲人及邻居，但张某某多次殴打年迈的父亲，连拉架的兄弟、邻居都打骂；她曾求助于村里的长辈和干部，他们的劝告换来的只是张某某对她变本加厉的毒打；她曾提出离婚，但张某某威胁要杀死她娘家的人，对这样一个丧失了亲情和人性的人，谁敢保证他说得出做不出呢?! 她也曾想到自杀，但对三个未成年孩子的母爱使她难下决断。我们不能苛求一个只上过两年小学的农村弱女子刘某某懂得去用法律的手段来解决问题。各种方式尝试后希望的破灭，才促使她产生了杀死张某某的想法。刘某某 2002 年农历 11 月底买了毒鼠强，但当时仍未狠下心来立刻实施，可以看出她的本性还是善良的。直到 2003 年 1 月 15 日晚上，张某某又用擀面杖毒打刘某某，甚至拿斧子要砍她，幸被闻声赶来邻居拦住，将斧子夺下扔到房顶上，否则很难想像刘某某会发生伤还是亡的后果。在又一次遭受毒打之后，刘某某彻底绝望了，她看到张某某已没有了一丝人性，为了保护自己和三个孩子，为了使张某某不再对家人和乡邻施暴，她将毒药拌进了张某某的饭菜里，实施了毒死张某某的行为。刘某某被逮捕后，对自己的行为非常后悔，曾一度产生以命偿命、不再为自己辩护的心理。河北省妇女法律援助中心认为刘某某本身代表了一部分可怜可悲的农村妇女，对此弱势群体应该给予积极的法律援助，并指定河北省侯凤梅律师事务所为刘某某进行辩护。河北省律师协会副会长、河北省人大代表侯凤梅律师在了解本案后，免费担任了上诉人刘某某的二审辩护人，并提出刘某某的情况属于我国一些专家多年研究的"受虐妇女综合症"的特征，她虽然实施了犯罪行为，但是她本身也是被害化的犯罪嫌疑人。毒死张某某虽然是一种不可取的犯罪行为，但对刘某某而言，除此之外无路可走。她采取这种激烈方式来对抗不法侵害，与"正当防卫"在理念的本质上是一致的，虽然目前无法据此作出不负刑事责任的判决，但是可以认定属于"情节较轻的杀人"。辩护律师提出，公众接受的不仅是公平公正的法律，更应该是保护社会利益惩恶扬善的法律。如果在"惩罚"的同时考虑"教育"、"挽救"并重，刘某某的三个孩子也能得到母亲抚养不致流离失所给社会造成负担。作为公正的执法者——人民法院，判决应当兼顾法律的惩罚功能和社会功能。对这样一个因反抗家庭暴力而引发的悲剧性案件，法院如能充分体现量刑从轻的原则，必将会收到极好的社会效果，因此从本案的起因、社会效果全面考虑，对刘某某应加大从轻的幅度、适用缓刑的辩护意见。在律师的帮助下，最终法院采取了律师的辩护意见，对刘某某以故意杀人罪判处有期徒刑 12 年。可见，在律师的法律援助下，刘某某保护了自己的权益、受到了法律的公正判决。

二、律师对女犯提供全面的法律帮助

律师对女犯提供法律帮助，应当是全方面的。第一，应在女犯被监禁之时和被监禁期间向其提供有关监禁地点的规定及其根据法律所享有的权利的信息，包括得到法律援助、咨询意见和救助的权利的通知，以及告知女犯对其案件加以进一步复审的各种可能性；其在应当依法所享有的所有的权利，以及关于申诉、上诉、提前释放、赦免或宽大处理的规定和程序。应当对于不识字的女犯、少数民族女犯提供让其知晓的方式，并且应当使用需要得到法律援助的女犯所能理解的语言。

第二，应当鼓励律师所、法律所及其他法律援助团体免费为女犯提供法律咨询和援助。监狱应当设立法律援助中心，这些法律援助中心可以为女性服刑人员提供简单的法律咨询和法律文书起草工作。当涉及比较复杂的法律问题时，法律援助工作站可以与更加专业的律师事务所进行沟通，为女性服刑人员提供更加专业的法律帮助。此外，各监所工作站应当在各监区、大队确定一名民警担任专职的法律援助联络员，并在监狱图书室或阅览室设立法律援助信箱，专门为女性服刑人员提供提出法律咨询的渠道，为女性服刑人员、劳教学员就近申请法律援助提供便利条件。

　　第三，应允许女犯了解法律知识，对于在服刑期间还要面对刑罚的具体适用问题，如减刑、假释、监外执行等，还有可能面对社会、家庭、婚姻、财产、债权债务等问题，应使其得到及时的律师援助。女性从被害人转变为加害人，主要是由于法律知识的欠缺，不知道如何用合法手段保护自己的权益，当她们沦为阶下囚以后，要使得她们能够有效地运用法律的救济手段保护自己的合法权益。如果她们不能及时、充分地举证支持自己的诉求，没机会聘请律师，其合法利益必然不能得到保障，其重新回归社会的希望必然会破灭而自暴自弃，这种结果是所有人都不愿意看到的。

附录一
河北省女子监狱受虐妇女犯罪调查问卷

调查问卷说明：

近年来，受虐妇女犯罪的案件有所增加，为了了解家庭暴力中受虐妇女的状况，探索研究预防受虐妇女犯罪的积极措施，更好地保护受虐妇女的权益，特展开此次问卷调查。

本次问卷采用无记名方式填写，为确保调查结果的可靠性，请您亲自填答，不要遗漏。

（共有 15 个问题，可以多选）

1. 您的年龄处于哪个年龄段：（　　　）

   a. 20～30　　　　　　b. 30～40　　　　　　c. 40～50

   d. 50～60　　　　　　e. 其他

2. 您的家庭位于：（　　　）

   a. 城市（地级市以上）　　　　　b. 县城及县级市

   c. 乡镇　　　　　　　　　　　　d. 农村

3. 您的受教育程度：（　　　）

   a. 小学　　　　　　b. 中学　　　　　　c. 高中

   d. 大学及大学以上　　　　　　e. 其他

4. 您以前的工作状态：（　　　）

   a. 稳定的工作　　　b. 临时性工作　　　c. 个体经营

   d. 失业在家　　　　e. 其他

5. 您以前的自己独立收入来源：（　　　）

   a. 没有　　　　　　b. 工资

    c. 经营收入   d. 其他

6. 您以前的自己独立收入数额：

    a. 0   b. 1000 元以下   c. 1000 ~ 2000 元

    d. 2000 ~ 3000 元   e. 3000 元以上

7. 您在犯罪时身体状况：（　　　　）

    a. 健康   b. 有病但能生活自理

    c. 有病生活不能自理   d. 精神疾病   e. 其他

8. 您在家庭暴力中的受虐形式：（　　　　）

    a. 殴打   b. 语言辱骂   c. 精神虐待

    d. 性虐待   e. 其他

9. 您在家庭暴力中的受虐程度：（　　　　）

    a. 身体重大伤害   b. 身体皮外伤

    c. 精神崩溃   d. 其他

10. 您在家庭暴力中的受虐频率：（　　　　）

    a. 每天多次   b. 每天一次

    c. 多天一次   d. 丈夫喝酒或其他情况

    e. 偶尔   f. 其他

11. 您在家庭暴力中的受虐结束方式：（　　　　）

    a. 丈夫道歉悔过   b. 离家出走   c. 对抗

    d. 静坐   e. 其他

12. 您在家庭暴力中的受虐后发泄方式：（　　　　）

    a. 寻求法律保护   b. 哭闹   c. 向他人倾诉

    d. 自寻短见   e. 其他

13. 您在家庭暴力受虐后想过怎么解决：（　　　　）

    a. 与丈夫洽谈   b. 离婚

    c. 寻求法律保护   d. 坚持对抗

    e. 杀死对方   f. 其他

14. 您是否知道妇女权益保护的相关机构：（　　　　）

    a. 不知道   b. 知道

15. 您是否寻求过妇女权益保护机构或法律的援助：（　　　）

　　a. 是　　　　　　　　　　　　b. 否

　　非常感谢您完成了这份调查问卷！

　　不知您是否有一些我们未在调查问卷中列出的观点需要表达。如果有，请把您希望的想法、观点或想令人关注的问题写出来。

附录二
河北省女子监狱关于家庭暴力引发
犯罪问题的调查结果分析

序号	调查问题	调查结果
1	年龄	20~30岁占13%，30~40岁占43%，40~50岁占35%，50~60岁占9%。
2	家庭住址	地级以上城市占13%，县城及县级市占13%，乡镇占4%，农村占70%。
3	受教育程度	文盲占13%，小学占30%，中学占43%，高中占10%，大学及大学以上占4%。
4	以前工作状态	稳定的工作占17%，临时性工作占13%，个体经营占9%，失业在家占35%，其他占26%。
5	独立的收入来源	没有收入来源占39%，有固定工资的占26%，有经营收入的占13%，其他占22%。
6	独立收入数额	无收入占43%，1000元以下占35%，1000~2000元占13%，2000~3000元占9%，3000元以上为0%。

序号	调查问题	调查结果
7	犯罪时身体状况	健康占 57%，有病但能生活自理占 30%，有病生活不能自理为 0%，有精神疾病占 9%，其他占 4%。
8	在家庭暴力中的受虐形式	殴打占 100%，语言辱骂占 43%，精神虐待占 43%，性虐待占 35%，其他占 4%。
9	在家庭暴力中的受虐程度	身体重大伤害占 17%，身体皮外伤占 52%，精神崩溃占 78%，其他占 13%。
10	在家庭暴力中的受虐频率	每天多次占 17%，每天一次占 9%，多天一次占 26%，丈夫喝酒或其他情况占 52%，偶尔占 4%，其他占 4%。
11	在家庭暴力中的受虐结束方式	丈夫道歉悔过占 26%，离家出走占 39%，对抗占 17%，静坐占 26%，其他占 9%。
12	在家庭暴力中的受虐后发泄方式	寻求法律保护占 17%，哭闹占 9%，向他人倾诉占 22%，自寻短见占 43%，其他占 26%。
13	在家庭暴力受虐后想过怎么解决	与丈夫洽谈占 26%，离婚占 65%，寻求法律保护占 17%，坚持对抗 22%，杀死对方占 23%，其他占 4%。
14	是否知道妇女权益保护的相关机构	不知道占 78%，知道占 22%。
15	是否寻求过妇女权益保护机构或法律的援助	是占 26%，否占 74%。

附录三
家庭暴力犯罪案件的调研报告

近年来，家庭暴力导致受暴女性犯罪的总量呈上升趋势，严重暴力犯罪表现突出，大多数女性在长期遭受家庭暴力的情况下，最终采取以暴致暴的手段，对施暴人实施犯罪行为。河北省妇联一项调查显示，1999 年至 2003 年初，河北省共发生妇女以暴抗暴案件 72 起，其中，80% 以上的以暴抗暴妇女是在忍受暴力多年、反抗无效、求助不成、离婚未果、走投无路、精神濒临崩溃之下愤而出击的结果。在对三个监狱 963 名服刑的重刑女犯问卷调查中发现，犯罪行为与家庭暴力有关的 219 名，占到 22.74%。仅据全省 8 个市妇联不完全统计，共发生受暴妇女以暴抗暴恶性案件 19 起，导致 16 人死亡，3 人致残（伤）。[①]

最近我们以家庭暴力现象中存在的问题为主线展开了一系列调查，尤其对河北省女子监狱部分在押女犯进行了调研，以期研究受虐妇女犯罪案件的现状、特点、原因，并由此提出相应对策以预防和减少此类案件的发生发挥一定的作用。

一、家庭暴力下受暴女性犯罪案件的特点

（一）家庭暴力下受暴女性呈现"二多一低"的特点

"二多一低"即指在犯罪主体中，农村女性多、失业女性多、

---

① 参见李云虹：《法律宽恕杀夫女子——对"以暴抗暴"杀夫案的调查》，载《法律与生活》2005 年第 8 期。

平均学历低。在我们的调查问卷中，在婚姻中存在家庭暴力现象的女性有 13% 是生活在城市的人群，而来自县城及县级市的占 13%，来自乡镇的占 4%，来自农村的却高达 70% 左右。而对于犯罪以前的工作状态的调查中，我们发现在遭受家庭暴力的女性受害人中有稳定工作的占 17%，有临时性工作的占 13%，个体经营占 9%，而失业在家的则高达 35% 左右。当然，与此相对应，由于大多数被虐女性出自农村，且失业在家的比例很大，所以调查问卷中反映出来的家庭暴力受暴女性的受教育程度问题也在情理之中。我们的调查显示，在家庭暴力下导致女性犯罪的比例中，受暴女性是文盲的占 13%，小学水平的占 30%，中学水平的占 43%，高中水平的占 10%，大学及大学以上的占 4%。在被调查的遭受家庭暴力从而犯罪的 23 名女性中，没有收入来源占 39%，有固定工资的占 26%，有经营收入的占 13%。可见，在家庭暴力的现象中，大多遭受丈夫虐待的女性很大一部分是来自农村，而且大多失业在家没有固定的经济收入，这样的女性受传统"男尊女卑"伦理观念的影响，在家庭环境中处于附属的地位，加上本身没有经济来源，在家庭的整个经济地位乃至整体地位中处于劣势。

（二）遭受家庭暴力的形式多样、受虐程度严重、频率高

由于受传统封建思想的影响，很多遭受家庭暴力的妇女在很长一段时期内默默地坚守着一个女人对丈夫的"服从"，抱着"家丑不可外扬"的想法长期忍受丈夫的虐待和发泄。在这种长期隐忍的过程中，家庭中的男人更加肆无忌惮地发挥所谓的"男权"，虐待妻子的方式也是多种多样。在我们进行的调查中，家庭暴力中遭受殴打的占 100%，遭受语言辱骂的占 43%，遭受精神虐待的占 43%，而遭受性虐待的占 35%。而且，在这种多样的家庭折磨下遭受的频率也很高，有 17% 的女性每天要多次遭受虐待，9% 的妇女每天遭受一次丈夫的虐待，

当然也有多天遭受虐待一次的占26%。而一个特殊情况是，只要家庭中丈夫喝酒或其他不顺心情况就以虐待妻子为发泄手段，使妻子遭受殴打或者精神虐待的高达52%。这些遭受虐待形式和时间的数据让我们对我国现存的家庭暴力现象感到非常的震惊。而且，受虐女性遭受这种虐待的后果更是惊人，仅仅就我们针对23个由于家庭暴力而犯罪的女性而言，由于家庭暴力造成身体重大伤害的占17%，身体皮外伤的占52%，精神崩溃的则高达78%。在经历一次次的暴力后，受暴女性长期过着提心吊胆、担惊受怕的日子，在身体以及心理上几乎处于崩溃状态。家庭暴力事件在侵害女性身体、心理甚至生命方面已经发展成为一个很大的毒瘤。

（三）受虐妇女缺乏法律求助意识

与我们前面对受暴女性的调查可以看出，遭受家庭暴力的女性呈现"二多一低"的特点，这样使得这些女性在传统婚姻观念的影响下，宁可自己受委屈也要做到相夫教子，从一而终，不敢和丈夫反抗，更想不到用法律的武器维护自己的权益。很多女性在遭受家庭暴力后可能会选择自己静静承受，或者等待丈夫的道歉，而大多数女性则选择离家出走，对她们来说离开遭受虐待的环境可能更是一个捷径。而在遭受家庭暴力侵害后打算寻求的解决途径调查中，26%的与丈夫进行洽谈，选择离婚的占65%，打算寻求法律保护的占17%，而想过坚持对抗这种暴力侵害的占22%，甚至23%的女性想过杀死丈夫来寻求解脱。在坚持对抗或者受虐杀夫的调查结果中，让我们联想到如今经常发生的受虐妇女杀夫案，很多原本遭受家庭暴力的女性受害者，由于缺乏法律求助意识，在长期忍受丈夫折磨的环境下"引爆"了最后的防线，杀死丈夫以寻求解脱，却使得自己成为了犯罪者。我国虽然已经建立了一些专门保护妇女的机构，可是在普及性、针对性乃至有效性方面仍显不足。加上很多受暴女性犯罪案件的主体大多是农村、无业的低学历女性，而我国很多妇女保护机构都在城市，在农村设立的很少，使得很多女性并不了解专门保护其合法权益的机构存在，当然也就不可能寻求适当的法律援助。在我们的调查问卷中，不知道妇女权益保护机构的高达78%，而即使知道有妇女权益保护机构的人群中，也只有26%的女性寻求过法律的保护。可见增强广大妇女的维权意识，进一步健全我国关于妇女权益保障的法律法规以及机构建设方面仍需要我们付出更大的努力。

二、我国家庭暴力案件的发展趋势

由我们的调研数据显示，我国家庭暴力案件呈现如下发展趋势：

（一）在家庭暴力中，精神暴力趋于严重

家庭暴力的表现形式扩大为身体暴力、精神暴力和性暴力。随着社会经济的发展，在夫妻之间的家庭暴力中，夫妻双方除了靠拳头、武力殴打之外，采用冷落、侮辱、漠不关心、语言刺激等精神虐待的情势趋于严重。因此，"冷暴力"、"精神虐待"等词语开始成为家庭暴力问题的热点，也成为理论界探讨家庭暴力新内容的一个重点。当然，由于家庭暴力本身涉及的主体范围主要在于具有亲密关系的伴侣或者家庭之间，而家庭成员尤其是夫妻之间日常的磕磕绊绊或者吵架行为，不一定均是能够界定为家庭暴力的暴力事件，每个家庭由于生活方式不同，每个人由于性格不同，也时常会伴有冷落、漠不关心的处理模式，那么，这是否能够划归到我们所探讨的"精神虐待"或者"冷暴力"呢？这恰恰需要我们做出合理的解释。

（二）家庭暴力正呈现出从低层次家庭向高层次家庭发展的趋势

从近几年的统计表明，家庭暴力以男性对女性的暴力为普遍

现象。这与中国几千年来"男尊女卑"、"大男子主义"、"家长作风"等思想和夫权制文化息息相关。如果妻子儿女等稍有不顺，便施以虐待或暴力相加；如果在家庭之外遭遇挫折，便通过对家庭成员实施暴力发泄，来实现自己的心理平衡。可以说，男女不平等的社会现状是不断滋生家庭暴力犯罪的温床。如果说在农村导致家庭暴力的主要原因在于，妇女文盲的存在、生育的负担以及传统观念的影响等导致的男女地位的不平等。那么，在城市，同样存在无形的性别歧视如企业女工下岗失业等问题。这些都在一定程度上拉大了男女不平等的差距，并促使了家庭不稳定因素的增长，导致离婚率上升。

（三）以暴制暴产生的家庭暴力犯罪呈现上升趋势

在家庭暴力犯罪案件中，最近呈现的现象是被害人"恶逆变"成为犯罪人。这些犯罪人的绝大多数是女性、老人或者未成年子女，他们平时在家庭暴力事件中扮演的是弱者和受害人的角色。但是，当长期的身体受虐、精神摧残甚至心理隐忍达到不可忍受的地步之后，这些弱者选择了以暴制暴的方式进行反抗。近年来，家庭暴力导致受暴女性犯罪的总量呈上升趋势，严重暴力犯罪表现突出。

三、家庭暴力下受暴女性犯罪量刑与执行途径建议

在长期遭受身体和精神折磨后，部分受虐女性采取了极端的手段，即杀死丈夫而寻求精神上的解脱，从而走上了犯罪的道路。近几年，家庭暴力下受暴女性犯罪问题日益关注，但司法实践中对于长期忍受家庭暴力而导致的以暴制暴犯罪如何量刑却存在很大的差异。以受虐妇女杀夫案为例，被告人被判刑罚的情况大相径庭。具体数据如下表所示。

近年来妇女以暴抗暴典型案件判决情况一览表

时间	地点	被告人姓名	罪名	判决结果
2001 年	河北	李某甲	故意杀人	无期徒刑
2003 年	河北	刘某甲	故意杀人	有期徒刑 12 年
2004 年	北京	王某甲	故意杀人	有期徒刑 11 年
2004 年	北京	刘某乙	故意杀人	有期徒刑 13 年
2004 年	南京	丁某某	故意杀人	有期徒刑 5 年
2005 年	内蒙古	刘某丙	故意杀人	有期徒刑 3 年，缓期 5 年执行
2005 年	北京	李某乙	故意杀人	有期徒刑 3 年，缓期 3 年执行
2006 年	上海	王某乙	故意杀人	有期徒刑 14 年

在我国现行法律无明确规定受暴女性杀人是否从宽处罚以及依据何种因素从宽处罚的情况下，司法实践中对这类女性是否应当从宽处罚，或靠法官的业务素质和良心，或靠社会舆论，但此种做法毕竟带有太多的不确定性，影响法律的权威和人们对法律的信仰。对此，本课题组认为应该结合被害人过错、期待可能性理论考虑对受暴女性犯罪的量刑适当减轻，并采用社区矫正的执行方式以促进受暴妇女的良性改造和社会和谐。

（一）被害人过错：家庭暴力下受暴女性犯罪量刑的从轻情节

在家庭暴力下的受暴女性犯罪中，被害人对于犯罪的责任一般存在两种情形：一是被害人加害在先，引起受暴妇女加害。在这种情形下，正是先在加害行为引发后至的加害行为。二是被害人激化矛盾，引起他人加害。在上述两种情况下，受暴妇女实施杀害丈夫或同居者的行为是在被害人犯有过错的前提下产生的，其犯罪动机是通过犯罪行为的实施来惩罚对方，而不是主动危害被害人。

根据 1999 年 10 月 27 日最高人民法院颁布的《全国法院维护农村稳定刑事审判工作座谈会纪要》规定："……对故意杀人

犯罪是否判处死刑，不仅要看是否造成了被害人死亡结果，还要综合考虑案件的全部情况。对于因婚姻家庭、邻里纠纷等民间矛盾激化引发的故意杀人犯罪，适用死刑一定要十分慎重，应当与发生在社会上的严重危害社会治安的其他故意杀人犯罪案件有所区别。对于被害人一方有明显过错或对矛盾激化负有直接责任，或者被告人有法定从轻处罚情节的，一般不应判处死刑立即执行……"

由此可见，司法解释中已经确立了以下规则：被害人一方有明显过错或被害人对矛盾激化负有直接责任的故意杀人罪的被告人，一般不应判处死刑立即执行。同时反映了立法者对于家庭暴力下女性犯罪在量刑方面采取的从宽态度。

（二）期待可能性：衡量受暴女性犯罪刑事责任的新思路

期待可能性理论认为，法律只能要求人们做其有可能去做的事，不能强迫他人做其不可能做的事。对于行为人之行为，如果要确认其确实有罪，必须根据其行为当时的具体情况，能够期待其实施适法行为而不为犯罪行为。

家庭暴力下的受虐女性长期处于家庭暴力的阴影之下，身心受到极大的伤害。长期遭受暴力的女性多数在精神上处于惶恐和惊吓中，在一定程度上丧失了自信和自尊，性格敏感、脆弱、孤僻、自我封闭。在意识因素上，行为人已经认识到自己的行为会发生特定的危害后果；但从意志因素上看，当时境遇下，行为人（乃至社会上一般人）又不可能做出遵从法律规定的意志抉择来。在受虐妇女杀夫案件中，受虐待妇女已经清楚地知道杀人行为违法，但出于自救/他救（通常是为救助其亲友）或其他保护目的，她（乃至社会一般人）在当时境况下，很难遵从法律规定的意志做出抉择来。

据此，在以家庭暴力为背景下的女性犯罪问题上，我们可以考虑在我国刑法规定中引入特定的、因为适法期待不能而启动的

"阻却责任事由"。这样，人民法院就可以根据有关主客观情况，在证据确凿而充分的情况下，确认某些因"走投无路、确因自救或拯救家人而被迫杀人"的行为以及其他诸如此类的欠缺期待可能性的"犯罪"行为，属于"没有守法期待可能性"的行为。因为这种情况下的"犯罪"行为，乃属人之自我保护的本能表现，因而司法上可从人之常情出发，确认该类行为不具备刑法上的非难性而阻却其刑事责任。同时，对于不能启动阻却责任事由的"无期待可能性"时，法官在具体衡量行为人刑事责任时可综合行为人的各种情形考虑行为人是否具有"较小的期待可能性"，从而减轻行为人的谴责性。这样，将使家庭暴力下的受虐女性犯罪的刑事责任衡量问题得到合理的解决。

（三）受暴女性犯罪的减刑假释待遇从宽

减刑与假释是我国刑罚执行制度中体现对罪犯区别对待和社会化原则的重要制度。减刑是对于被判处管制、拘役、有期徒刑、无期徒刑的犯罪分子，在执行期间确有悔改或者立功表现的，适当减轻其原判刑罚的制度。罪犯在监狱执行期间适用减刑的实质条件是其在刑罚执行过程中确有悔改或立功表现。之所以这样规定是因为，国家适用减刑的目的旨在通过肯定罪犯已有的改造成绩，激励其继续努力改造，逐步减少以至消除犯罪分子的主观恶性，使其不再危害社会，犯罪分子的主观恶性是否减少以至消除，重要的标志就在于犯罪分子在刑罚执行期间是否有悔改或者立功表现。而假释是对被判处有期徒刑、无期徒刑的犯罪分子，在执行一定刑期之后，因其遵守监规，接受教育和改造，确有悔改表现，不致再危害社会，而附条件地将其予以提前释放的制度。假释作为我国刑法中一项重要的刑罚执行制度，是把那些经过一定服刑期间确有悔改表现、没有必要继续关押改造的罪犯放到社会上进行改造，可以有效地鼓励犯罪分子服从教育和改造，使之早日复归社会、有利于化消极因素为积极因素。因而，假释的实质条件也是犯罪分子认真遵守监视，接受教育改造，确有悔改表现，假释后不致再危害社会。从适用的实质条件都是认真遵守监规，接受教育改造，确有悔改表现而言，减刑和假释存在很大的相似之处，只不过对犯罪分子适用的方式不同而已。

从我们对遭受家庭暴力而实施犯罪的监狱女犯的调查来看，大多数的女性在犯罪之后经常是牵儿挂老，忧心忡忡。以受虐杀夫案为例，由于很多女性罪犯都是中青年，正是家庭的顶梁柱，男人被杀，自己入狱，家中留下了老人和孩子。她们担心老人的生存，更担忧未成年子女缺乏亲人呵护和教养，误入歧途。我们知道打击犯罪是为了保障公民权利，维护社会秩序和社会稳定，促进社会和谐发展。而夫妻间因一方暴力引发的犯罪与社会上其他暴力犯罪有着一定的区别，惩罚这类犯罪在适用刑罚时也应有所区别。以暴制暴的女服刑人员们在入狱前是家庭暴力的受害者，犯罪后又面临漫长的刑期，背负着沉重的悔恨和愧疚，是弱势人群中的弱势群体。法律应适当加大对此类罪犯的减刑幅度，特别是对已服刑多年表现较好的应提前适用假释，使她们早日回归社会，以尽抚养未成年子女和赡养老人之责。尤其是她们的子女在失去了生活来源的同时，也失去了家庭的温暖和应该享有的母爱，在生活窘迫和社会歧视的双重压力下，或精神抑郁萎靡不振，或形成反社会人格，走上犯罪道路，造成恶性循环。因此，本课题组认为，应该对家庭暴力下导致的女性犯罪问题方面放宽对女犯的减刑假释适用力度，或者在适用条件上多关注其家庭或者社会改造的方面，更好地维护家庭和社会的稳定。

北京市于2007年出台的《关于对监所罪犯假释工作的规定》第3条第4项规定："符合本规定第一条各项基本条件，不具有第四条规定的从严假释条件，并具有下列情形之一，经查属实的，可以从宽假释：（四）过失犯罪（交通肇事后逃逸的除外）、防卫过当犯罪的罪犯，对家庭施暴人犯罪的女性罪犯，获得可以提请减刑、假释奖励，累计减刑刑期八个月以上的；原判刑罚执行三分之二以上，获得可以提请减刑、假释奖励，累计减刑刑期五个月以上的。"由此可以看出，北京市对于家庭暴力下导致的女性罪犯对于放宽假释适用条件方面进行了重大的创新，对于更好地贯彻刑法宽严相济精神，化消极因素为积极因素，促进服刑人员改造方面将起到很大的作用。我们应该以此为契机，在从宽家庭暴力女性罪犯的刑罚执行方面进行深入思考，减刑假释待遇从宽，更好地促进社会和谐。

（四）社区矫正：受暴女性犯罪刑罚执行的新途径

社区矫正是将符合社区矫正条件的罪犯置于社区内，由专门的国家机关在相关社会团体和民间组织以及社会志愿者的协助下，在判决、裁定或决定确定的期限内，矫正其犯罪心理和行为恶习，并促进其顺利回归社会的非监禁刑罚执行活动。社区矫正是一项系统工程，是以社区为依托，以社区矫正工作人员为纽带，以犯罪人的改造为核心，由被害人及社区公众共同参与的刑事执法活动。其本质是将符合社区矫正条件的罪犯置于社区中，矫正其犯罪意识和行为恶习，并促其顺利回归社会的非监禁的刑罚执行活动。

对于家庭暴力下的女性犯罪情形，应当在考虑被害人过错及期待可能性的从宽量刑基础上，合理适用缓刑和减刑。同时，对于受暴女性犯罪结合具体情况（如家中是否有老人或子女需要抚养等客观情形），在缓刑的基础上原则适用社区矫正。在受虐妇女杀夫案中，受虐妇女所实施的行为是由于家庭暴力和长期受虐所引起的，况且受虐妇女的犯罪行为只针对施虐者本人，杀死施虐者后受虐妇女的人身危险性几乎归零。同时，此类犯罪案件中的社会危害性也不大，大多数案件中的受虐妇女长期受到虐待的事实在整个社区或者亲邻之间都是有目共睹的，只不过基于传统的"清官难断家务事"的思想而不好干预，周围的人们只能投以同情的目光，因此，如果长期遭受暴力的妇女最终反抗，对施暴者进行反击，整个家庭或者社区的其他居民一般会表现出同情和理解。①

这样，在确认受暴女性犯罪的社会危害性和人身危险性都比较小的情况下，在刑法理论上应当将受虐妇女杀夫认定为刑法所规定的"情节较轻"的杀人，由此才可能将受虐妇女杀夫的量刑降低至 3 年以上 10 年以下，避免判处 10 年以上徒刑。同时考虑我们上文所讲的期待可能性理论的具体适用，即使在不能完全免除受虐妇女刑事责任的情况下，也可以适用期待可能性的减轻情节进一步减轻行为人的刑事责任程度，从而为受暴女性适用缓刑留下很大的空间。②

四、结语

家庭是社会的基础元素。社会的和谐以千千万万的家庭和谐为基础。在社会经济不断发展的今天，我们更应该不断提升社会文化的发展，促进男女地位的平等，消除传统"男尊女卑"的不

---

① 例如河北刘某某杀死丈夫张某某案件中，刘某某 12 年来忍受着丈夫的打骂，常常是旧痕未愈又添新伤，但她牢记家丑不可外扬的古训，默默地忍受着身心的折磨。在她忍无可忍的情况下毒死了丈夫后，她的犯罪行为却得到丈夫亲属和全村人的同情。刘某某被提起公诉关进看守所后，她的公公张某乙开始找县、市妇联，跑公安局求检察院，说张某甲"罪孽深重，死有余辜"！请求从轻处罚刘某某；当地群众普遍认为张某甲"好逸恶劳"、"性情残暴、手段残忍"、"无恶不作"，村里 400 多名户主联名写信保这位尊敬老人、和睦乡邻、勤劳善良、吃苦耐劳的好媳妇，就连张某甲的亲戚也纷纷写反映材料说刘某某毒死张某甲情有可原，实是不堪忍受被害人虐待迫不得已之举，请求对被告人最大限度地从轻处罚。

② 因为依照我国刑法规定，缓刑是对于被判处拘役、3 年以下有期徒刑的犯罪人，根据其犯罪情节和悔罪表现，如果暂缓执行刑罚确实不致再危害社会，就可以规定一定的考验期，暂缓刑罚的执行；如果犯罪人在考验期内遵守一定条件，原判刑罚就不再执行的制度。因而，对行为人适用缓刑的前提是犯罪人被判处拘役或者 3 年以下有期徒刑。

良思想，真正实现女性在社会中的应有地位，杜绝家庭暴力的衍生。同时，我们应该在频发的家庭暴力案件中吸取教训，如何发挥社区的有效监督机制，如何合理判断家庭矛盾的暴力升级性，如何敦促家长在家庭教育方式上的改革，如何加大宣传提高妇女的自我认识，这一系列的问题是我们在家庭暴力事件中值得不断思索的难题。

主要参考文献

一、著作

1. 李卫红：《刑事政策学》，北京大学出版社2008年版。

2. 包雯、张亚军等：《家庭暴力引发犯罪刑法适用问题研究》，中国检察出版社2012年版。

3. 马克昌：《近代西方刑法学说史》，中国人民公安大学出版社2008年版。

4. 吴宗宪：《西方犯罪学史》，警官教育出版社1997年版。

5. 吴宗宪：《西方犯罪学（第二版)》，法律出版社2006年版。

6. 梅传强：《犯罪心理学》，法律出版社2010年版。

7. 林山田：《刑罚学》，台北商务印书馆印行1983年版。

8. 许章润主编：《犯罪学》，法律出版社2007年版。

9. 巫昌祯主编：《妇女权利的法律保障》，中央文献出版社2002年版。

10. 巫昌祯：《婚姻与继承法学》，中国政法大学出版社2007年版。

11. 徐显明：《国际人权法》，法律出版社2004年版。

12. 翟中东：《刑罚个别化研究》，中国人民公安大学出版社2001年版。

13. 北京大学法学院刑事法学科：《犯罪人被害化现象描述：犯罪、刑罚与人格》，北京大学出版社2009年版。

14. 肖建国、姚建龙：《女性性犯罪与受害》，华东理工大学出版社2002年版。

15. 阴家宝：《新中国犯罪学研究综述》，民主与法制出版社1995 年版。

16. 张筱薇：《比较外国犯罪学》，百家出版社1996 年版。

17. 周良沱：《犯罪学群论》，中国人民公安大学出版2007 年版。

18. 祝平燕、周天枢、宋岩主编：《女性学导论》，武汉大学出版社2007 年版。

19. 蒋美华：《20 世纪中国女性角色变迁》，天津人民出版社2008 年版。

20. 佟新：《女性违法犯罪解析》，重庆出版社1996 年版。

21. 何显兵：《社区刑罚研究》，群众出版社2005 年版。

22. 马贵翔、胡铭：《正当程序与刑事诉讼的现代化》，中国检察出版社2007 年版。

23. 马原：《坚决制止和消除对妇女的暴力》，人民法院出版社1997 年版。

24. 刘伯红：《女性权利——聚焦〈婚姻法〉》，当代中国出版社2002 年版。

25. 刘仁文、王桂萍：《哈佛法律评论》，法律出版社2005 年版。

26. 孙长永：《侦查程序与人权——比较法考察》，中国方正出版社2000 年版。

27. 李龙主编：《人本法律观研究》，中国社会科学出版社2006 年版。

28. 张爱宁：《国际人权法专论》，法律出版社2006 年版。

29. 〔法〕孟德斯鸠：《论法的精神（上册）》，商务印书馆1982 年版。

30. 〔英〕丹宁勋爵：《法律的未来》，刘庸安、张文镇译，法律出版社1999 年版。

31. 〔德〕汉斯·约阿希姆·施奈德：《犯罪学》，吴鑫涛等译，中国人民公安大学出版社 1990 年版。

32.〔意〕贝卡利亚：《论犯罪与刑罚》，黄风译，中国大百科全书出版社 1993 年版。

33.〔意〕龙布罗梭：《犯罪人论》，黄风译，中国法制出版社 2000 年版。

34.〔意〕恩里科·菲利：《实证派犯罪学》，郭建安译，中国人民公安大学出版社 2004 年版。

35.〔意〕恩里科·菲利：《犯罪社会学》，郭建安译，中国人民公安大学出版社 2004 年版。

36.〔日〕森本益之、濑川晃、上田宽、三宅孝之：《刑事政策学》，戴波、江溯、丁婕译，中国人民公安大学出版社 2004 年版。

37.〔日〕大须贺明：《生存权论》，林浩译，法律出版社 2001 年版。

38.〔加〕丽贝卡·J.库克：《妇女的人权——国家和国际的视角》，黄列译，中国社会科学出版社 2001 年版。

39.〔美〕赫尔曼：《法律与宗教》，梁治平译，三联书店 1991 年版。

40.陈志军：《波兰刑法典》，中国人民公安大学出版社 2009 年版。

41.徐永生、庄敬华：《德国刑法典》，中国法制出版社 2000 年版。

42.肖扬主编：《中国反对针对妇女暴力的研究与行动》，社科文献出版社 2012 年版。

二、论文

1.康伟：《犯罪表象形成机制（下）》，载陈兴良主编：《刑事法评论》第 18 卷，北京大学出版社 2006 年版。

2.王牧：《犯罪根源是理论逻辑上的一种指向》，载王牧：

《犯罪学论丛》（第一卷），中国检察出版社 2003 年版。

3. 李建明：《论犯罪嫌疑人的人身权利保障》，载陈光中主编：《诉讼法理论与实践》，中国政法大学出版社 2003 年版。

4. 魏东、何文强：《假释制度的缺陷与改进》，载赵秉志主编：《刑事政策专题探讨》，中国人民公安大学出版社 2005 年版。

5. 邓北燕：《假释政策探讨》，载赵秉志主编：《刑事政策专题探讨》，中国人民公安大学出版社 2005 年版。

6. 高艳东：《现代刑法的逻辑起点：社会应接受罪犯和容忍犯罪》，载王牧主编：《犯罪学论丛》（第四卷），中国检察出版社 2006 年版。

7. 林建军：《法律的社会性别分析及其意义》，载《婚姻法学专题研究》2007 年卷。

8. 林山田：《论刑事程序原则》，载《政大法律评论》1999 年第 3 期。

9. 杨木高：《论建立一门新的学科：女犯改造学》，载《江苏警官学院学报》2012 年第 5 期。

10. 曾坚：《对我国"普法"目标取向的法理学思考》，载《当代法学》2001 年第 7 期。

11. 王吟：《被告人出庭着装问题的反思》，载《鄂州大学学报》2015 年第 2 期。

12. 孙燕山：《论被告人权益保障的平等性——从被告人的着装、发型、戴械具谈起》，载《河北学刊》2009 年第 2 期。

13. 杨雄：《未成年人刑事案件中社会调查制度的运用》，载《法学论坛》2008 年第 1 期。

14. 翟中东：《关于将人格导入定罪活动的研究》，载《当代法学》2004 年第 5 期。

15. 钱洪良：《女性犯罪案件适用品格调查初探》，载《中国刑事法杂志》2009 年第 6 期。

16. 李海峰：《"替罪羊"一词的由来》，载《阅读与写作》

2006 年第 4 期。

17. 童桂馨：《女性心理学》，载《安徽省妇女干部学院学报》2005 年第 11 期。

18. 郭慧敏：《社会性别与妇女人权问题——兼论社会性别的法律分析方法》，载《环球法律评论》2005 年第 1 期。

19. 陈光中、陈学权：《强制采样与人权保障之冲突与平衡》，载《现代法学》2005 年第 5 期。

20. 李力学：《女犯临出监时的心理及我们的对策》，载《山西警官高等专科学校学报》1994 年第 1 期。

21. 郝艳梅：《重新审视家庭暴力》，载《前沿》2001 年第 9 期。

22. 陈晗霖、王玲：《家庭暴力罪及其防范和控制》，载《理论与探索》2005 年第 2 期。

23. 蒋月：《家庭暴力罪及其防范与控制》，载《厦门大学学报》2002 年第 4 期。

24. 季红蕾：《法与道德在婚姻法中的博弈——以婚姻法司法解释三草案为视角》，载《剑南文学》2011 年。

25. 包雯、张亚军：《家庭暴力下受暴女性犯罪的量刑途径》，载《中国反针对妇女暴力的研究与行动》，社科文献出版社 2012 年版。

26. 赵敏：《女性土地权益保障的私法命题》，载《中国土地科学》2011 年第 3 期。

27. 郑春燕：《论离婚案件中农村妇女权益的保护》，载《中外企业家》2011 年第 12 期。

28. 林云飞：《论我国家务劳动补偿制度的完善》，载《漯河职业技术学院学报》2011 年第 3 期。

29. 康宁：《论家务劳动补偿制度的立法完善》，载《法治与社会》2010 年 6 月（下）。

30. 郭峰：《北京首开犯罪嫌疑人控审男女有别之先河》，载

《人权》2002 年第 4 期。

31. 马晓庆：《新刑事诉讼法视野下律师讯问在场权之再判断》，载《佳木斯大学社会科学学报》2014 年第 2 期。

32. 邢晓玲：《妇女人权的国际保护》，载《黑龙江省政法管理干部学院学报》2011 年第 6 期。

33. 李方：《社会性别视野下的差异平等——聚焦女性婚姻家庭权利》，载《东南学术》2010 年第 4 期。

34. 尹彦品：《女性犯罪防控问题研究——以河北省女子监狱的调查为视角》，载《黑龙江政法管理干部学院学报》2007 年第 5 期。

35. 刘海年：《国际人权公约视野下的妇女权利保障》，载《南都学坛（人文社会科学学报)》2011 年第 31 卷第 2 期。

36. 刘豫：《浅议我国维护妇女合法权益的现有问题及反思》，载《妇女研究》2013 年第 4 期。

37. 彭淑媛、邓晖：《论教育与幸福追求——对中国女性教育的思考》，载《四川教育学院学报》2010 年第 4 期。

38. 黄璐：《英美女性生活质量改进及制度供给的现状与特点》，载《贺州学院学报》2014 年第 6 期。

39. 贾富彬：《关注农村女性犯罪》，载《今日信息报》2005 年 4 月 7 日第 6 版。

40. 《吴英 30 辆豪车拍出 390 万元》，载《南昌晚报》2012 年 2 月 10 日。

41. 陈小莹：《政府处置东阳富姐吴英财产被疑趁火打劫》，载《二十一世纪经济报道》2007 年 11 月 13 日。

42. 庄庆鸿、苏孟迪：《学者评出 2013 年度十大性与性别事件》，载《中国青年报》2013 年 12 月 25 日第 3 版。

43. 冉霞：《我国家庭暴力的立法探讨》，载正义网，http://www.jcrb.com/procuratorate/theories/essay/201202/t20120216_806270.html。

44.《暴力多见于同居恋人　婚前同居施暴算不算家暴》，载凤凰网，http：//news. ifeng. com/gundong/detail _ 2011 _ 01/13/4255930_ 0. shtml。

后 记

《女性犯罪人被害化调查研究》是我们几个女性教师申请的河北省规划项目，项目的批号是：HB13FX012。我们经过两年的辛苦努力，终于凝结成这本书。本书作为项目的结果，出版后接受大家的评判。我们也深知，这个项目是一个比较难啃的硬骨头，资料很少，有些概念也可能不被大家熟知。但是，我们的努力，至少让人们对女性犯罪人的被害化问题有所了解，我们的解决方案至少可以抛砖引玉。

本书的写作过程中，我们得到河北省妇联研究室主任吴美荣女士、侯凤梅律师事务所主任律师侯凤梅的大力支持，同时河北省女子监狱在我们的走访、调查中也鼎力相助，才有我们今天的成果。在此特别感谢！

本书分工如下：

包　雯，引言、第三章第一节；

张亚军，第一章、第二章；

韩　啸，第三章第二节、第三节；

尹彦品，第四章；

王　沛，第五章。

包雯

2015 年 7 月 9 日